英国新马克思主义哲学研究丛书

乔瑞金　丛书主编

Study on
British New Marxism

汤普森历史哲学思想研究

师文兵　著

Study on the Thought
of E.P. Thompson's
Philosophy of History

北京师范大学出版集团
BEIJING NORMAL UNIVERSITY PUBLISHING GROUP
北京师范大学出版社

总　序

承运时势，潜备十载，此系丛书，应习近平总书记召唤，借深研 21 世纪世界马克思主义之契机，得各方鼎力相助，终究面世，甚幸！所言英国新马克思主义，意指 20 世纪 50 年代以后，在英国新左派运动中勃发的一种新马克思主义类型，涵括诸多思想家、理论家和革命家，著述数百，笔耕不辍。他们关注社会形态变革，追求社会主义在英国的成功，对世事之历史、文化、社会、政治、经济诸领域给出理性理解，开展革命运动，所言所为，均以马克思的思想为基础，以人类解放为目标，以思想批判为手段，以重建符合人的社会生活秩序为己任，独树一帜，颇有影响，不失借鉴之意义。20 世纪末以前，中国对英国马克思主义的理论研究，几近空白，零星所见，也散落在文学评论、历史学或社会学中，不入哲学和马克思主义视域，究其原因，多半在于觉得英国学者似乎也没有写出像模像样的"哲学著作",而是以历史陈述代替了宏大叙事,以话语分析淹没了逻辑论断,以小人物抹杀了"英雄",其著作均缺乏哲学内涵。20世纪末期,情势反转。苏东巨变,全球化的冲突与斗争不断发生,金融危机引发的世界经济危机和社会危机,提出诸多亟待解决的重大问题,马克思主义必须对此做出正确的判断和回答,而英国新马克思主义联系历史和现实,在"回归马克思"的意识指引下,于20世纪50年代中叶以来开展的对发达资本主义和苏联教条主义的两方面批判,理论建构,多有启迪意义,与我们先前的理解大相径庭,促使人们聚焦目光于该领域,迄今,已取得可观的研究进展和成果,集中反映于此系丛书中。此系丛书的面世,必将有助于激发更深入的理论研究,有益于马克思主义的时代发展,有功于推进中国特色社会主义现代化强国建设。

乔瑞金
2019年仲夏于山西大学

目 录

第一章 汤普森及其思想概述 / 1
    一、汤普森生平与学术历程 / 2
    二、汤普森思想的研究现状 / 53
    三、汤普森思想的传播与影响力 / 83

第二章 汤普森思想理论的形成 / 118
    一、家学的濡染 / 119
    二、西方马克思主义的影响 / 127
    三、英国新马克思主义的孕育 / 138

第三章 汤普森历史哲学的文化批判 / 162
    一、对"经济基础-上层建筑"模型的反思 / 165
    二、对"道德经济学"范畴的阐释 / 187
    三、对"斗争文化"理论的诠释 / 193
    四、对"经验"概念的分析 / 207

第四章 汤普森历史哲学的历史建构 / 214
    一、经验论与唯理论两种历史传统 / 216
    二、历史主义与结构主义两种思维方式 / 228
    三、"从下看"与"从上看"两种历史视角 / 243

四、马克思主义理论与历史学　　/ 250
  五、历史哲学的建构原则　　/ 266

第五章　汤普森历史哲学的政治使命　　/ 281
  一、民族主义与国际主义两种政治情怀　　/ 282
  二、历史主体的还原塑造　　/ 307
  三、面向未来的政治图景　　/ 345
  四、理论与现实相结合的政治实践　　/ 373

汤普森作品列表　　/ 390

第一章　汤普森及其思想概述

爱德华·帕尔默·汤普森（Edward Palmer Thompson）是英国新马克思主义历史学派的代表人物和当代著名的社会活动家。他的历史研究在当代资本主义世界独树一帜，他的许多观点备受争议，常常在学界引发激烈争论。这种争论常常超出历史学领域，在哲学、政治学、社会学以及文化人类学等领域也掀起波澜。

对于这样一个有人激烈批判，也有人无比尊崇的焦点人物，哈维·凯伊（Harvey J. Kaye）曾给予这样的评价："历史学家、政论家和政治活动家汤普森，或许是英国马克思主义历史学家当中最广为人知，但又是最有争议的人物。"①之所以"最广为人知"又"最有争议",一是因为他的观点"另类"。他的研究结论常常与正统观点有较大出入,令传统马克思主义者错愕不已,怀疑这些结论是否出自一个自称为马克思主义者之口,继而汤普森成为学术争论的发源地,声名远播也就不可避免。二是因为他"不守学者本分",从 20 世纪 50 年代末就开始参加反核和平运动,60 年代和 70 年代又为学生运动出谋划策,经常在媒体上抛头露面。尤其 80 年代汤普森更是活跃于政治舞台,成为欧洲核裁军运动的领导者之一,时常到处为和平宣讲,足迹遍布十多个国家,并曾经与美国国防部长在电视上唇枪舌剑,对垒互攻。在一项民意评选中,汤普森与英国王太后、英国女王伊丽莎白二世、撒切尔夫人被评选为最受尊敬和最知名的英国公众人物。

一、汤普森生平与学术历程

(一)思想孕育与萌芽期(1924—1946)

1924 年 2 月 3 日,汤普森在英国牛津出生。

汤普森的父亲是英国人,母亲是美国人。汤普森是在具有国际主义氛围的家庭中长大的,小时候也曾在黎巴嫩和美国生活过一段时间。汤普森最初在牛津的德拉贡小学就读,又在巴斯的金斯伍德学校接受了中

---

① Harvey J. Kaye, *The British Marxist Historians: An Introductory Analysis*, Cambridge: Polity Press, 1984, p.167.

学教育，这是一所卫斯理派小型公立学校。汤普森的大学教育则是在剑桥大学圣体学院完成的，攻读历史学专业。

1940年，16岁的汤普森读了克里斯托弗·希尔（Christopher Hill，1912—2003）的著作《英国革命1640》(The English Revolution 1640)[①]。当时学院派历史学家们所进行的历史研究大多是从狭义的军事或法律关系出发，但在希尔的这本著作中，则采用了马克思主义的语汇和研究方法，成功地对1640年的英国革命和17世纪的英国社会进行了深刻剖析。这给年青的汤普森耳目一新的感觉，使他体验到了一种巨大的思想冲击力。从此，汤普森的命运便与马克思主义结缘，并且一直延续到他生命的终点。汤普森回忆道："16岁时，为了写一篇用马克思主义来阐释英国历史和内战的文章，我翻阅了克里斯托弗、伯恩斯坦、佩塔戈斯基、温斯坦利的书籍以及我能得到的其他所有资料，包括马克思、恩格斯和普列汉诺夫的著作。"[②]给汤普森再次带来思想冲击和理论提升的是艾瑞克·霍布斯鲍姆（Eric Hobsbawm，1917—2012）的论文《流浪汉工匠》("The Tramping Artisan")[③]。这篇论文主要探讨了19世纪英国劳工迁徙流动以及工会在救济制度方面的运作情况，其中也贯穿运用了马克思主义的理论观点与研究方法。希尔和霍布斯鲍姆等马克思主义历史学家使得汤普森对马克思主义有了初步接触和了解。

[①] Christopher Hill, *The English Revolution 1640*, London: Lawrence and Wishar, 1940.

[②] E. P. Thompson, *Making History: Writings on History and Culture*, New York: The New Press, 1994, pp. 359-360.

[③] Eric Hobsbawn, "The Tramping Artisan", in *The Economic History Review New Series*, Vol. 3, No. 3, 1951, pp. 299-320.

第二次世界大战爆发后，战火迅速蔓延到了欧洲大陆西海岸，继而跨过英吉利海峡延伸到了英国。从 1940 年 9 月开始至 1941 年 5 月，英国伦敦及其他各大城市都遭受了德国飞机的轮番猛烈轰炸，大量平民死亡，数十万幢房屋被毁。受哥哥弗兰克影响，汤普森在大学期间加入英国共产党，同时当选为大学社会主义俱乐部主席。1941 年，以兄长弗兰克为榜样，汤普森中断了学业，毅然参军入伍投入到反法西斯战争中去。参战期间，他作为坦克部队的一名指挥官曾转战于许多战场。1942 年，他被派往北非，后来又从北非前往意大利，参加了卡西诺战役。1945 年第二次世界大战结束后，汤普森重新返回剑桥大学修完了学业。在大学学习期间，汤普森所学专业虽然是历史，却广泛阅读了大量的文学和哲学书籍，包括伊丽莎白和詹姆士一世时期的文学，并积极探索维柯、马克思等哲学家的思想。

1936 年到 1946 年，被汤普森称为"英雄的十年"。这十年间，汤普森的世界观和人生观得以初步确立，从懵懂少年逐渐成长为有志青年，确立了人生理想和奋斗目标。家庭的影响、学校的求知、战争的洗礼，使汤普森认识到资本主义世界并非太平盛世，人世间还有许多黑暗的角落存在着许多社会边缘人在忍受着统治者的剥削和压迫。在研读历史材料的过程中，汤普森也看到了在历史上的这些社会边缘人当中，自由信念和激进传统从未间断，从不缺乏勇于向命运抗争，向统治者说不的人们。汤普森感到有责任也有义务让这些曾经的英雄从历史中走出来，以此来激励更多的被压迫者投入到现实政治斗争中去，为社会公平和正义去战斗，也为自己的生存权利去抗争。在"英雄的十年"间，汤普森初步确立了人生的目标以及前进的方向——不管怎样，都要为穷苦大众的利益而发声，为人类的自由而工作。在这一理想的召唤下，汤普森一步步地朝着自己的奋斗目标不断迈进。

(二)历史学家小组时期(1946—1956)

第二次世界大战结束后，人们还没有来得及从庆祝战胜法西斯主义的喜悦气氛中走出来，横亘在东西方之间的"冷战"铁幕却已落下。美国联合了资本主义国家，苏联联合了社会主义国家，两大政治集团相互敌对，剑拔弩张，战争一触即发。英国工党依靠底层民众的选票在1945年获得大选胜利。上台执政后的工党政府并没有像人们所预期的那样实行有利于人民的社会改革，而是紧跟美国政府的指挥棒打转，积极实施反苏反共的外交政策。面对工党政府的背叛，英国共产党采取了不同于政府的政治立场，坚定地站在了苏联社会主义阵营一边。英国共产党内的绝大多数党员，尤其是党内许多历史学家都表明了自己的政治态度，支持英共的这一政治立场。

1946年，英国共产党历史学家小组(The Communist Party Historians' Group)成立，作为英国共产党的分支机构开展工作。从1946年到1956年，共产党历史学家小组吸纳了一批才华出众的核心成员，如唐娜·托尔(Dona Torr，1883—1957)、莫里斯·多布(Maurice Dobb，1900—1976)、A.L.莫尔顿(A.L. Morton，1903—1987)、克里斯托弗·希尔、罗德尼·希尔顿(Rodney Hilton，1916—2002)、查尔斯·霍伯德(Charles Hobday，1917—2005)、艾瑞克·霍布斯鲍姆、维克多·基尔南(Victor Kiernan，1913—2009)、乔治·鲁德(George Rudé，1910—1993)、拉斐尔·塞缪尔(Raphael Samuel，1934—1996)、

约翰·萨维尔(John Saville，1916—2009)以及汤普森夫妇爱德华和多萝西。这份名单几乎囊括了20世纪英国史学的主要人物。可以说，历史学家小组成员的进步离不开托尔和多布两位马克思主义史学前辈的指导和帮助。历史学家小组大多数成员，包括汤普森、霍布斯鲍姆、希尔、希尔顿在内，都是在托尔和多布的影响下成长起来的。多布是一个经典马克思主义的阐释者，在马克思主义理论和范畴的帮助下，他对资本主义发展进行了重新表达。多布更多是从经济视角来分析，特别强调生产方式与社会经济的转型。多布的重要贡献在于把马克思主义理论与历史进行了结合。但是，在以后的发展中，历史学家小组更多的成员慢慢地摆脱了多布研究方法的束缚，开始由经济转向文化。汤普森的《英国工人阶级的形成》(*The Making of the English Working Class*)[①]这部著作就是例证。由经济研究过渡到文化研究，由抽象的理论建构过渡到具体的经验分析，是历史学家小组在发展过程中呈现出来的大致研究趋向。但是历史学家小组的研究也有一些基本原则始终没有改变，比如对下层人民历史的关注，即从下看的历史研究视角。同时，历史学家小组的工作也受到法国年鉴学派的影响，逐渐向整体性历史研究方向发展。在分工协作下，每一位历史学家虽然在各自的领域和范围内开展研究，但把他们的研究成果加起来就形成了整体性的历史研究。

《过去与现在》(*Past and Present*)杂志于1952年正式创刊。它是由一批马克思主义历史学家和一些非马克思主义者共同创办的。其中马克

---

① E. P. Thompson, *The Making of the English Working Class*, London: Victor Gollancz, 1963.

思主义历史学家包括汤普森、唐娜·托尔、克里斯托弗·希尔、艾瑞克·霍布斯鲍姆、罗德尼·希尔顿等人。该杂志旨在以阶级、劳动和社会关系为主要研究对象全面地书写社会历史。该杂志最初被冠以副标题"科学史杂志"(*A Journal of Scientific History*)。它想表达一种信念，即历史现象是客观存在的，可以用理性和客观的方法来研究。后来，因为这一副标题有马克思主义教条化的嫌疑而被去除。①

从1966年开始，"历史工坊运动"(History Workshop Movement)在塞缪尔等人的积极运作下慢慢发展起来。从名字上来说，"历史工坊让人联想到工业化前的一种生产形式——家庭手工业，通常都是非正式小规模的，有一个或多个熟练工匠。从概念上来说，它强调'边做边学'的思想，以及从学徒到熟练工匠的知识成长过程。在这一过程中，前者不断从后者那里获得知识，后者则通过不断的实践继续学习和提高"②。拉斯金学院是牛津大学的一个成人教育学院，生源主要为年轻工人。历史工坊以拉斯金学院为依托，从工人学生中招募工作人员和项目组成员，实行自我管理。经过一段时间的运作，历史工坊已经成为由工人历史学家和全职社会主义研究人员组成的松散联盟。它以马克思主义为指导，努力建立理论与现实之间的联系，强调阶级斗争的中心地位，鼓励来自生产劳动一线的成人学生从事历史研究，书写资本主义工业乃至生产线上的阶级斗争，构建属于工人阶级自己的历史。历史工坊在初创时

---

① 参见 Christopher Hill, R. H. Hilton, E. J. Hobsbawn, "Past and Present, Origins and Early Years", in *Past and Present*, Vol. 100, 1983, pp. 3-14。

② Sophie Scott-Brown, *The Histories of Raphael Samuel: A Portrait of a People's Historian*, Canberra: ANU Press, 2017, p. 111.

期，非但没有得到拉斯金学院的支持，还受到了干扰和阻挠。历史工坊的发展壮大离不开一些外部单位的支持和帮助，比如汤普森主持下的华威大学社会史研究中心(Centre for the Study of Social History)以及英国劳工史研究会(Society for the Study of Labour History)等机构都给予了历史工坊大力支持。① 历史工坊的发展也离不开历史学家小组成员的示范影响。塞缪尔回忆说："我们是在备受尊敬的前辈们的影响下成长起来的，尤其是希尔、霍布斯鲍姆和汤普森。直到20世纪60年代中期，他们对英国学术生活的影响都是根深蒂固的。从更广泛的意义上讲，历史工坊受惠于《过去与现在》杂志，它作为马克思主义和新马克思主义出版物创刊于1952年，逐渐成为学术研究的高地。"②

《历史工坊》(History Workshop)杂志于1976年正式发行。起初杂志被冠以"社会主义历史学家杂志"(A Journal of Socialist Historians)的副标题，以表明其服务于社会主义运动的办刊方针，以便能够与其他历史类杂志相区别，同时也显示出杂志对于汤普森等历史学家所开创的劳工史研究方向的认同。实际上，在成立之初，由于人手短缺，《历史工坊》与《过去与现在》杂志共享着许多编辑和撰稿人。不久，他们便意识到，仅仅依靠汤普森一直坚守的工业工人阶级范畴已经不能够理解和诠释西方资本主义社会的快速变化和发展，必须尽快调整办刊的指导思想。于是，在这种背景下，《历史工坊》杂志像它的名字一样，回归到创

---

① Raphael Samuel, "On the Methods of History Workshop: A Reply", in History Workshop, No. 9, 1980, p. 166.

② 参见 Raphael Samuel, "History Workshop, 1966-1980", in Raphael Samuel, ed., People's History and Socialist Theory, London: Routledge & Kegan Paul, 1981, p. 414。

刊时的基本理念，开始鼓励广大公众参与到历史书写中来。普通大众既是历史的参与者和见证者，又是个人历史的书写者。如此一来，历史书写不再是历史学家们的专利，无数个小人物书写而成的小故事补缀在一起就成为一个反映大时代的历史之镜。这样，《历史工坊》虽是一个小平台，却完成了一项大工程，它努力弥合了学术界和广大公众之间存在的鸿沟，也达到了研究和记录普通人历史的目的，遵循了英国历史学家小组一贯坚守的"从下看历史"的研究宗旨。随着时间的推移，《历史工坊》杂志的研究范围逐渐扩展和深入到普通大众日常生活的方方面面，包括私人生活、性等，尤其是对妇女权益的研究迅速占据了杂志的重要位置。在杂志编辑和投稿人中，女性也占到了很大比例。1982年，《历史工坊》的副标题改为"社会主义和女权主义的历史学家杂志"。随着社会的进一步变迁和发展，已经不能用"社会主义"和"女权主义"两个词覆盖当代世界面临的各种挑战，如环境、种族等问题。因此，在1995年，《历史工坊》再次做出改变，彻底删除了副标题。从杂志副标题的几番改变我们就能够窥探出时代变迁给《历史工坊》带来的影响和冲击。但是无论怎样改变，该杂志的社会批判立场始终没有改变，社会公众参与历史书写的办刊理念也始终得到贯彻和落实。

  历史学家小组的成员们决心利用自己的专业优势，在政治斗争之外开辟第二战场，即展开一场思想战役，在意识形态领域发动阶级斗争，重新书写被资产阶级篡改的历史，改变"坏历史"所导致的"恶政治"，以马克思主义为指导重新检视英国历史，把人民作为历史创造者的地位重新交还给人民，还原历史的真实，恢复和肯定他们的历史功绩。这些历史学家们在历史学家小组这个集体中可以相对自由地探讨学术，他们的工作相互独立却又互为补充，他们有着共同的政治信仰和相似的研究方法，都以马克思主义为指导，都有为改变不合理现实而研究历史的美好愿景。从1946年到1956年，在历史学家小组发展的辉煌时期，像汤普森、霍布斯鲍姆、希尔、希尔顿、基尔南等这样一大批英国马克思主义历史学家在群体内经过历练和磨合之后快速地成长起来。

第二次世界大战结束后不久，汤普森在剑桥与多萝西·托尔斯（Dorothy Katherine Gane Towers，1923—2011）相遇，两人志趣相投，不久就确立了恋爱关系。多萝西出生于伦敦南部的格林威治，在肯特郡长大，1942年进入剑桥大学攻读历史学专业。大学毕业后，多萝西在伯明翰大学就职，讲授近现代史。她后来也成了一名历史学家，主要研究宪章运动以及女权运动等，并在共产党历史学家小组中积极工作，表现极为活跃。1947年，作为志愿者，汤普森带着多萝西先后在南斯拉夫和巴格达等地参加了战后重建工作。

1947年，汤普森编辑并刊印了一本只有15页的小册子《法西斯主义对英国的威胁》(*Fascist Threat to Britain*)①。在这本小册子中，汤普森批判了在第二次世界大战爆发前英国政府的战略失误。英国为了阻挠苏联社会主义的发展，对纳粹德国长期采取绥靖政策，从客观上助长了法西斯主义的侵略野心，使得战争迅速在欧洲蔓延，最终引火烧身，给英国也带来了灾难。出于对亡兄的深切怀念，汤普森与母亲在这一年编辑

---

① E. P. Thompson, *Fascist Threat to Britain*, Communist Party of Great Britain, 1947.

出版了《欧洲的一种精神：弗兰克·汤普森纪念册》(*There Is a Spirit in Europe： A Memoir of Frank Thompson*)①。书中收录了弗兰克的诗歌、信件和日记以及父亲约翰·汤普森临终前写的后记。汤普森在书中进行了详细的介绍和总结，并标注了大量的注释。

1948年12月16日，大学毕业的汤普森与多萝西结婚。汤普森夫妇在婚后搬到英格兰北部约克郡的哈利法克斯，住在这个城市边缘的工人聚集区西达尔。汤普森夫妇住的石质房子宽敞、寒冷，却因为主人的好客而洒满了阳光。因为时常对同志们和孩子们开放，这里成了一个重要的活动中心。他们的朋友特雷弗·格里菲思（Trevor Griffiths）还记得："在那座房子里讨论的热烈程度是显而易见的，你可以从争论中闻到汗味。"②汤普森夫妇的房子与工人们的房子毗邻，这些蓝领阶层的孩子们也时常从汤普森夫妇的房子里进进出出。战后的英国，贫困现象普遍存在，阶级差别很大。在西达尔，汤普森夫妇看到了工人们真实的生活状况。他们住在低矮、破旧、黑暗的房子中，地上到处都流淌着肮脏的污水。这段时期，汤普森开始在利兹大学校外部（The Leeds Extra-Mural Department）③任专职教师。当时世界政治形势正处在东西方"冷战"对立阶段，反共和极右的麦卡锡主义也开始在美国泛滥。然而，在一次员

---

① E. P. Thompson, T. J. Thompson, eds., *There Is a Spirit in Europe： A Memoir of Frank Thompson*, London：Victor Gollancz, 1947.
② Cal Winslow, ed., *E. P. Thompson and the Making of the New Left： Essays & Polemics*, New York：Monthly Review Press, 2014, p. 16.
③ 1951年，更名为"成人教育和校外学习部"（The Department of Adult Education and Extra-Mural Studies）。

工会议上,汤普森公开宣布,"成人教育目标是制造革命者"①,这令他的主管领导感到十分不安。到了晚上,在工人们劳累地工作了一天之后,汤普森开始给他们上课。汤普森的这一工作从1948年到1965年,一直延续了十七年之久。在这期间,汤普森还担任了哈利法克斯和平委员会主席,约克郡和平运动组织联合会的秘书长,并且出任《西赖丁和平杂志》(West Riding Peace Journal)编辑。在哈利法克斯工作和生活的这段时间,通过与工人们的长期相处,汤普森对他们的生活状况和思想状态已经了如指掌。在工人们身上汤普森也学到了很多东西,甚至从工人学生们的经历中所学到的东西和他要教的东西一样多。这些经历为他今后的学术研究确立了方向,那就是要为工人阶级代言,为他们树碑立传,把他们从世俗鄙夷的目光和执拗的偏见中解放出来。正是在约克郡,汤普森把历史与现实联系在一起,从传统文化中移植的激进主义的种子准备播撒在当代的社会主义运动中。汤普森的两本重要著作《威廉·莫里斯:从浪漫主义到革命》(William Morris: Romantic to Revolutionary)和《英国工人阶级的形成》都是在哈利法克斯写作完成的。《威廉·莫里斯》起初就是为学生们编写的讲稿和教材,后来才扩充成书。《英国工人阶级的形成》写作于1959至1962年间。那时的汤普森一方面要从事成人教育工作,另一方面还要参加新左派和平运动的一些工作。这本厚达900多页的书之所以能够在三年时间内完成,得益于汤普森过去十年中在西赖丁校外班做家教时积累的一些资料和研究成果。汤普森

---

① Peter Searby, "Edward Thompson as a Teacher: Yorkshire and Warwick", in John Rule, Robert Malcolmson, eds., *Protest and Survival: Essays for E. P. Thompson*, London: Merlin Press, 1993, p. 3.

坦承："《英国工人阶级的形成》这本书写于约克郡，从根源上讲有时会带有西赖丁色彩。"①《英国工人阶级的形成》这本书的扉页上写着："献给多萝西和约瑟夫·格林纳尔德。"约瑟夫·格林纳尔德（Joseph Greenald）是一位煤矿工人的女儿，出生于西约克郡的哈特谢德，是汤普森的第一批学生。汤普森与工人阶级的深厚感情通过这件事也能够反映出来。这对出身于富贵家庭，在牛津出生并长大，在金斯伍德、剑桥等名校接受过教育的汤普森来说的确是难能可贵的。在这一时期，汤普森和多萝西的三个孩子本、马克和凯特相继在哈利法克斯出生并茁壮成长。汤普森全身心地投入教学和研究工作，多萝西在抚养孩子之余，兼职成人教育，积极参加历史学家小组的活动，也时常参加和平运动的一些活动。直到1970年，当孩子们都渐渐长大，多萝西在伯明翰大学找到了一份全职讲师的工作，并专心从事宪章运动的历史研究。

1955年，汤普森出版了颇具影响的人物研究专著《威廉·莫里斯：从浪漫主义到革命》②。这是汤普森第一部真正意义上的学术专著。它源于汤普森在从事成人教育期间开始阅读莫里斯，并为之吸引，最后决定要写一本介绍莫里斯的著作。威廉·莫里斯（William Morris）是一位从事艺术创作，却始终关注人类价值与命运的知识分子，最终成了一名坚定的社会主义者。汤普森也用他的文学才华对莫里斯作品的各个方面进行了评论，比如他早期的浪漫主义诗歌。而在此之前，莫里斯的诗歌

---

① E. P. Thompson, *The Making of the English Working Class*, New York: Vintage Books, 1966, p.13.

② E. P. Thompson, *William Morris: Romantic to Revolutionary*, London: Lawrence & Wishart, 1955.

很少受到关注。值得注意的是，汤普森并没有致力于某种抽象理论的研究，而是对莫里斯的艺术、工作以及生活方式进行了全面和深入的分析，并从中探索出莫里斯深邃的政治和哲学思想，这也是英国浪漫主义艺术和政治思想相结合进行探索的开端。汤普森的莫里斯传记强调了社会主义理想的伦理文化维度的重要性，在一定程度上是对主流正统马克思主义的纠偏，批判了社会关系主要是经济关系，人是经济人的传统观点。该书的写作背景是英国共产党高层总是不顾英国实际，盲目地遵从莫斯科的政治路线。英国历史学家小组的成员们受到托尔的启发和指引，决心在英国本土挖掘马克思主义的根源。汤普森的这部著作正是体现这一思想宗旨的代表作。《时代》杂志评论说："汤普森所写的这部传记是第一部公正地描述莫里斯政治思想的传记，从而使莫里斯成为一个完整的人。"[①]

(三)新左派时期(1956—1980)

1956年是世界政治舞台剧烈动荡的一年，接连发生了几件影响深远的重大历史事件：赫鲁晓夫做秘密报告、匈牙利事件、英法联军入侵苏伊士运河。这几件历史事件的发生对国际共产主义运动，甚至对世界政治格局都产生了深远的影响。

1956年2月25日，赫鲁晓夫在苏共二十大上做了题为《反对个人崇拜及其后果》的报告。这份秘密报告从根本上否定了斯大林。这一事件

[①] E. P. Thompson, *William Morris: Romantic to Revolutionary*, Oakland: PM Press, London: Merlin Press, 2011, p.1.

不仅在社会主义阵营中产生了巨大反响,在西方资本主义国家共产党内也出现了极度混乱,人们在震惊、疑惑和茫然中观望和等待。1956年6月底,汤普森写了一篇文章《鄂木斯克的冬小麦》("Winter Wheat in Omsk")[①]。在这篇文章中,汤普森对英国共产党展开批判,声称其对斯大林的错误视而不见,并且与英国人民日益疏远,对工人运动也日益漠视。英国共产党内部围绕斯大林主义、党的政策与策略以及英国社会主义前途等问题讨论得越来越多,也越来越激烈。英国共产党内的历史学家们对这些问题尤其重视,但是,由于党内意见分歧严重,一些激进观点的表达受到党内高层的严格管控。当自由学术探讨的空间变得越来越小时,为了给这些讨论和争鸣提供一个自由发声的平台,1956年7月,汤普森与约翰·萨维尔在英国共产党内创办了刊物《理性者》(*The Reasoner*),以油印方式刊印发行。该刊物刊行后,在党内引起了巨大震动,刊物所刊载的许多理论和观点明显超出了英共高层能够接受的程度和范围。之后,这一刊物的历史命运也就不言而喻了。

赫鲁晓夫做秘密报告之后,东欧一些社会主义国家开始出现政治和经济体制改革的意愿,力图摆脱苏联模式对本国的影响。1956年10月23日,匈牙利首都布达佩斯街头出现了支持波兰人民反苏民主行动的大规模游行队伍。为了安抚愤怒的民众,匈牙利人民党把支持改革的纳吉·伊姆雷(Nagy Imre)任命为政府总理。11月1日,苏联军队对游行群众进行了军事干预。纳吉公开宣称要苏联立即撤军,匈牙利政府废止《华沙条约》并实行中立,并请求联合国干预。后来,纳吉向南斯拉夫使

[①] E. P. Thompson, "Winter Wheat in Omsk", in *World News*, 30 June 1956.

馆寻求政治避难，不久便被匈牙利卡达尔政府诱骗出使馆，最终被苏军劫持到罗马尼亚进行软禁。1957年4月，纳吉被押送回国接受审判。1958年6月16日，纳吉被处决。这就是著名的匈牙利事件。这一事件进一步动摇了西方资本主义国家的共产党对于斯大林主义和苏联社会主义的信仰。

1956年11月，《理性者》第三期刊载了汤普森的文章《穿过布达佩斯的硝烟》("Through the Smoke of Budapest")。对于苏联军队进入匈牙利，汤普森表达了自己的愤怒，对其进行了严厉谴责。汤普森呼吁英国共产党改变错误立场，不要再对斯大林主义深信不疑，即使斯大林的理论有许多地方令人钦佩，但其实践和理论之间却存在着巨大的反差。同时，萨维尔也在《理性者》第三期表达了自己的观点。他认为苏联已经违背了社会主义的基本原则，背离了人道主义和自由主义的传统。对于苏联进入匈牙利以及对匈牙利内政的干预，《理性者》旗帜鲜明地表明了自己的态度，公开地强烈谴责苏联的这一行径。但是，英国共产党高层领导却不允许党内讨论陷入失控状态，担心这一讨论会影响共产主义政治团结的大好局面。令持不同意见者愤怒的一个原因是，他们发现在自己的党内没有办法发出有效声音。在其政治路线受到公开挑战后，英共执委会便将汤普森与萨维尔的行为视作严重违反党内纪律，决定暂停他们的党员资格三个月，并取缔《理性者》刊物的发行。由于对英共的表现极度失望，汤普森和萨维尔在听到这项决议后立即宣布退党。在汤普森和萨维尔看来，他们一直都在认真地探讨共产主义理论，并且一直都在捍卫共产主义原则，既然党内不允许进行这样的讨论，那就不得不寻找新的机会，组建新的平台。在匈牙利事件发生后，英国共产党执行委员会继续实施的教条主义路线和政策，以及与苏联之间暧昧不明的关系，使得越来越多的共产党员选择了脱党。英国共产党历史学家小组中的许多成员，如希尔、塞缪尔、希尔顿等人都宣布退党，而霍布斯鲍姆、A.L.莫尔顿、莫里斯·多布则选择继续留在党内。经过这一变故，英共脱党人数达到了7000多名，占到了英共党员人数的五分之一。没有退党的许多党员或转变了立场，或选择保持沉默。英共因此受到了前所未有的重大打击。

1956年10月29日，英法为了夺得苏伊士运河的控制权，联合以色列对埃及发起了军事行动。这一历史事件为英国新左派的诞生提供了契机。一方面是苏联社会主义的美好形象一夜崩塌，另一方面是英国、法国这些老牌资本主义国家所表现出来的帝国主义的侵略本性再次暴露无遗。正如斯图亚特·霍尔（Stuart Hall）所说的："一边是苏联坦克对匈牙利革命的镇压，另一边是英国入侵苏伊士运河。几天之内接连发生的这两件事情所产生的影响具有极大的戏剧性和讽刺性……这两起事件在政治世界中掀起了巨大的冲击波，从更深层意义上来说，也为我们这一代人划出了所能容忍的政治底线。它象征着政治冰河时代的终结。"①这是一个具有划时代意义的时间节点，深刻地影响了战后的政治版图，其最为直接的影响就是促生了新左派。在他们身上出现了与老左派完全不同的气质和做派，从思想上宣告了与斯大林主义彻底划清界限，开始与还在苏联政治影响下的共产党组织拉开距离，甚至直接脱党。作为一支

---

① Stuart Hall, "Life and Times of the First New Left", in *New Left Review*, Vol. 61, 2010, p.177.

新的政治力量，新左派很快走上了历史舞台，试图去营建独立于美式资本主义和苏式社会主义两大政治集团之外的第三政治空间，通常也被称为"第三条道路"。

英国共产党对苏联的盲目顺从和无条件服从使党内一大批持不同政见者一下子失去了精神家园，在政治上迷失了方向。此外，社会上还有许多有理想有抱负的青年也感到迷茫和失落。然而，也有一些具有独立的政治见解和战略眼光的马克思主义者显现出来。其中，牛津大学的政治学教授柯尔(G. D. H. Cole)就是最杰出的代表之一。柯尔是一位著名的历史学家和政治理论家，虽然信奉马克思主义，却反对把马克思主义教条化，也强烈反对国家社会主义的过于集权和官僚化。在柯尔的带动下，牛津大学成为左派青年经常聚会讨论政治问题的革命圣地。刚刚成立的大学与左派读书俱乐部的周围聚集了许多来自世界各地的左派青年，包括青年学生、共产党员、费边社成员以及独立的社会主义者。他们经常聆听柯尔教授的政治演讲，深受柯尔思想的影响。在出现匈牙利事件与苏伊士运河事件后，英国左派青年更加笃信柯尔非官方意识形态的政治理论，也更加笃定地要走非体制化的"第三条道路"。

随着英法争夺苏伊士运河军事行动的开始，英国民众大规模政治行动也随即展开。民众涌上街头，高呼口号，强烈谴责英国政府的侵略行为，向政府当局提出严正抗议。群众大规模的政治示威游行彻底引燃了一大批激进学者、青年学生与知识分子的政治激情。他们把街头的政治运动更向前推进了一步，一场更具声势、更有影响，并且影响更为广泛、更为深远、更为持久的新左派思想运动拉开了序幕。新左派思想运动的积极参与者主要由两批不同类型的人组成，具体如下。

第一批是一些思想较为成熟的历史学家、文学理论家，被称为第一代新左派，包括汤普森、约翰·萨维尔、雷蒙·威廉斯、拉尔夫·密里班德、多萝西等人。这批人大都在20世纪30年代以前出生，有着较为丰富的成长经历和社会阅历。他们曾经怀抱坚定的解放全人类的共产主义理想信念。当19世纪三四十年代人民阵线运动在欧洲如火如荼开展的时候，他们受到强大的精神感召，纷纷加入了英国共产党。随着世界政治风云的变幻与激荡，个人和国家命运都被裹挟其中。在血与火的岁月里，在生与死的考验中，第一代新左派成员们既获得了多次左派政治运动的历练，也经受过第二次世界大战炮火的洗礼（"二战"期间，汤普森、萨维尔、密里班德都曾在军队服役）。匈牙利事件的发生在英国引发了退党风波，数千名英共党员宣布退党，用实际行动表明了与英共高层不能苟同的政治立场。虽然他们身在党外，但内心仍然有着坚定的社会主义信仰，仍然相信马克思主义是正确的革命理论。从总体上来说，第一代新左派成员大都经历相似，志趣相投，思想相合，政治相融。1957年，脱党后的汤普森和萨维尔没有了英共的思想制约和组织羁绊，决定继续编辑出版理论刊物，宣传政治理念。因为建立在他们曾经负责过的刊物《理性者》基础上，只是由党内变为党外，所以新刊物被命名为《新理性者》(*The New Reasoner*)。这本刊物的创刊目的就是要重申对马克思主义和共产主义传统的坚守，尤其是守卫威廉·莫里斯、汤姆·曼(Tom Mann)等先辈所开创的英国马克思主义的传统，决心扎根于英国的历史与现实，对英国问题进行深入研究。第一代新左派的成员们紧密地团结在《新理性者》杂志周围,或者当杂志编辑,或者做栏目撰稿人,或者就是一位热心读者。因为拥有相同的政治信仰,他们走到了一起。格雷戈里·艾略特(Gregory Elliott)这样总结第一代新左派所肩负的学术使命:"正确地分析当代福利资本主义(富裕社会)背景下英国工人运动的转型,对战后英国(消费社会)进行文化批判,对未来后资本主义社会秩序(社会主义作为一种整体生活方式)基本特征进行探讨。"①

另外一批是思想激进的青年学生,主要来自牛津、剑桥、伦敦经济学院等高等院校,被称为第二代新左派,包括斯图亚特·霍尔、佩里·安德森、查尔斯·泰勒(Charles Taylor)、汤姆·奈恩等人。第二代新左派成员大都没有丰富的政治斗争经验和参战经历,虽然20世纪70年代发生了越南战争,但由于欧洲国家没有参战,再加上地理距离的限制,缺少了对战争残酷性的真切感受,因此对欧洲来说,越战是一场青年学生和知识分子缺席的战争。第一代新左派成员的记忆深处,永远无法磨灭的是法西斯主义的罪恶,以及西方资本主义国家对法西斯主义包庇和纵容的自私自利。对于第二代新左派成员来说,战后资本主义日益走向繁荣和昌盛,生产力飞速增长,工人阶级的生活迅速得到改善,政治"民主化"成果也格外夺人眼球。因此,两代新左派,尽管具有相同政治基础、共同社会理想,认同马克思主义理论,但由于不同的生活经历、不同的政治经验,必然导致不同的思想理念和价值取向。站在大学与左派读书俱乐部的基础上,依靠众多左派青年的大力支持,1957年春,

---

① Gregory Elliott, "Missing Ingredients", in *Radical Philosophy*, Vol. 68, Autumn 1994, p. 46.

一群思想较为活跃的青年人创办了杂志《大学与左派评论》(Universities & Left Review)。杂志的四位主编分别是：拉尔夫·塞缪尔、加布里埃尔·皮尔森(Gabriel Pearson)、查尔斯·泰勒和斯图亚特·霍尔。塞缪尔和皮尔森都是在匈牙利事件后退出了英国共产党，泰勒和霍尔则是独立的社会主义者。《大学与左派评论》与《新理性者》的撰稿者群体也很不相同。《新理性者》的撰稿人大都是前共产党员或传统的亲共知识分子，人员结构相对单一。而《大学与左派评论》则以更为开放和包容的办刊理念，吸引了众多来自不同阶层、不同左派团体的撰稿者，包括知识分子、前共产党人、独立社会主义者、青年学生等，既有第一代左派人士，也有第二代左派成员，人员结构比较复杂。《大学与左派评论》更多地继承了它的前身《左派评论》(Left Review)的办刊理念，尽量以多元化为指导理念，以时代感为产品定位，面向新一代左派青年群体，尽量吸引他们的目光，满足他们的口味。《大学与左派评论》与《新理性者》还有一个更大的不同之处便是：前者更为国际主义，把自己定位为国际社会主义思想的传播阵地；后者更为民族主义，决心立足于英国的历史和文化，挖掘和寻找英国的优秀传统，为当代英国的社会主义运动提供理论支持和服务。这正是后来这两个刊物合并后，以汤普森为代表的第一代新左派和以安德森、奈恩为代表的第二代新左派之间产生严重分歧并长期争论的一个重要根源。这是英国新左派内部的代际冲突，属于内部学术争论，一直伴随着新左派从产生，到发展，再到壮大，最终衰落的全部成长历史。一方面，英国新左派内部的代际冲突在一定程度上消耗了新左派的整体力量，给新右派提供了发展壮大的机会；另一方面，英国新左派内部的学术争论也促使新左派不同学术派别之间形成了相互竞争的学术态势，客观上促进了新左派思想和理论的兴盛与繁荣。

除了《新理性者》和《大学与左派评论》这两份杂志外，当时还有一些左派杂志受到广泛关注，如《新政治家》（*The New Statesman*）、《曼彻斯特卫报》（*Manchester Guardian*）。很快，一大批作者和读者就聚拢在这几份杂志的周围，形成了新左派运动的最初力量。他们通过杂志所发出的正义之声起初比较微弱，但随着时间的推移，这些声音传播越来越远，越来越广泛，并且产生了巨大的回声，有了强烈的社会反响。在接下来的二十多年里，通过新左派知识分子不断的理论创新和思想引领，加上国际政治形势与经济环境的不断变化，英国乃至整个西方资本主义国家的左派运动开始进入空前的活跃期和大发展时期。

1957年春，《大学与左派评论》第一期刊载了汤普森的文章《社会主义与知识分子》（"Socialism and the Intellectual"）。在这篇文章中，汤普森主张，要想在英国实现社会主义，就必须团结一切可以团结的力量，建立新时期的"人民阵线"。他号召知识分子走出书斋，与工人阶级并肩战斗，积极参加社会主义运动。同时，汤普森认为英国工党是可以团结和争取的政治力量，因此他明确表示支持工党。

1957年夏，《新理性者》创刊号上刊载了汤普森的文章《社会主义人道主义：致非利士人书》（"Socialist Humanism: An Epistle to the Philistines"）。在这篇文章中，汤普森系统地阐述自己对斯大林主义的批判性理解，并且制定了符合英国实际的社会主义革命的新战略，而推动这一战略顺利实施的关键则是改变暴力革命的策略，在"社会主义人道主义"

价值观引领下，采取合法的斗争形式，掌握国家政权，实现向新社会的和平过渡。汤普森的新观点和新主张立刻引爆了整个新左派阵营，掀起了激烈的讨论。"汤普森并不是第一代新左派的'领袖'，很明显，第一代新左派没有领导者。然而，汤普森却在其中扮演了关键性的角色，作为一个思想者（'理性者'）、作者、组织者或普通一员。当然，他的作品《社会主义人道主义》却成为左派激烈争论的话题。"①以哈里·汉森（Harry Hanson）、查尔斯·泰勒为代表的一些左派知识分子都表达了反对和质疑的态度，而阿拉斯戴尔·麦金太尔则表示坚定支持。最终，汤普森的"社会主义人道主义"观点和新革命战略构想在新左派知识分子当中赢得了多数人的支持和赞同。

1959年12月，迫于形势发展以及生存压力，《新理性者》与《大学与左派评论》两刊合并为《新左派评论》（New Left Review），霍尔出任主编。由于他当时还担任核裁军运动的领导职务，无暇顾及刊物，1961年年末，在汤普森的倡议下，年仅22岁，原来担任牛津大学学生刊物编辑的安德森被任命为《新左派评论》的新任主编。在汤普森眼里，他知识渊博，精力充沛，行事果断。不久，《新左派评论》的元老们都一个个从编辑委员会退出，安德森成为刊物名副其实的掌控者。随即，刊物进行了全面改革，编辑方针发生了根本转向，从而引发了汤普森与安德森等人长达三十年的争论。

1960年，汤普森与塞缪尔等人组织编写的论文集《摆脱冷漠》（Out

---

① Cal Winslow, ed., *E. P. Thompson and the Making of the New Left: Essays & Polemics*, New York: Monthly Review Press, 2014, p. 30.

of Apathy)①出版，这本论文集收录了汤普森的三篇论文：《在鲸腹外》("Outside the Whale")、《腐朽之际》("At the Point of Decay")、《革命》("Revolution")。这三篇论文都是关于英国时局的政治论文。《在鲸腹外》一文写于 1955 年。之所以起这个名字，汤普森是要劝诫英国知识分子不要再对英国政局冷漠和麻木，不要再为寻求舒适而躲藏在鲸腹中。《圣经》中约拿和大鱼的故事家喻户晓。1940 年，英国作家和文学评论家乔治·奥威尔(George Orwell)写了一篇题为《在鲸腹中》("Inside the Whale")的文章，作为对亨利·米勒(Henry Miller)的小说《北回归线》(*Tropic of Cancer*)的评论。奥威尔用《圣经》中约拿和大鱼的故事比喻接受经验而不寻求改变它，约拿在大鱼腹中被舒适地保护起来，不受外部风暴的影响。《在鲸腹外》一文中，汤普森对英国的国际政治战略定位提出了强烈质疑。自"二战"结束后，英国就充当了美国的马前卒，在与苏联为首的华约组织对抗中充当打手角色。十年中，执政党从未对这一政治战略进行反思，除了伯特兰·罗素(Bertrand Russell)外，英国的知识分子对此也集体失声。汤普森认为，这一切都证明了自"二战"结束以来英国社会包括知识分子在内，都深陷冷漠之中。而这种冷漠出现的政治背景则是整个世界被分裂为东西方两大阵营，在意识形态上彼此尖锐对立，在军事上剑拔弩张，将整个世界笼罩在恐怖气氛当中。在《腐朽之际》这篇文章中，汤普森分析了当前英国的政治形势，对资本主义的发展现状进行了评估，对资本主义的意识形态进行了批判，指出其被社

---

① E. P. Thompson, Ralph Samuel, et al., eds., *Out of Apathy*, London: Stevens & Sons Ltd, 1960.

会主义所代替是历史的必然。文章也探讨了作为发达资本主义国家的英国如何向社会主义过渡的问题。汤普森认为，英国目前向社会主义过渡的时机已过度成熟，开始了腐烂的过程。由于战后资本主义世界经济处于复苏过程当中，自由主义的改良主义（有时误以为自己是"社会主义"）为民众能够赢得一些利益，资产阶级的统治地位又得以巩固，加上苏联社会主义政治腐败所树立的反面典型，因此英国人发现自己已经置身于国际资本主义宏大的防御联盟之中，一切都笼罩在冷漠的意识形态之下，冷漠是我们的公共生活在这一资本主义衰落过程中所表现出来的形态。在这种情形之下，劳工运动还能保持士气守住防御阵地多久？社会主义的目标会永远在琐碎的情形中退却吗？我们会永远被贪婪者剥削吗？[1] 在《革命》这篇文章中，汤普森重点讨论了英国如何实现向社会主义过渡的问题。他坚持认为英国可以进行一场不流血的革命。资本主义的秩序形式是在封建社会的胎胞里成长起来的，资本主义能够在封建制度中成长，并与之共存，直到为夺取政权做好准备，资产阶级革命通常是在夺取政权的过程中完成的。汤普森认为，社会主义也可以在资本主义体系中孕育和成长。在资本主义内部，常常会有相互制衡的力量，而这种均衡总是不稳定的，它可能会重新走向集权主义，但也可能会在民众力量的推动下向民主和革命的方向发展。革命不会有现成的模式，必须由人们的行动和选择来决定。[2]

因唐娜·托尔在 1957 年去世，汤普森在 1962 年整理和编辑了她留

---

[1] E. P. Thompson, "At the Point of Decay", in E. P. Thompson, Ralph Samuel, et al., eds., *Out of Apathy*, London: Stevens & Sons Ltd, 1960, pp. 3-18.

[2] Ibid., pp. 287-308.

下的材料和笔记，并写了编辑意见，最后形成了一篇名为《汤姆·曼：1890—1892》("Tom Mann：1890-1892")①的长文，发表在英共党内季刊小册子《我们的历史》(*Our History Journal*)②上。1956 年，患病后的托尔在希尔和莫尔顿的帮助下，出版了著作《汤姆·曼和他的时代：1856—1890》(第 1 卷)(*Tom Mann and His Times*, *Volume One*：*1856-1890*)③。托尔原来准备把她对汤姆·曼的研究成果分三卷出版，但是在出了第一卷后，后两卷的材料和笔记还未来得及整理，托尔就不幸离世了。在托尔患病时期，汤普森就与她充分讨论了关于汤姆·曼的写作计划，并保存了相关的材料和笔记。汤普森在整理和编辑过程中，又增加了一些材料补充进来，使得汤姆·曼在 1890—1892 年组织和领导工人运动的思想进一步明晰。在这篇长文前面，英国共产党历史组(History Group of the Communist Party)专门写了一段"前言"对汤普森所做出的贡献给予了充分肯定和赞扬。

1963 年，汤普森最重要的著作《英国工人阶级的形成》出版。这是一部英国工人阶级诞生过程的历史传记，描述了 1780 年到 1832 年英国工人阶级形成的历史。全书共分为三部分：自由之树、亚当的诅咒、工人阶级的出现。第一部分"自由之树"详尽地考察了 18 世纪在英国下层

---

① Dona Torr, E. P. Thompson, "Tom Mann：1890-1892", in *Our History Journal*, Vol. 26/27, 1962.

② 该出版物是由"社会主义历史学会"(Socialist History Social)(前身为英国共产党历史学家小组)主办的。1998 年，《我们的历史》由印刷版小册子变为正式出版物，更名为《社会主义历史》(*Socialist History*)杂志。

③ Dona Torr, *Tom Mann and His Times*, *Volume One*：*1856-1890* , London：Lawrence and Wishart, 1956.

民众当中留传下来的几种自由传统：伦敦通讯会、非国教传统、18世纪"暴民"的传统、英国人的天生权利。第二部分"亚当的诅咒"详尽地记述了英国工业革命时期不同工人集团的丰富经历。第三部分"工人阶级的出现"描述了从卢德运动开始一直到拿破仑战争结束时人民激进运动的历史。汤普森写作《英国工人阶级的形成》一书肩负重大的历史使命。他要通过该书批判当时普遍流行的一些理论观点。在这些理论观点当中，有个别是对马克思主义公开反对和全然否定，其观点和立论缺乏说服力，基本上站不住脚，经不起检验和推敲。但也有一些理论观点极具迷惑性，它们虽然打着马克思主义的旗号，却在肆意歪曲马克思主义，背弃了马克思主义的基本原则和方法，诱导人们对马克思主义产生错误的理解，危害性极大。《英国工人阶级的形成》出版后在学界引起很大的反响，成为英国马克思主义史学的标志性成果。《纽约时报书评》认为："这本书具有绝对的权威性和永久的重要性，是迄今为止最有影响的史学文本。"《泰晤士报文学副刊》说："汤普森先生极富人文气质的想象和有节制的热情帮助我们再次捕捉到工人阶级在形成时的痛苦、英雄主义和幻想。任何对英国历史感兴趣的人都不应该错过这本书。"《倾听者》杂志评论说："这是一部活跃而引人注目的历史，书中的许多论断构成对当代许多学术正统的挑战。"《大不列颠百科全书》做出了这样的评价："《英国工人阶级的形成》不仅是一部史学经典，也是一部文学名著。"[1]总之，《英国工人阶级的形成》一书不仅是"20世纪西方历史学不多的几

---

[1] 以上评论参见[英]E. P. 汤普森：《英国工人阶级的形成》（上），钱乘旦等译，封底页，南京，译林出版社，2013。

部创学派的开山作品之一"①,同时也是西方马克思主义的经典作品之一,在马克思主义发展史上占据重要一席。

1964年,伯明翰大学"当代文化研究中心"(The Centre for Contemporary Cultural Studies)创立。理查德·霍加特(Richard Hoggart)担任了研究中心的第一任主任。1968年,斯图亚特·霍尔接替霍加特成为中心第二任主任。在中心成立之初,该研究中心就确立了基本宗旨,以马克思主义理论为指导,开展对大众文化及大众日常生活的研究。在随后的发展过程中,该研究中心的影响力不断扩大,最终围绕当代文化研究中心形成了英国马克思主义一大学派,即伯明翰文化学派。虽然研究中心的研究人员并不多,但文化学派的学术影响力却是世界性的。霍尔认为,英国的文化研究兴起于20世纪50年代末和60年代初。在这一时期内,接连出现的一些经典著作文本为英国文化研究的发展起到了奠基作用。这些经典著作和文本包括:霍加特的《识字的用途》(1957),威廉斯的《文化与社会》(1958)、《漫长的革命》("The Long Revolution")(1961),以及汤普森对威廉斯的批判之作《漫长的革命》(1961),尤其是汤普森的巨著《英国工人阶级的形成》(1963),作为文化研究的"史学范本",更是深刻地影响了文化学派的研究方向,有力地推动了英国文化研究的发展。②

---

① [英]E. P. 汤普森:《英国工人阶级的形成》(下),钱乘旦等译,989页,南京,译林出版社,2001。

② Stuart Hall, "Cultural Studies and the Centre: Some Problematics and Problems", in Stuart Hall, Dorothy Hobson, et al. , eds. , *Culture, Media, Language: Working Papers in Cultural Studies, 1972-1979*, London: Routledge, 2005, p. 3.

1964年，密里班德与萨维尔两人创办了《社会主义年鉴》(*Socialist Register*)杂志。该杂志定位于主要研究英国发生的具体问题，拒绝教条主义的理论说教，为社会主义者分析和讨论现当代事件提供帮助。自从安德森执掌《新左派评论》，受到排挤的第一代新左派老知识分子们有了一个新的发声平台，汤普森很快便与之结盟。

1965年，汤普森一家从哈利法克斯来到了英格兰中部华威大学所在的华威郡。汤普森着手创立了华威大学社会史研究中心，并担任了研究中心的第一任主任。在这段时间，汤普森主要从事对18世纪英国历史的研究工作，同时开展本科生和研究生的教育工作，这一工作延续到1970年。

1966年，汤普森发表了论文《从下面看历史》("History from Below")[1]。在这篇文章中，汤普森指出，英国平民史与英国史截然不同，英国史所呈现的都是王公贵族和社会精英的历史，而底层民众的生活以及他们的喜怒哀乐、所思所想则被深深地埋在历史中，以往从来没有人愿意去了解和触碰它。可喜的是，这种情况正在发生改变，现在有一批英国的历史学家已经把目光转向了底层，开始研究劳工的历史以及大众文化。这为历史研究提供了一个全新的视角，开辟了一片广阔的天地，也使历史研究更为全面和科学，为还原真实的历史提供了可能。

1968年，汤普森积极响应威廉斯的提议，在几位第一代新左派的老知识分子的共同努力下，经过一年多时间的起草和修改，《1968五一

---

[1] E. P. Thompson, "History from Below", in *The Times Literary Supplement*, April 7, 1966. Or in Dorothy Thompson, ed., *The Essential E. P. Thompson*, New York: The New Press, 2001, pp. 481-489.

宣言》(May Day Manifesto 1968)①终于发布面世。《1968 五一宣言》当时获得了 70 多位作家、学者和社会活动家的联名签署。《1968 五一宣言》表达了对威尔逊领导下的工党政府不断右倾的不满和愤怒，与此同时，也提出了与之相对抗的政治纲领。汤普森的一些主张和观点在《1968 五一宣言》中得到了呈现，他强调应该把英国的民主制度作为向社会主义过渡的跳板。但是，在宣传《1968 五一宣言》的公开集会中，第一代新左派内部却发生了斗争和分裂。加之，1968 年国际政治环境发生着令人意想不到的剧烈变化，工人和学生运动在全球范围内此起彼伏，法国"五月风暴"不期而至，美国青年也走上街头，反越战的国际运动迅速在全球蔓延。本想能引起激进青年的关注，却想不到精心准备的《1968 五一宣言》就这样湮没在一场突如其来的全球性的政治风暴中了。汤普森后来写道："1967 年，我们中的一些人又聚到一起，在雷蒙·威廉斯的组织运作下，我们发表了《1968 五一宣言》。但是，1968 年 5 月的巴黎事件，非政治的以工资待遇为动机的暴力工厂运动，以及苏联对'布拉格之春'的镇压，这些随后发生的一系列事件都将这份具有理性分析和政治创见的文件粗暴地抛诸脑后了。"②

1970 年，汤普森离开华威大学来到伍斯特郡的乡村，结束了他作为专职教师二十多年的职业生涯，此后一直以独立作家、自由学者和公共知识分子的身份进行工作，偶尔也在美国、加拿大、印度和新西兰的几所大学担任客座教授。不论汤普森担任何种社会角色，他身上所特有

---

① Raymond Williams, ed., *May Day Manifesto 1968*, London: Verso, 2018.

② E. P. Thompson, *The Poverty of Theory and Other Essays*, London: Merlin Press, 1978, p. i.

的独立、客观、激情、悲悯的学者气质是始终不变的。汤普森身上不仅有一种批判精神，同时还有一种合作意识。汤普森虽然以他的著作闻名于学术界，并以其犀利笔锋和批判风格为世人熟知，但他与学生们之间的相处模式却鲜为人知。一方面，他对学生是严厉和严格的，对于学生的缺点和不足常常会不留情面地进行批评指正。学生回忆道："爱德华·汤普森是一位出色的评论家，他常常非常严厉地批评学生们的作业，以及那些我们需要向研讨会提交的文章章节和论文草稿。在我们头脑中最生动的记忆是我们许多人在早期撰写原始历史作品时收到的批语。实际上，用'批语'一词来描述已经不能胜任了，因为我们收到的可能是8页、10页或12页的单行距打字稿（我们中的一些人仍然保存着这些文件），这几乎没有给我们留下可以骄傲自满的理由。他指出了我们论证中的缺陷，对草率的研究和论据不充分的论文表示遗憾，指出了混乱和保守的思维，对机械地使用好材料表示惋惜，并提出更好的更有创造性的方法来整理和解释我们的发现。当时，接受（在接受者看来）彻底的批评并不是好的体验。但批评几乎总是站得住脚的，它迫使我们重新开始工作，重新回到档案材料中，或更仔细地考证我们的资料来源，或重新考虑我们的解释语言，或只是纠正我们以前不知道的某些马虎的行为或自我放纵的学者作风。这常常是一种令人羞愧的经历，但这也是有益的，它让我们变得更好，更善于反思，更善于探究历史。"[1]另一方面，他对学生是友善和宽容的，他会毫无保留地把自己的研究资料和研

---

[1] Peter Searby, John Rule, Robert Malcolmson, "Edward Thompson as a Teacher: Yorkshire and Warwick", in *Protest and Survival: Essays for E. P. Thompson*, London: Merlin Press, 1993, p.21.

究心得与学生们共同分享和探讨。"爱德华·汤普森没有用自己的观点压制学生。他的指导是灵活的,对于新思想和新方法是开放的,不论任何时候他的学术活动总是宽泛的、兼收并蓄的。"①"爱德华·汤普森在他的学生中培养了一种研究文化,并率先垂范,在他的指导下,学术研究工作在愉快合作中得以开展。他的学生们都养成了一些良好习惯,比如:相互之间经常交换研究成果,传阅各自找到的参考文献,传递一些新书或新论文的信息。他们都能够热情地参与知识的分享,并不觉得是在互相竞争。另一方面,作为老师,汤普森也从学生们的工作中受益(他也大方地承认了这一点),这些包括:他们创造的新知识,提出的疑惑和意想不到的问题,以及信奉的新观点,比如从女权主义那儿得到的观点。"②在汤普森的领导下,华威大学社会史研究中心逐渐形成了一种合作与互助意识,它是建立在师生之间彼此尊重、民主平等以及开放包容的基础上的。

1971年,汤普森发表了论文《18世纪英国民众的道德经济学》("The Moral Economy of the English Crowd in the Eighteenth Century")。他将"道德经济学"一词界定为概念上的混合体,是文化规范、社会实践以及经济制度的重叠部分。这一范畴本身具有结构的复杂性,却又在现实生活中显示出巨大的灵活性,成为平衡跨阶级各方经济利益的关键因素。长期以来,这篇论文成为西方学界广泛引用和着重参考的历史文献。

---

① Peter Searby, John Rule, Robert Malcolmson, "Edward Thompson as a Teacher: Yorkshire and Warwick", in *Protest and Survival: Essays for E. P. Thompson*, London: Merlin Press, 1993, p. 22.

② Ibid., p. 22.

1975 年，汤普森出版了《辉格党与猎手：黑人法案的起源》(*Whigs and Hunters：The Origins of the Black Act*)①一书。在该书中，汤普森描绘了一幅英国资本主义社会早期的社会关系图景。汤普森并没有对当时英国社会进行全景式的描绘，只是围绕发生在 18 世纪英国东南部皇家园林的盗猎事件展开讨论。1720 年，英国发生南海股票风潮，随着泡沫的破灭，大量投资者变成了流浪者。为了生计，一些流浪者变为"黑人"②，开始在皇家园林通过偷猎获取食物。1723 年，为了严厉打击进入皇家园林的偷猎者，英国议会通过了《黑人法案》(The Black Act)。《黑人法案》规定，凡是在森林里射杀鹿，或者进行一些长期以来已经形成惯例的行为活动，以及一些公共权利的行使，都要被处以死刑。这一法案对当地森林居民的生活和生计造成了极大影响，是对当地居民生存权利的剥夺和侵犯。汤普森强调，法律是建立在生产关系基础上的，反映阶级构成及其动态变化，虽然法律是为维护统治阶级利益服务的，但在一个不公平的社会中它也是为弱者提供公正的唯一可能的途径。佩里·安德森曾经这样评价汤普森和他的著作："爱德华·汤普森是我们今天最好的社会主义作家(当然是在英国，或许在欧洲)。《英国工人阶级的形成》和《辉格党与猎手》的读者，将会把这些作品永远铭记于心。在写作的巅峰时期，汤普森对语言的音色和节奏(或者说是激情与幽默、

---

① E. P. Thompson, *Whigs and Hunters：The Origins of the Black Act*, London: Allen Lane, 1975.
② 这些偷猎者在进行偷猎活动时常常把黑色颜料涂在脸上进行伪装，因而得名"黑人"。

刻薄与雅致、通俗与高雅)的把握,在左派当中无人能与之比肩。"①

1975年,汤普森与道格拉斯·海伊(Douglas Hay)、彼得·莱恩博(Peter Linebaugh)以及约翰·鲁尔(John Rule)、卡尔文·温斯洛(Calvin Winslow)一起编写出版了著作《阿尔比恩的致命之树：18世纪英国的犯罪与社会》(*Albion's Fatal Tree: Crime and Society in 18th Century England*)②。这些合作者都是汤普森在华威大学社会史研究中心的同事和学生。在这部著作中,汤普森与其他几位作者以从下看的历史视角来审视英国18世纪人们的社会生活。18世纪的英国是资本主义发展的起步阶段,资本原始积累的重要途径之一就是掠夺农民的土地以及土地上的财产。迫于生计,农民时常"偷盗"树林里面的枯树枝,或者在森林中盗猎,或者在海边抢劫财物等。类似的犯罪行为可能是这些民众不得已而为之,却要受到法律的严厉制裁,甚至被处以极刑。法律是统治阶级维护自己的统治地位和保护自己利益的工具和手段,是统治阶级意识形态的表达和彰显。虽然法律常常显露出威严和残酷,但有时也存在着温情和变通,这是被统治者和统治者相互斗争而达成的一种结果,是两种力量相互抗衡对冲后达成的一种历史的动态平衡。

1978年,汤普森的又一重要著作《理论的贫困及其他文章》(*The Poverty of Theory and Other Essays*)③出版。书中收录了四篇文章：

---

① Perry Anderson, *Arguments Within English Marxism*, London: Verso Books, 1980, p.1.

② E. P. Thompson, Douglas Hay et al., eds., *Albion's Fatal Tree: Crime and Society in 18th Century England*, London: Allen, and New York: Pantheon, 1975.

③ E. P. Thompson, *The Poverty of Theory and Other Essays*, London: Merlin Press, 1978.

《理论的贫困或太阳系仪的谬误》("The Poverty of Theory or An Orrery of Errors")(1978)、《在鲸腹外》(1960)、《英国人的独特性》("The Peculiarities of the English")(1965)、《致列泽克·科拉科夫斯基的一封公开信》("An Open Letter to Leszek Kolakowski")(1973)。这四篇论文都属于政论性文章，均有明确的批判对象，分别为：结构主义马克思主义代表人物阿尔都塞、在"冷战"背景下把"冷漠"变为"意识形态"的西方知识分子、阿尔都塞在英国的代言者佩里·安德森和汤姆·奈恩、马克思主义的叛徒列泽克·科拉科夫斯基。《理论的贫困或太阳系仪的谬误》是一篇长达210页的文章，是这部著作当中最核心的内容，其批判对象主要是阿尔都塞，也包括对阿尔都塞的支持者安德森和奈恩的批判。汤普森批评他们把马克思主义任意进行截取和改造，造成了马克思主义的理论化和教条化。他甚至宣称阿尔都塞的结构主义的马克思主义就是斯大林主义的另一种表现形式。随后，安德森针对汤普森的指控进行了全面回应，形成了《英国马克思主义的内部争论》一书，该书于1980年出版。《在鲸腹外》是《理论的贫困及其他文章》中收录的最早的一篇文章，最初被收录在汤普森1960年组织编写的论文集《摆脱冷漠》中。1978年，这篇文章被再次收录到《理论的贫困及其他文章》中重新发表时，汤普森对其进行了删改。《英国人的独特性》这篇文章曾在1965年发表过，发表在由拉尔夫·密里本德(Ralph Miliband)和约翰·萨维尔担任主编的《社会主义年鉴》杂志上。1966年，佩里·安德森在《新左派评论》上发表了《社会主义与伪经验主义》("Socialism and Pseudo-empiricism")一文，对汤普森展开激烈批判，指责汤普森是思想空洞的民粹主义者。自从安德森、奈恩接掌了《新左派评论》杂志的控制权后，他们所代表的第二代新左派与汤普森所代表的第一代新左派之间的矛盾日益升级。汤普森是这场冲突的发动者和攻击者，在他看来，在任何情况下，理论的发展和检验都离不开批判，而批判则需要包括以一种辩论的方式直接识别不同的立场。但是，这次汤普森并没有马上对安德森的批判做出进一步回应。《致列泽克·科拉科夫斯基的一封公开信》曾在1973年的《社会主义年鉴》杂志上发表过。这是一封长达99页的书信。汤普森在文章中控诉了科拉科夫斯基这位曾经的老朋友对马克思主义和社会主义事业的背叛。从波兰流亡到西方后，科拉科夫斯基从一个社会主义者转变为北约主义者和反马克思主义者。《理论的贫困及其他文章》的出版在学界可谓是投放了一枚重磅炸弹，立即引起诸多争论。对这本书的评价也可谓是毁誉参半，尽管不乏讥诮奚落者，但赞誉之音也从未中断。英国《卫报》(Guardian)评论说："爱德华·汤普森的声音充满了力量，又引人入胜。这和在大学课堂上听到的完全不同，他激情洋溢，热烈地追求着真理……他已成为英国自由主义和社会主义传统的代言人。"[1]《媒体、文化与社会》杂志给出了这样的评价："毫无疑问，《理论的贫困》是一本影响深远的著作，它将在历史、马克思主义理论和社会主义政治的讨论中产生共鸣。不应该低估它的价值：这是一本极具挑战性的著作，作者是一位伟大的社会主义者和历史学家。"[2]美国《国家》杂志认为："这本书

---

[1] E. P. Thompson, *The Poverty of Theory and Other Essays*, London: Merlin Press, 1978, back cover.

[2] Ibid..

是汤普森最好的作品,是美国激进主义者必读之作。"①美国《新共和》杂志评价说:"这是一本充满了火药味的书,它坚持己见并追求真理,它的优点之一就是以团结之名准确地论证了批评的必要性。能读懂的人(不包括所有人)应该读一读《理论的贫困》。"②

1979年12月1日晚,"拉斯金历史工坊"(Ruskin History Workshop)学术研讨会把最后一项议程放在了老旧的牛津圣保罗教堂。寒冷的天气未能阻挡人们参会的热情,一场火药味十足的学术辩论会在这里开场,包括历史学家、专家学者以及旁听者在内的600余人参加了这次辩论会。辩论会设定的主题为"理论的贫困",主要围绕汤普森刚刚出版的新著《理论的贫困及其他文章》一书中的观点进行讨论。研讨会由拉斐尔·塞缪尔主持。斯图亚特·霍尔、理查德·约翰逊(Richard Johnson)、汤普森等人相继上台发言。霍尔发表了《为理论辩护》("In Defence of Theory")③的演讲,表达了对阿尔都塞理论的批判和对汤普森观点的支持。但同时,霍尔也指出了汤普森观点当中存在的弱点与不足,霍尔不同意汤普森对理论近乎彻底的否定,他认为理论对于历史研究仍然具有必要性,他还指出汤普森对"经验"的表达不够明确。约翰逊刚刚接任霍尔成为伯明翰大学当代文化研究中心的第三任主任。此前他已经通过《汤普森、尤金·吉诺维斯和社会主义人道主义历史》

---

① E. P. Thompson, *The Poverty of Theory and Other Essays*, London: Merlin Press, 1978, back cover.

② Ibid..

③ Stuart Hall, "In Defence of Theory", in Raphael Samuel, ed., *People's History and Socialist Theory*, London: Routledge & Kegan Paul, 1981, pp. 378-385.

("Edward Thompson, Eugene Genovese, and Socialist-humanist History")①一文对汤普森展开过批判。在这次辩论会上,约翰逊进行了题为《反对绝对论》("Against Absolutism")②的演讲,又一次对汤普森的观点进行激烈批判。约翰逊认为汤普森在《理论的贫困及其他文章》中所呈现的思维习惯和一定的政治党派倾向具有广泛的影响,可以称之为"绝对论者"。他们往往在对其他理论或历史作品进行全面批判时,会把叙述简化为一些形式命题,认为某些概念不符合"科学"或马克思主义的立场,就会把整部作品扔进意识形态的垃圾堆,或者被完全取代,在最极端的情况下,这种方法可能会产生令人吃惊的傲慢和天真。为了回到"历史",抛弃我们从阿尔都塞主义和其他理论中学到的东西,将是一种典型的绝对主义的做法。而正确的做法应该是把传统中有价值的元素以一种适合我们政治和时代的组合方式加以吸收。约翰逊最后指出,对绝对主义的批判并不完全是针对《理论的贫困及其他文章》的,但它却是一个彻底的绝对论文本。针对霍尔和约翰逊在会上的发言,汤普森慷慨陈词,进行激烈反击。这篇演讲最终以《理论的政治》("The Politics of Theory")③一文呈现出来。汤普森的尖锐言辞明显给在场的听众带来了不适,他一度把理论家们与斯大林主义画上了等号,认为他们为其提供

---

① Richard Johnson, "Edward Thompson, Eugene Genovese, and Socialist-humanist History", in History Workshop, Vol. 6, 1978, pp. 79-100.
② Richard Johnson, "Against Absolutism", in Raphael Samuel, ed., *People's History and Socialist Theory*, London: Routledge & Kegan Paul, 1981, pp. 386-396.
③ E. P. Thompson, "The Politics of Theory", in Raphael Samuel, ed., *People's History and Socialist Theory*, London: Routledge & Kegan Paul, 1981, pp. 396-408.(此文为汤普森圣保罗教堂发言的改编和扩充版)

了意识形态上的辩护。汤普森最后表明了坚定态度，他说自己一直在关注《历史工坊》杂志和其他地方正在进行的讨论并从中学习，但是丝毫没有改变自己原来的立场和观点。

1980年，汤普森的论文集《秉烛而书》(Writing by Candlelight)[①]出版。这本论文集收录的绝大部分都是汤普森1979年到1980年写的几篇政论文章。该书讨论的主题比较广泛，包括：1972年的矿工罢工、哈罗德·威尔逊爵士的道歉、英国是否继续留在欧共体的公投，以及对陪审团制度的争议等。汤普森认为，在近二十年来，无论是在保守党政府还是在工党政府的领导下，英国一直在获得自由，而这些自由是属于人民的。

(四)和平运动时期(1980—1993)

进入20世纪80年代后，汤普森把主要精力放到了反核运动中。1979年，北约决定在英国、德国、荷兰、比利时和意大利部署"潘兴"Ⅱ中程地对地巡航导弹。汤普森对此感到震惊和愤怒，这促使他放下历史研究工作，全身心地投入到和平运动中，成为欧洲核裁军运动组织(END)的创始人之一。同时汤普森也是国际核裁军运动组织(CND)的创始成员之一，并且还担任过副主席。

汤普森时常为欧洲成为无核区的目标而四处奔走呼号，并且写了大量宣传文章，在世界各处，利用各种媒体和平台宣扬和平理念。在此期间，汤普森频频现身于电视访谈节目；他还四处奔走，到英国各大城市

---

① E. P. Thompson, *Writing by Candlelight*, London: Merlin Press, 1980.

及海外发表巡回演讲,足迹遍布美国、匈牙利、冰岛、希腊等14个国家;他经常组织集会,其中在1980年至1982年,平均每个月出席公共集会达到10次之多。① 对于"冷战"和欧洲的分裂,从青年时代开始,汤普森就一直抱着极大的仇恨与担忧,无论是进行历史研究还是参加政治运动,汤普森都没有离开对社会现实的关注以及对人的生存状况的忧虑,他的人本主义精神在此处得到了充分体现。

1980年4月28日,汤普森、玛丽·卡尔多(Mary Kaldor)等人起草的《欧洲核裁军呼吁书》(Appeal for European Nuclear Disarmament)正式发布。这份文件指出:"我们正进入人类历史上最危险的十年,第三次世界大战不仅可能,而且可能性越来越大,发达国家的经济与社会困难、危机、军国主义和第三世界的战争加剧助长了疯狂军备竞赛的政治紧张局势。在东西方对抗的主要地理舞台——欧洲,更加致命的新式核武器正在出现。"② 尽管如此,汤普森仍然认为,我们不能坐以待毙,必须团结起来,共同抵制东西方政客们为了自身利益而操纵核战争的任何企图,目标是把欧洲以及全世界从对抗中解救出来。

1980年,汤普森与丹·史密斯(Dan Smith)合作编辑出版了一本论文集《抗议与生存》(Protest and Survive)③,以此作为对英国政府推出

---

① [美]迈克·贝斯:《爱德华·汤普森:作为行动主义者的历史学家》,见张亮编:《英国新左派思想家》,89页,南京,江苏人民出版社,2010。
② E. P. Thompson, Dan Smith, eds., Protest and Survive, Harmondsworth: Penguin Books, 1980, p. 223.
③ E. P. Thompson, Dan Smith, eds., Protest and Survive, Harmondsworth: Penguin, 1980.

的小册子《保护与生存》(Protect and Survive)①的回应。在《抗议与生存》这本书中，汤普森等人驳斥了英国政府所设想的安全战略，即与美国达成战略同盟，在英国部署相当数量的战略核导弹，与苏联形成对等威胁，以此确保英国在核威慑保护下独立的大国地位。汤普森等人认为这一战略设想并不会使英国更安全，而且更容易使英国走向毁灭的边缘。

1980年，汤普森发表了《灭绝主义的注释：文明的最后阶段》("Notes on Exterminism, the Last Stage of Civilization")②一文，对当前政治形势进行了批判和分析，指出"冷战"与核竞赛的现实状况已经超出了马克思关于帝国主义和阶级理论的解释能力，必须高度重视对这一问题的研究。

1982年，汤普森出版了一本和平运动方面的小册子《超越冷战》(Beyond the Cold War)③。这本小册子原本是他的一篇演讲稿。汤普森认为，当前，超级大国似乎都处于相互毁灭的边缘，威胁要把文明吞没在一场有可能发生的灾难中。而在这一情境下，马克思主义理论家们在理论探索上始终停滞不前，没有对核军备竞赛进行有效的逻辑思考，只是将其纳入帝国主义理论进行简单粗暴的解释。在汤普森看来，"帝国主义的逻辑"不足以理解当前所面临的局面。原子弹虽然比其他武器更为险恶，但仍然遵循同样的逻辑。武器只是执行政策的工具，即使是绝

---

① 这是一本关于在核战中引导民众如何进行安全防护的书籍。
② E. P. Thompson, *Notes on Exterminism, the Last Stage of Civilization*, in *New Left Review*, Vol. 121, 1980.
③ E. P. Thompson, *Beyond the Cold War*, London: Merlin Press, 1982.

望的统治阶级也不太可能走上一条会导致自身毁灭的道路。汤普森号召,和平与自由是一项事业,必须努力使欧洲摆脱美国与苏联这两个超级大国的军事霸权。

1983年,汤普森出版了诗集《婴儿与皇帝:圣诞诗歌》(*Infant and Emperor: Poems for Christmas*)[①]。汤普森对文学的热爱就像对历史的热爱一样伴随了他的一生。父亲和哥哥都是诗人,汤普森从小就生活在充满诗歌文学氛围的家庭中。后来,当汤普森开始接触威廉·莫里斯和威廉·布莱克(William Blake,1757—1827)的作品时,则被他们的诗歌和艺术深深地触动了。20世纪50年代,汤普森就已经开始进行诗歌创作。他经常以诗言志,把社会与政治的重大主题很轻巧地借用诗歌的形式进行准确地表达。在这本以"婴儿与皇帝"命名的诗集中,汤普森把耶稣幼年时期的故事与当前的政治事件联系起来,比如英法侵占苏伊士运河、以美国为首的多国联军对朝鲜国土的践踏、核裁军运动等。汤普森还把世界末日、暴君压迫等宗教神话主题与现时代的政治主题联系在一起,这些圣诞寓言被涂抹上了激进的政治色彩。以宗教神话和寓言故事为内容载体,以诗歌为形式载体,借助生动而丰富的语言表现重大的政治主题,最终达到讽喻和警示的目的,这些对汤普森来说已经驾轻就熟。汤普森的故事诗歌包裹着政治的灵魂,在灵魂的深处是对社会正义和人类和平的呼唤。在《为新年祈祷》这首诗中,汤普森把"冷战"比喻为严冬。现在已触及了地球的地板层,已经退无可退,人类已经处于最危

---

① E. P. Thompson, *Infant and Emperor: Poems for Christmas*, London: Merlin Press, 1983.

险的边缘，只有团结一心才会看到希望。寒冷的冬天终将会过去，温暖的春天终将会到来。

1985年，汤普森出版了政治散文作品集《沉重的舞者》（*The Heavy Dancers*）①。在这本著作中，汤普森讨论了和平运动与核裁军，分析了"冷战"的原因以及可能的解决方案。著作的名字"沉重的舞者"是指那些聚集在媒体聚光灯下的公众人物，他们时常召唤着部落的古老精神，号召人们为终极之战做好准备。汤普森最后指出，除了人类的良知，没有任何技术可以抵御核灾难。

1988年，汤普森的小说《赛科斯文件》（*The Sykaos Papers*）②出版。佩里·安德森对汤普森的这部作品给予了很高评价，《赛科斯文件》"是唯一最完整地表达其思想的作品，它给观念披上富于想象力的形式，这在其他作品里是找不到的……该书从非同寻常的视角描述了当财富、权力和战争等因素推动世界走向核毁灭时，非物质的理性如何——姗姗来迟地——降临到这个世界上。形而上的思辨体现在最生动的尘世叙事中，鼓舞、启迪、鞭策的格言比比皆是"③。1985年的某一天，当汤普森路过纽约公共图书馆的时候，突然心生感慨，自己已经很长时间没有进过图书馆了。在那一刻，汤普森当下决定要从繁忙的和平运动具体事务中脱身出来，重新回到学者的状态。如果能够静下心来写一本关于星球大战方面的书籍，既能够帮助自己完成从政治活动家重新回到历史学

---

① E. P. Thompson, *The Heavy Dancers*, London: Merlin Press, 1985.
② E. P. Thompson, *The Sykaos Papers*, New York: Pantheon Books, 1988.
③ ［英］佩里·安德森：《思想的谱系：西方思潮左与右》，袁银传、曹荣湘等译，219页，北京，社会科学文献出版社，2010。

家的角色转换，又能够为和平运动生涯画上完美的句号，留下一个纪念。三年后，这一愿望得以实现，这一成果就是呈现在我们眼前的这本小说《塞科斯文件》。作为一部科幻小说，《塞科斯文件》虽然没有逃脱此类小说的常见套路，却能够从中看出汤普森所要讽刺的是政客、军方、中央情报局(CIA)以及英国当权派。汤普森享受着他在小说中各种扣人心弦和危机四伏的情境预设。通过小说，他要告诫读者核战争的威胁并不完全是毫无根据的，也并非杞人忧天，在当今核时代最为宝贵的东西是和平。在小说中，奥伊塔(Oitar)星球面临着将要失去恒星的危机。因此，在茫茫星际中寻找一个新家园成了奥伊塔星人的一项迫切任务。宇航员奥伊·帕兹(Oi Paz)在执行任务的过程中因为飞行器坠毁而被困在了地球上。他发现这个星球上有许多千奇百怪的生物。在一次车祸后，他与地球上的人类相遇并发生了许多离奇的事情。后来，帕兹成为一家军方组织研究机构的研究对象，而帕兹也在研究着对他进行研究的研究人员。终于，奥伊塔星球的星际舰队抵达了月球，并在那里建立了基地。由于语言和文化的差异，当月球上的奥伊塔星人向地球发出脉冲信号传递信息时，地球上处于"冷战"中的几个核大国的军方和政客们乱作一团，他们都以为是敌对国准备进行核攻击，核战争的乌云笼罩着整个地球，随时有可能发生。

1991年，汤普森出版了《共有的习惯》(*Customs in Common*)一书。在这本书里，汤普森主要研究了在18世纪和19世纪初时英国劳动人民的文化观念以及生活习俗。全书共收录了八篇文章：《导论：习惯和文化》("Introduction")、《贵族和平民》("The patricians and Plebs")、《习惯、法律和共有的权利》("Custom, Law and Common Right")、《18世纪英国民众的道德经济学》、《道德经济学的再考察》("The Moral Economy Reviewed")、《时间、工作纪律和工业资本主义》("Time, Work-Discipline and Industrial Capitalism")、《买卖妻子》("The Sale of Wives")、《大声喧哗》("Rough Music")。这几篇文章都与习惯这一主题相关。《共有的习惯》是具有里程碑意义的西方社会史学著作,可以称得上是《英国工人阶级的形成》的姊妹篇。在这本著作当中,汤普森详细描述了在18世纪英国资本主义经济和文化强势来袭的历史大背景中,英国工人阶级和下层民众为了维护和保持自己的文化习俗曾经付出过我们现代人难以想象的努力。这本著作让我们对资本主义破坏了的英国下层民众的生活方式有了全面认识和真切感受。在经过一番考察后,汤普森得出一个结论:平民文化与贵族文化有很大的区别,其并不属于统治阶级支配下的意识形态,它是一种自由生长的状态。在民众的习惯中,可以看到他们为自己的利益而进行抗争的一面,这是一种真正的阶级冲突,因而具有一定的革命性质。《共有的习惯》出版后,获得了学界的广泛赞誉。迈克尔·梅里尔(Michael Merrill)认为:"对所有对英国历史感兴趣的人来说,《共有的习惯》是一本必读书籍,它在今天有着特殊的意义,因为在整个发展中世界,传统经济正在被市场经济所取代。它使我们对资本主义破坏的生活方式有了一个更全面的认识。"基思·托马斯(Keith Thomas)则评论说:"这本书标志着我们这个时代最具有雄辩性、最富有力量和最独立的声音之一回归历史写作。"《纽约时报书评》则给了这样的评价:"《共有的习惯》具备了细致的研究、优雅的论证以及深切的人文关怀。"①

1992年,汤普森被授予英国社会科学院院士称号,并被授予美国艺术与科学院荣誉院士称号。

1993年,汤普森发表了文章《异邦的敬仰:爱德华·汤普森与罗宾德拉纳特·泰戈尔》("'Alien Homage': Edward Thompson and Rabindranath Tagore")。在该文中,汤普森回顾了他的父亲约翰·汤普森与泰戈尔的友情。约翰·汤普森一方面怀着对印度文化的敬意,另一方面又享受着大英帝国的荣光,从骨子里透着一份作为大英帝国臣民的优越感。但不论怎样,他比同时代的那些整日趾高气扬,对印度和印度文化充满了傲慢与偏见的英国殖民者要绅士许多。"但即使他不为任何一种体系所完全接受,他也建构起一种他自己的非传统的体系。他是一个边缘人,一个穿行于两种文化之间,且不唯其中任何一种马首是瞻的信使。"②虽然约翰·汤普森与欧洲人的社群格格不入,也不能完全融入孟加拉邦文化圈中,显得终究是一个局外人,但他还是将自己视作架在印度文化和英国文化之间的一座桥梁。

1993年,《见证野兽:威廉·布莱克和道德律令》(*Witness Against the Beast: William Blake and the Moral Law*)③出版。对威廉·布莱克的研究是汤普森生前最后一项学术研究工作。布莱克是英国一位重要

---

① E. P. Thompson, *Customs in Common*, New York: The New Press, 1993, back cover.

② [新西兰]斯科特·汉密尔顿:《理论的危机:E. P. 汤普森、新左派和英国战后政治》,程祥钰译,6页,上海,上海人民出版社,2018。

③ E. P. Thompson, *Witness Against the Beast: William Blake and the Moral Law*, New York: The New Press, 1993.

的浪漫主义诗人，一位天才的版画家，也是一位虔诚的基督徒。如同一个向导，汤普森把我们带到了久远的过去，他详细描绘了英国历史上的反律法传统，这一传统在 17 世纪中叶达到鼎盛。通过马格莱顿教派（Muggletonian Sect），布莱克获得了历史的传承，具有了激进主义和反律法思想。正是在这一历史背景中，汤普森捕捉到了布莱克作品当中的语言和符号意象，由此去探寻布莱克扑朔迷离的精神世界。最终，汤普森力图带领我们走近真实的布莱克。通过诗歌和画作，布莱克想要与心中的野兽抗争，这些野兽不是在天堂，也不是在地狱，而是在现实世界当中。布莱克所要反对的正是那些不合理的律法，阶级社会中人与人之间的不平等，同时也要反对资本主义的霸权文化和理性的启蒙。对布莱克来说，道德与法律不仅仅是阶级压迫的工具，也是造成社会分裂和人的精神失常的毒物。《纽约时报书评》对汤普森的这部著作进行了这样的评价："这本书的标志就是知识与想象力和信念的结合，就像汤普森的人生一样，这本书也传达出学者探险家在探索过程中的激动和兴奋……一个伟大的学术人生拥有一个辉煌的结局。"[1]

汤普森的学术生涯从研究威廉·莫里斯开始，到以威廉·布莱克的研究结束，三十多年的学术研究历程仿佛走过了一个轮回，从终点回到了起点。莫里斯和布莱克两位历史人物能够进入汤普森的世界，成为他的研究对象，虽说有偶然因素，但离不开汤普森的特别关注与主动选择。这两个人物身上一定有许多吸引汤普森的地方。莫里斯与布莱克两

---

[1] E. P. Thompson, *Witness Against the Beast: William Blake and the Moral Law*, New York: The New Press, 1993, back cover.

个人物有许多共同之处：他们都是伟大的诗人，同时又是伟大的画家；他们在艺术上都追求古典和浪漫主义，但他们又都是激进主义的先驱，在政治上充满了激情的火焰；他们都追求社会正义，反对阶级的剥削和压迫；他们都反对抽象的精英理论，而用经验的艺术和政治实践力图改变不合理的社会。我们能够发现，汤普森的人生轨迹就好像是莫里斯和布莱克在另一个历史情境中的投射。我们能够确信，莫里斯和布莱克都曾经被汤普森当作偶像艺术家和学者。在汤普森的成长过程中，这两位圣贤都或多或少影响了汤普森的工作和生活，为他的人生之路起到了重要的指引作用。

汤普森去世后，他的家人和朋友陆续又出版了汤普森的一些理论文集、诗歌以及其他作品，最主要的有：《创造历史：历史与文化文集》（*Making History：Writings on History and Culture*）[1]（该书以不同的名字同时在伦敦和纽约两地出版）、《浪漫主义：革命年代的英国》（*The Romantics：England in a Revolutionary Age*）[2]、《越过边境：失败的政治任务，保加利亚 1944 年》（*Beyond the Frontier：The Politics of a Failed Mission，Bulgaria 1944*）[3]、《汤普森诗歌选》（*E. P.*

---

[1] E. P. Thompson, *Making History：Writings on History and Culture*, New York：The New Press, 1994. E. P. Thompson, *Persons & Polemics*, London：Merlin Press, 1994.

[2] E. P. Thompson, *The Romantics：England in a Revolutionary Age*, New York：The New Press, 1997.

[3] E. P. Thompson, *Beyond the Frontier：The Politics of a Failed Mission, Bulgaria 1944*, London：Merlin Press, 1997.

Thompson： Collected Poems)①、《汤普森作品精选集》(The Essential E. P. Thompson)②、《E. P. 汤普森与新左派的形成：论文与争论》(E. P. Thompson and the Making of the New Left： Essays & Polemics)③等。

《创造历史：历史与文化文集》这本书是汤普森多年来所发表的文章和演讲的合集，内容涵盖了汤普森职业生涯当中重点关注的历史与文化论题。这些论文材料是汤普森很早以前就开始精挑细选的，当他觉得周全完备后交给出版社准备刊印时，距离他去世的时间已经只剩下两周了。这本书共收录了二十篇文章，大致可分为两大类：一是人物研究类，二是论辩类。第一类人物研究包括五篇文章：《玛莉·渥斯顿克雷福特》("Mary Wollstonecraft")、《爱琳娜·马克思》("Eleanor Marx")、《致敬汤姆·马奎尔》("Homage to Tom Maguire")、《威廉·莫里斯》、《克里斯托弗·考德威尔》("Christopher Caudwell")。汤普森之所以选取这些人物来研究有两方面原因，一是由于时过境迁，有些人物已经迷失在历史的烟云之中，需要把他们挖掘出来，让人们再次关注和重新评价，以便能够发现他们身上的价值；二是由于有些人物在历史上长期被人曲解，需要对他们加以重新审视和考察，对他们的历史地位和历史价值进行重估与评价，希望能够为他们正名，还历史以真实的面貌。第二

---

① Fred Inglis, ed., *E. P. Thompson： Collected Poems*, Northumberland：Bloodaxe Books，1999.

② Dorothy Thompson, ed., *The Essential E. P. Thompson*, New York：The New Press，2001.

③ Cal Winslow, ed., *E. P. Thompson and the Making of the New Left： Essays & Polemics*, New York：Monthly Review Press，2014.

类论辩类文章主要是围绕十五个议题展开的切磋与争论,这些论题文章分别为:《为陪审团辩护》("In Defence of the Jury")、《彼得卢》("Peterloo")、《像羊一样卖1英镑》("Sold like a Sheep for £1")、《历史与人类学》("History and Anthropology")、《左派评论》、《埃杰尔·里克沃德》("Edgell Rickword")、《乡村与城市》("Country and City")、《乔治·斯特尔特》("George Sturt")、《继承的系统》("The Grid of Inheritance")、《快乐家庭》("Happy Families")、《赫伯特·古特曼》("Herbert Gutman")、《哪一个英国人》("Which Britons")、《承诺与诗歌》("Commitment and Poetry")、《权力和名称》("Powers and Names")、《激进历史议程》("Agenda for a Radical History")。在这一部分中,汤普森对一系列论题和观点开展评判,提出了独立的看法和不同主张。从中可以看到汤普森在历史、政治、文学等领域自由切换,充分显现了他深厚的学术素养和灵活多变的解题技巧。该书最后以《激进历史议程》这篇文章来结尾,以此表明汤普森对历史的理解和历史学家职业的定位,并且也给出了对未来社会的发展期许和前景展望。

《浪漫主义:革命年代的英国》是一本论文集,收录了九篇汤普森在浪漫主义文学方面的研究论文或演讲稿,分别为:《教育和经验》("Education and Experience")、《幻灭或颓废:一个世俗布道》("Disenchantment or Default?: A Lay Sermon")、《华兹华斯的危机》("Wordsworth's Crisis")、《仁爱的戈德温先生》("Benevolent Mr. Godwin")、《塞缪尔·泰勒·柯勒律治:诗人和编辑》("Samuel Taylor Coleridge: the Poet and His Editors")、《黎明时分的幸福:柯勒律治的革命青年问题》("Bliss Was It in that Dawn: The Matter of Coleridge's Revolutionary

Youth")、《光明与黑暗》("The Light and the Dark")、《陈腐思想概略》("A Compendium of Cliche")、《猎杀雅各宾狐》("Hunting the Jacobin Fox")。多萝西在该书"序言"中写道:"爱德华意识到文学表达的形式千变万化,不是作为他所研究的运动的'例证',而是作为这些运动的重要组成部分。"①汤普森对英国18世纪90年代的英国浪漫主义运动的研究成果大部分集结在这本书中。汤普森认为浪漫主义与激进主义携手而行,当传统文化和习惯受到挑战的时候,哲学时代还未降临,伟大的浪漫冲动就在冲突中成熟了。而这一时期的浪漫主义文学则是对这一伟大的浪漫冲动的记录和表达。

《越过边境:失败的政治任务,保加利亚1944年》是多萝西根据汤普森1981年在美国斯坦福大学做讲座时用的笔记、讲稿和其他一些材料,经过加工整理而成的小册子。在这三次讲座中,汤普森介绍了他的哥哥弗兰克的战斗经历和牺牲经过,并把它当作一个例子来说明一个事件可以用许多不同的方式来描述,这里涉及历史叙述的一些问题。虽然它不是一个重大的有决定意义的历史事件,但仍然有足够高的知名度,足以吸引历史学家和政治家的关注,以及一个家庭的兴趣。②

《汤普森诗歌选》精选了汤普森一些较为出色的诗歌作品,包括最早在20世纪40年代还是学生时写的一些诗歌。与他的丰富的历史研究成果相比,诗歌只占到他创作作品中的一小部分,但也能够体现出汤普森

---

① E. P. Thompson, *The Romantics: England in a Revolutionary Age*, New York: The New Press, 1997, p. 1.

② E. P. Thompson, *Beyond the Frontier: The Politics of a Failed Mission, Bulgaria 1944*, London: Merlin Press, 1997, p. 8.

的文学修养与爱好。这从他对莫里斯和布莱克的研究中也能够看出来。分析汤普森的这些诗歌，会发现文学与政治的交融。每一个作品都是一种社会意识的表达和呈现，包括对社会正义的渴望、对社会黑暗的鞭挞、对人类和平的歌颂。他的诗歌总是以赤裸裸的方式讲述灵魂真相，在文学的外衣下包裹着社会责任，是以历史之外的另一种方式完成他的政治使命。

《汤普森作品精选集》是一部由多萝西编辑整理的汤普森著作的节选本。全书共分为四个部分："政治与文化"("Politics and Culture")、"法律与习惯"("Law and Custom")、"历史与理论"("History and Theory")、"历史阅读与写作"("Reading and Writing History")。在这四个专题下收录了汤普森的一些经典作品的节选章节，例如《英国工人阶级的形成》《威廉·莫里斯》《异邦的敬仰》《辉格党与猎手》《理论的贫困与其他文章》等著作中都有摘选。

《E.P. 汤普森与新左派的形成：论文与争论》这本书中收集了汤普森在20世纪50年代末到60年代初的作品，如《穿过布达佩斯的硝烟》("Through the Smoke of Budapest")、《社会主义人道主义》、《社会主义与知识分子》、《政治承诺》("Commitment in Politics")、《新左派》、《腐朽之际》("At the Point of Decay")、《革命》("Revolution")、《再次革命！否则就塞上耳朵跑吧》("Revolution Again! or Shut Your Ears and Run")、《漫长的革命》、《我们现在在何处？》("Where are We Now?")、《威廉·莫里斯的共产主义》("The Communism of William Morris")、《向汤姆·马圭尔致敬》("Homage to Tom Maguire")、《生而自由的英国人》("The Free-born Englishman")。这些论文大都是政治论

文，写作的时代背景正是新左派刚刚诞生，正处在蓬勃发展的时期。当时新左派运动是一个全新的事物，独立于东西方两大阵营之外，与官方的自上而下的政治运作相反，新左派呈现的是一种自下而上的社会主义政治运动，是在骚动中寻找一种新型的政治形态。因此，此时的新左派内部比较分散，充满了各种不同的观点和声音。汤普森的这一组政治文章就试图为这场政治运动设置政治路标，提供一个正确的前进方向。

1993年8月28日，汤普森在英国伍斯特郡病逝，享年69岁。

二、汤普森思想的研究现状

从20世纪50年代开始汤普森就活跃于英国史坛。他的作品常常引发争论，成为学界热议的话题，尤其是巨著《英国工人阶级的形成》的问世，直接把他推向了最具争议的马克思主义历史学家的位置。汤普森不仅是著名历史学家，也是英国第一代新左派的代表人物，加上他长期活跃在国际和平运动的政治舞台上，在媒体和公众面前获得了较高的曝光率，更是增加了他的知名度。虽然汤普森在69岁时就不幸离世，但这并未影响他在世界史坛的号召力。他的思想跨越了时空，随着时间的推移，在世界范围内越来越多的学者发现汤普森理论的价值，开始阅读他的著作，研究他的思想，出现了大量的研究成果。

就中国而言，近些年来，随着人们对英美马克思主义关注度的上升，作为英国新马克思主义重要代表的汤普森也受到了学者们的普遍青睐，汤普森思想的相关研究成果也陆续推出。相对于国外来说，国内对汤普森的研究应该算是刚刚起步，与国外大量丰富和深入的研究成果相比还存在着较大的差距。进入 21 世纪以来，汤普森的相关研究开始在国内零星出现。近些年来，随着南京大学、山西大学等研究机构和科研团队的加入，汤普森思想相关研究成果开始陆续推出，并且这一发展态势呈现出逐渐升温的趋势。

近年来，国内外出现了大量研究汤普森思想的学术专著和论文。大体上来说，这些研究成果除了一些总体性研究外，主要集中在历史、文化、政治、哲学等研究领域。

(一)总体性研究

在对汤普森思想和理论的总体性研究方面，学界已经有了数量可观的研究成果。在这些成果当中，绝大多数出现在介绍英国历史学家或英国马克思主义的著作和论文中。大多数著作只是把汤普森作为众多学术人物之一进行了概略式介绍，但也不排除存在少量对汤普森的思想和理论进行深入研究和透彻分析的优秀作品。这些优秀作品列举如下。

《英国马克思主义的内部争论》(*Arguments Within English Marxism*)[①]是安德森在 1980 年出版的一本著作，是专门针对汤普森的著作《理论的贫困与其他文章》而写的。安德森在这本书中主要探讨了历史学家的职业、马克思主义发展史、斯大林主义、国际主义、乌托邦以及社会主义革命战略等论题。可以看到，安德森对每一个论题都经过了精心

---

① Perry Anderson, *Arguments Within English Marxism*, London: Verso Books, 1980.

布局和认真设计，与汤普森的思想和理论形成了一一对照，既介绍了汤普森的主要观点，又能够有针对性地对汤普森进行质疑和发难，从而向读者讲明自己的主张。安德森就几个主要问题向汤普森发难。首先，安德森用结构主义的思维来理解历史学，认为它是一门科学，反对汤普森对历史学的经验处理原则。其次，安德森对汤普森在《英国工人阶级的形成》中的一些观点提出异议，如工人阶级形成的时间、工人阶级的人数规模、不同阶级意识形态是否独立发展等。此外，安德森对汤普森在历史主体的能动作用、经济基础-上层建筑模型、社会主义运动的战略策略等问题上都有质疑。但总体来看，在这本书中，虽然安德森对汤普森的理论观点仍然持有保留意见，但他也对汤普森所取得的学术成就毫不吝啬地给予了高度评价。几十年的争吵过后，安德森想要与汤普森摒弃前嫌、握手言和的意味已经非常明显。安德森希望在不同的马克思主义传统中取得一种平衡，构建一个综合性的平台，能够囊括经典马克思主义、西方马克思主义以及英国本土的马克思主义，显然汤普森的思想和理论也是其中重要的一部分。

布莱恩·帕尔默（Bryan D. Palmer）在1981年就出版了著作《汤普森的形成：马克思主义、人道主义和历史》(*The Making of E. P. Thompson: Marxism, Humanism and History*)[①]，这是较早地对汤普森思想进行整体性研究的著作。在这本书中，帕尔默主要探讨和评价了汤普森的政治历程及其历史著作，证明了二者之间密不可分的关系。该

---

① Bryan D. Palmer, *The Making of E. P. Thompson: Marxism, Humanism and History*, Toronto: New Hogtown Press, 1981.

书的书名采用了汤普森的名著《英国工人阶级的形成》的命名方式，也套用"……的形成"的语句结构。帕尔默首先系统地述说了汤普森的政治历史，这部分内容几乎占了全书的一半，这为我们全面了解汤普森的生平与政治历史提供了帮助。在帕尔默看来，汤普森的学术研究与其政治活动密不可分，被打上了深深的政治烙印，只有深入了解汤普森的政治历史背景，才能更好地了解他的历史著作。在这部分，帕尔默重点介绍了汤普森作为思想理论家发生思想转折的几个关键时间点。帕尔默认为，汤普森作为批判思想家发端于 20 世纪 50 年代初，而 1956 年则是他思想转变的分水岭。1956 年发生的几件大事导致了英共党内的分裂，汤普森真正开始了独立的理性思考，从而确立了他今后学术研究的基本原则和方向，形成了敢于蔑视和抵制政治权威的政治态度，以及敢于挑战和批判文化意识形态霸权的学术风格，从而也开始了汤普森创造成功的政治实践与辉煌的学术研究成就之路。在书的后半部分，帕尔默详细考察了汤普森主要的历史著作，介绍和评判了围绕汤普森作品引发的讨论和一系列争论，包括左派内部对汤普森的一系列批判以及汤普森的强力反击。这本书增加了我们对汤普森社会史写作的理解，也帮助我们更加深入地理解了汤普森为建立一个具有主体能动性和创造性的工人阶级的社会历史而做出的努力。正如帕尔默所说，对汤普森的分析是困难的，因为他不断地为我们带来惊喜，而这一切都与他在 1956 年后形成的世界观形成了鲜明对照。

为了向刚去世不久的老朋友汤普森表达敬意和怀念之情，布莱恩·帕尔默在 1994 年又出版了一部著作《E. P. 汤普森：异议与反对》(*E. P.*

Thompson：Objections and Oppositions）①。这是他出版的第二本汤普森研究专著。这本著作基本上是关于汤普森的一个传记式描写。正像帕尔默自己所总结的，他的这部著作定位于只是对汤普森研究所做的一个注脚，无意于提供确定性的结论，他也没有试图对汤普森的学术和政治实践进行批判性分析，只是将汤普森所研究的主题置入社会历史的大背景中从而得到尽量完整和准确的呈现。正如汤普森试图复原18、19世纪工人阶级的生活一样，帕尔默在写作中尽量用汤普森的话语体系和理论术语，也希望读者能够从这本著作中听到汤普森自己的声音，由读者自己去判断汤普森的历史观察方式以及他的社会历史观和人生观，以此来还原一个真实完整的汤普森。在这本书中，帕尔默花费了大量笔墨来描述汤普森的人生历程及学术观点的形成过程。著作中提到了汤普森的国际主义视野形成的原因和要素：包括他成长的家庭环境和他本人在青年时代的经历。著作也评估了汤普森丰富而多彩的学术研究历程，包括他对威廉·莫里斯的研究、对英国工人阶级历史的挖掘，从历史、文化、政治到法律和文学等包罗众多。此外，该著作还不惜笔墨详细讲述了穿插在汤普森学术人生当中的一场场思想争论和政治论战，包括与斯大林主义的决裂，从英国共产党脱党的风波，对华威大学校方的抗议，对英国政府执政失策的批判，对科拉科夫斯基背叛的怒斥，对阿尔都塞理论的全面进攻，与安德森、奈恩等人的激烈交锋，等等。在汤普森的人生当中，他经历过激情与幻灭，品尝过成功与失败，但始终未放弃战

---

① Bryan D. Palmer, *E. P. Thompson：Objections and Oppositions*, London and New York: Verso Books, 1994.

斗。不论在书斋中,还是在社会政治舞台上,汤普森永远是一个为正义而呐喊的战士。

哈维·凯伊的《英国马克思主义历史学家:一个介绍性分析》(*The British Marxist Historians: An Introductory Analysis*)[①]是较早地系统介绍英国马克思主义历史学家群体的著作。在该著作中,凯伊分别对莫里斯·多布、罗德尼·希尔顿、克里斯托弗·希尔、E.P.汤普森、艾瑞克·霍布斯鲍姆等英国历史学家进行了评介。在该书的第六章中,凯伊重点分析了汤普森的《英国工人阶级的形成》这部著作。凯伊认为,汤普森的《英国工人阶级的形成》与霍布斯鲍姆的一些著作对英国工业革命历史的重建产生了重要影响,从根本上改变了劳工历史的写作。汤普森在阶级理论方面的贡献卓著,通过深入分析阶级形成、阶级意识和阶级斗争等概念强调了工人阶级的自主能动性,凸显了文化与意识形态在社会发展中的重要作用,对传统马克思主义所诠释的经济基础-上层建筑模型形成了挑战。此外,凯伊还就汤普森对18世纪英国历史研究和其他一些理论性文章进行了介绍和评价,认为汤普森为那一时期的英国社会历史提供了一种新的解读结果。

在汤普森刚去世不久,他的学生约翰·鲁尔、罗伯特·马尔科姆森(Robert Malcolmson)编辑出版了论文集《抗议与生存:纪念汤普森文集》(*Protest and Survive: Essays for E. P. Thompson*)[②],文集借用了

---

① Harvey J. Kaye, *The British Marxist Historians: An Introductory Analysis*, Oxford: Polity Press, 1984.

② John Rule, Robert Malcolmson, eds., *Protest and Survive: Essays for E. P. Thompson*, London: Merlin Press, 1993.

汤普森和丹·史密斯在 1980 年编写的《抗议与生存》一书的书名。《抗议与生存：纪念汤普森文集》一共收录了十二篇论文，由包括两位编者在内的共十二位作者写作完成。这十二位作者中，除了希拉·罗波瑟姆（Sheila Rowbotham）没有直接受教于汤普森，其余十一人都是汤普森以前的学生，分别为：约翰·鲁尔、罗伯特·马尔科姆森、彼得·西尔斯比（Peter Searby）、J. M. 尼森（J. M. Neeson）、道格拉斯·海伊、亚历克·莫利（Alec Morley）、彼得·莱恩博、维克托·贝利（Victor Bailey）、利昂·芬克（Leon Fink）、芭芭拉·温斯洛（Barbara Winslow）、卡尔文·温斯洛。在这些学生中，许多已经成长为当代著名的历史学家。《阿尔比恩的致命之树：18 世纪英国的犯罪与社会》这一著作的五位编者，除了汤普森之外，其余四位都在上面这份名单中。在汤普森的教导和影响下，这些学生在各自的研究领域遵循老师坚守的研究理念，运用老师传授的研究方法展开对社会历史的研究和探索。《抗议与生存：纪念汤普森文集》一书共有十二章，除了第一章"教师爱德华·汤普森：约克郡和华威"（"Edward Thompson as a Teacher：Yorkshire and Warwick"）属于纪念性回忆文章外，其余章节所收录的都是曾经作为汤普森学生的当代著名学者的学术论文，重点放在英国历史的研究上，也有两篇讨论了美国的社会史。他们以此向老师汤普森献礼，表达学生们对恩师的深切怀念之情以及对他卓越学术成就的崇高敬意。虽然这本书中所收录的论文涉及许多不同的研究领域，也没有刻意寻求一种共同的理论范式或方法模型，但是却能够看出，这些作者都回避了对理论的抽象讨论，也不追求精确的经济分析和计算，这可以说是汤普森对这些学生思想影响的结果。

林春的《英国新左派》(*The British New Left*)①一书对英国新左派发展的不同历史阶段进行了分析和介绍。全书分为四部分。第一部分"新左派的形成"("The Making of the New Left")相对简短地介绍了新左派形成中的重要事件,《新理性者》《大学与左派评论》合并成为《新左派评论》。第二部分"传统与文化"("Traditions and Culture")探讨了英国激进主义传统、社会主义人道主义,重点介绍了工人阶级文化并对革命的本质展开探讨。第三部分"社会与政治"("Society and Politics")着重介绍了新左派对20世纪60年代英国当代社会的分析。第四部分"历史与理论"("History and Theory")介绍了英国新左派在1968年后的分裂和后续发展情况。在整部著作中,大量地涉及对汤普森思想的介绍,如社会主义人道主义,摆脱冷漠、漫长的革命、英国工人阶级的形成,英国人的独特性等论题。该著作也对由汤普森所引发的一些争论进行了讨论,如汤普森与威廉斯、安德森、奈恩等人的争论。

哈维·凯伊和基思·麦克莱伦(Keith McClelland)合编的论文集《E.P. 汤普森:批判的视角》(*E.P. Thompson: Critical Perspectives*)②中收录了十篇当代学者研究汤普森思想和理论的论文。这些论文内容涵盖广泛,涉及汤普森思想的方方面面,大体上包括了以下几种:社会历史和政治文化研究、阶级形成理论研究、历史与人类学思想研究、经济基础-上层建筑模型批判分析、文学思想研究、社会主义人道主义思想研究、灭绝主义与和平主义政治思想研究、历史传统与当代

---

① Lin Chun, *The British New Left*, Edinburgh: Edinburgh University Press, 1993.
② Harvey J. Kaye, Keith McClelland, eds., *E.P. Thompson: Critical Perspectives*, Philadelphia: Temple University Press, 1990.

危机思想研究。这本论文集对汤普森作为历史学家和政治活动家的多方面成就给予了中肯的评价。虽然每位作者的关注点都不相同,但是这些研究综合在一起却给我们勾勒出汤普森的整体形象。汤普森立足于历史、政治与文化等研究领域,并把这种研究积极地落实和贯彻到社会与政治实践中。他毕生致力于捍卫人的道德和尊严,追求人的自由和平等,这也正是这本著作要向汤普森致敬的原因。

大卫·伊斯特伍德(David Eastwood)的《历史、政治和声誉:对E.P.汤普森重新审视》("History, Politics and Reputation: E. P. Thompson Reconsidered")[①]是一篇对汤普森进行全面分析和概括的文章。在这篇文章中,作者对汤普森作为历史学家和政治活动家的双重身份进行了重新审视和考察,认为两者是不可分割的整体,在他的历史著作中包含着政治使命,在他的政论性著作以及政治实践中则有着深厚的历史底蕴。纵观汤普森的所有著作,基本上可以看到一条前后贯通的清晰主线,但决非是总体等于部分的总和。他有时大胆冒进,有时谨小慎微,有时对持反对意见者犀利反击,有时却能虚心接受异议和非难。这就是一个真实的汤普森。

斯蒂芬·伍德姆(Stephen Woodhams)的著作《历史的形成:雷蒙·威廉斯、爱德华·汤普森和激进知识分子 1936—1956》(*History in the Making: Raymond Williams, Edward Thompson and Radical Intel-*

---

① David Eastwood, History, "Politics and Reputation: E. P. Thompson Reconsidered", in *History*, Vol. 85, 2000, pp. 634-654.

lectuals 1936-1956）①是英国马克思主义历史学家小组成员的集体传记，讲述了以威廉斯和汤普森为代表的一代学者逐渐成长为杰出的马克思主义者的艰难历程。本书截取了1936年至1956年二十年的时间跨度，并选取了一系列事件和场景作为历史大背景，如西班牙内战、第二次世界大战、战后"冷战"、核裁军运动、匈牙利事件以及新左派运动等。除了威廉斯以外，本书之所以把汤普森列为重点讲述对象，除了他后来的学术成就和非凡影响力外，还有一个重要原因是他经历并参与了几乎每一个历史事件，他不仅是那一段社会历史的亲历者和见证者，同时也是英国新社会史学的创造者；他不仅被时代所塑造，同时他也塑造了属于他的时代。

罗杰·菲尔德豪斯（Roger Fieldhouse）和理查德·泰勒（Richard Taylor）编辑出版的《汤普森与英国激进主义》（*E. P. Thompson and English Radicalism*）②共收录了几位作者撰写的一篇人物介绍和九篇研究论文。这本论文集不仅介绍了汤普森的思想成长历程和政治活动轨迹，而且重点对他在马克思主义、社会主义人道主义、文学、阶级等议题方面的理论主张进行了分析和论述。

(二)历史研究

F. K. 唐纳利（F. K. Donnelly）的长篇论文《意识形态与早期英国工

---

① Stephen Woodhams, *History in the Making: Raymond Williams, Edward Thompson and Radical Intellectuals 1936-1956*, London: Merlin Press, 2001.

② Roger Fieldhouse, Richard Taylor, eds., *E. P. Thompson and English Radicalism*, Manchester: Manchester University Press, 2013.

人阶级史：爱德华·汤普森及其批评者》("Ideology and Early English Working-Class History：Edward Thompson and His Critics")①发表于1976年，是一篇为汤普森的著作《英国工人阶级的形成》进行理论辩护的文章。该文作者认为，《英国工人阶级的形成》对早期英国工人阶级历史研究做出了卓越贡献，在许多方面都开辟了新的历史研究领域。但是，这部作品一经问世就遭到了许多充满敌意的攻击。他列举了许多针对汤普森及其作品的批判言论，如有人认为汤普森进行了近乎纯粹幻想的意识形态重建，还有人认为这本书的主要缺点是有太多的意识形态偏见。唐纳利认为，这些批判者对汤普森的意识形态进行谴责的目的无非是要建立自己的意识形态。虽然汤普森作品中没有大量的理论阐释，但是却在许多地方用了马克思主义的分析方法，例如对阶级、社会结构以及辉格党等社会现象的解读，它摒弃了简单的经济决定论，呈现出与现实相互映照的多元复杂的社会模型理论和社会历史观。

克雷格·卡尔霍恩（Craig Calhoun）的著作《阶级斗争问题：工业革命时期民众激进主义的基础》(*The Question of Class Struggle：Social Foundations of Popular Radicalism During the Industrial Revolution*)②是专门探讨历史阶级问题的一本专著。这本著作对18世纪末和19世纪初英国的民众激进运动进行了全面分析，处处能够看到汤普森的《英国工人阶级的形成》对它产生的巨大影响，从核心范畴到研究方法

---

① F.K. Donnelly, "Ideology and Early English Working-class History：Edward Thompson and His Critics", in *Social History*, Vol. 1, No. 2, 1976, pp. 219-238.

② Craig Calhoun, *The Question of Class Struggle：Social Foundations of Popular Radicalism During the Industrial Revolution*, Chicago：University of Chicago Press, 1982.

都有参考和借鉴，如激进文化、道德经济学、阶级意识等。最后作者得出结论，英国历史上的民众激进运动是以社会文化为基础的，它植根于英国工人在社会和经济转型中的特殊境遇，不能完全纳入马克思主义的阶级斗争概念。作者对《英国工人阶级的形成》给予了高度评价："为了阐明在实证分析中运用该理论存在的问题，我把大量的注意力集中在一件工作上，这就是社会史学的代表作汤普森的《英国工人阶级的形成》。令人惊讶的是，在它出版后的近二十年里，从未得到过全面分析。它不仅对英国历史研究产生了巨大影响，而且对美国、法国、德国以及对第三世界部分地区的研究也产生了巨大的影响。因此，人们感兴趣的除了它本身，还有它作为广泛调查方式应用的一个卓越范例。这是一本具有浓厚经验性的著作，尽管并非没有理论企图，但它的有效性及后来的影响说明了一切。"[1]

加拿大温莎大学马哈布巴·卡蒂拉伊（Mahboubeh Katirai）在1985年完成了其博士论文《爱德华·帕尔默·汤普森：他的阶级与意识研究》（*Edward Palmer Thompson: His Study of Class and Consciousness*）[2]。在这篇论文中，卡蒂拉伊针对社会学家通常在工人阶级和阶级意识研究当中出现的非辩证和非历史倾向造成的理论缺陷，重点介绍和分析了汤普森在这一领域的相关研究成果和研究方法。卡蒂拉伊认为，

---

[1] Craig Calhoun, *The Question of Class Struggle: Social Foundations of Popular Radicalism During the Industrial Revolution*, Chicago: University of Chicago Press, 1982, pp. Ⅷ-Ⅸ.

[2] Katirai, Mahboubeh, *Edward Palmer Thompson: His Study of Class and Consciousness*, master thesis, University of Windsor, 1985.

汤普森对阶级和阶级意识的分析是建立在人与人之间相互交往的过程中，并且把工人阶级置于活生生的日常生活当中，他们的物质生活和精神生活是融合在一起的整体，因此，汤普森所用的方法是历史唯物辩证法。同时，作者还在论文中探讨了知识分子在工人阶级的阶级意识形成当中的作用，它只是起到催化剂的作用，并不能够代替工人阶级的自觉能动性。

彼得·金(Peter King)的论文《爱德华·汤普森对十八世纪研究的贡献：贵族-平民模型的重新审视》("Edward Thompson's Contribution to Eighteenth-century Studies：The Partrician-plebeian Model Re-examined")[①]对汤普森的两部著作《英国工人阶级的形成》和《共有的习惯》进行了对比分析。作者认为，这两部创作时间前后相差近三十年的著作都反映了英国18世纪的社会历史，在对这一问题的研究当中汤普森逐步明晰了社会关系的一般模型。这一理论模型同样反映在20世纪70年代中期他写的两篇重要文章《贵族社会、平民文化》和《18世纪的英国社会》中。这一理论模型不仅为汤普森自己的历史写作奠定了基础，也为许多研究18世纪英国社会的历史学家提供了借鉴。从汤普森的合著作品《阿尔比恩的致命之树》，到彼得·林堡(Peter Linebaugh)和珍妮特·尼森(Jeanette Neeson)的著作，已经初步形成了"华威学派"研究范式。

美国学者斯托顿·林德(Staughton Lynda)在1967年出版他的第一部著作《阶级冲突、奴隶制和美国宪法》(*Class Conflict, Slavery, and*

---

① Peter King, "Edward Thompson's Contribution to Eighteenth-century Studies：The Partrician-plebeian Model Re-examined", in *Social History*, Vol. 21, No. 2, 1996, pp. 215-228.

the United States Constitution)时,汤普森和美国历史学家霍华德·津恩都为该书作了序。半个世纪过去了,2014 年,林德出版了他的新著《底层的历史:E.P. 汤普森、霍华德·津恩,重建从下往上的劳工运动》(Doing History From the Bottom up: On E. P. Thompson, Howard Zinn, and Rebuilding the Labor Movement From Below)①。只不过研究对象变为了当年为他的著作写序的两位历史学家。这部著作分为两部分,第一部分对两位历史学泰斗汤普森和津恩的作品和历史研究进行了评述,第二部分则阐述了作者本人在历史研究方面所做的工作。林德认为,美国的新历史学家在 20 世纪 60 年代借鉴了英国马克思主义历史学的研究思路,尤其是受到汤普森和希尔等先驱人物的影响。其中扮演重要角色的一本书就是汤普森的《英国工人阶级的形成》。汤普森不仅把研究聚焦在下层劳动人民身上,最主要的是发现并挖掘出了他们身上的"能动性",从而从根本上改变了英国史学的面貌。林德认为,汤普森和津恩等历史学家扮演着葛兰西所称的"有机知识分子"的角色,并且以不同的方式诠释了"有机知识分子"的含义。

马特·佩里(Matt Perry)的《马克思主义与历史》(Marxism and History)②是一部对马克思主义史学发展史进行全面回顾和总结的著作。作者在书中指出,马克思主义在一百五十年的发展历程中随着世界历史的变化节奏而不断地演绎和发展,尽管经历了各种演变,但仍然体现出

---

① Staughton Lynda, *Doing History From the Bottom up: On E. P. Thompson, Howard Zinn, and Rebuilding the Labor Movement From Below*, Chicago: Haymarket Books, 2014.

② Matt Perry, *Marxism and History*, New York: Palgrave, 2002.

基本观点和方法的连续性，其历史分析方法具有代际一致性。马克思、恩格斯及其后继者作为一个整体在历史研究领域做出了巨大贡献，体现了马克思主义作为历史研究工具的价值性和灵活性。作者在该书中把汤普森列入第三代马克思主义历史学家的行列。在坚持马克思主义传统的基础上，汤普森与希尔等一批最具才华的历史学家以丰富的意象和新颖的方式方法丰富了社会史。在英语学术圈中，过去几十年对马克思主义史学的思考在很大程度上被归结为对汤普森的讨论。马特·佩里认为，虽然不可否认汤普森作为马克思主义历史学家具有非凡的个人才华，但不幸的是，因汤普森而引发的大量争论取代了对整个马克思主义史学的认真研究。作者试图对围绕汤普森所产生争论的论题进行客观分析并努力澄清这些问题，帮助马克思主义史学走出当前的僵局。

琼·瓦拉赫·斯科特（Joan Wallach Scott）的著作《性别与政治史》(*Gender and the Politics of History*)探讨了性别和历史之间的本质联系。性别不仅仅意味着男女之间固定的、自然的生理差异，它还因文化、社会群体和时间的不同而有所差别，不能把它从广泛的历史语境中分离出来。作者在第四章"《英国工人阶级的形成》中的妇女"("Women in *The Making of the English Working Class*")中，选取性别视角，以汤普森的《英国工人阶级的形成》一书为文本解析对象，分析了女性社会主义者在传统中所处的地位。尽管汤普森在描述英国工人阶级形成的过程中，是以男性为主体的，女性在激进运动中处于男性的从属地位和社会边缘地位，但在许多政治活动中仍然时常闪现着她们的身影。比如，参与工会活动、制作游行队伍的标语和自由帽以及妇女改革运动等。她们和男性一样为改变社会历史进程贡献了力量，同时她们在这一过程中书写了自己的历史。

从史学角度对汤普森思想进行研究的代表性成果还有：姜芃的《E. P. 汤普森的史学思想研究》[①]、刘军的《文化视野下的新劳工史——汤普森与〈英国工人阶级的形成〉》[②]、陈强的《战后英国新左派视域下 E. P. 汤普森历史哲学思想探析》[③]、陈艳丽的《论汤普森的阶级史观——以〈英国工人阶级的形成〉为例》[④]、张文涛的《顾颉刚与 E. P. 汤普森史学思想方法之比较》[⑤]、李丽的《英国工人阶级文化与教育思想研究——以霍加特、威廉斯和汤普森为考察中心》[⑥]。

在历史学领域，国内近年来以汤普森为研究对象的项目主要有：上海师范大学梁民愫的国家社科基金项目"新左派历史语境中 E. P. 汤普森史学研究的文化史"(17BSS006)、三明高等专科学校王立端的教育部高校人文社科基金项目"英国马克思主义史学家 E. P. 汤普森"(KY[2001]02)。

(三)文化研究

大卫·瓦尔赫(David Walton)的《文化研究导论：实践学习》(Intro-

[①] 姜芃：《E. P. 汤普森的史学思想研究》，载《史学理论研究》，1992(2)。

[②] 刘军：《文化视野下的新劳工史——汤普森与〈英国工人阶级的形成〉》，见卜宪群主编：《史学名著导读》，323—332页，北京，学习出版社，2012。

[③] 陈强：《战后英国新左派视域下 E. P. 汤普森历史哲学思想探析》，硕士学位论文，江西师范大学，2016。

[④] 陈艳丽：《论汤普森的阶级史观——以〈英国工人阶级的形成〉为例》，硕士学位论文，东北师范大学，2007。

[⑤] 张文涛：《顾颉刚与 E. P. 汤普森史学思想方法之比较》，载《社会科学战线》，2009(2)。

[⑥] 李丽：《英国工人阶级文化与教育思想研究——以霍加特、威廉斯和汤普森为考察中心》，博士学位论文，浙江大学，2018。

ducing Cultural Studies：Learning Through Practice)①一书在第五章"汤普森和作为冲突、意识和反抗的工人阶级文化"("E. P. Thompson and Working-class Culture as a Site for Conflict, Consciousness and Resistance")中对汤普森的工人阶级文化进行了探讨。这本书有趣的地方在于采用了柏拉图在《理想国》中所采用的问答形式，在一问一答中把深奥的理论问题通过轻松幽默的方式呈现给读者。在这一章节中，对话双方首先讨论了汤普森理论的总体目标，他对工人阶级范畴的界定以及如何受到马克思主义的影响形成了历史研究的方法论；然后讨论了汤普森如何追溯工人阶级意识的形成过程，包括宗教的作用、18世纪民众的政治状况、民众的起义历史及激进政治的传统等因素的共同作用；最后讨论了汤普森的历史研究方法如何与"文化主义"相联系。

史蒂文森·尼克(Stevenson Nick)的著作《文化、意识形态和社会主义：雷蒙·威廉斯和汤普森》(Culture, Ideology and Socialism：Raymond Williams and E. P. Thompson)②对威廉斯和汤普森两位思想家的历史著作及写作背景进行了详细论述。这一讨论以当代其他思想家和文化学者的理论主张为共同背景，这些思想家包括阿尔都塞、布尔迪厄、福柯、吉登斯、拉克劳、墨菲和查尔斯·泰勒等人，因此，后结构主义、女性主义和当代马克思主义等思想流派被纳入讨论的范围。在这个宏大的理论背景下，作者通过对文化、意识形态和社会主义主题的持续

---

① David Walton, *Introducing Cultural Studies：Learning Through Practice*, London；Los Angeles，2008.

② Stevenson Nick, *Culture, Ideology and Socialism：Raymond Williams and E. P. Thompson*, Aldershot；Avebury，1995.

批判性分析，勾勒出威廉斯和汤普森两位思想家的思想轮廓，标明了他们在当代思想家群体中的坐标位置。最后，通过对当代社会面临的更广泛问题的考察，揭示出威廉斯和汤普森作为文化马克思主义的代表性人物所做出的贡献，同时也指出了其理论的优缺点。

蒂姆·罗根(Tim Rogan)在他的著作《道德经济学家：R. H. 托尼、卡尔·波兰尼、E. P. 汤普森对资本主义的批判》(*The Moral Economists: R. H. Tawney, Karl Polanyi, E. P. Thompson, and the Critique of Capitalism*)[①]中，对出版于20世纪20年代到60年代的三本著作进行了分析。它们分别是R. H. 托尼的《宗教与资本主义的崛起》(*Religion and the Rise of Capitalism*)(1926)、卡尔·波兰尼的《大变革》(*The Great Transformation*)(1944)、E. P. 汤普森的《英国工人阶级的形成》(1963)。罗根认为，汤普森对社会史的革新延续了由托尼开创的批判传统，而波兰尼则是这两位历史学家的中继者。这三本著作都聚焦于资本主义发展的早期阶段，试图阐释这一时期欧洲社会形态中道德与经济之间的关系。三位作者都对功利主义持有否定态度，是延续了植根于托马斯·卡莱尔(Thoms Carlyle)、约翰·拉斯金(John Ruskin)和威廉·莫里斯著作中的维多利亚时代的道德主义。维多利亚时代的人们对社会问题的看法主要是关于诗意和审美的堕落，随着资本主义的兴起，功利主义的传播削弱了社会情感，降低了社会精神生活的质量。下层民众的贫困以及整个社会的审美退化是资本主义社会失调的表现。在对社会本质

---

① Tim Rogan, *The Moral Economists: R. H. Tawney, Karl Polanyi, E. P. Thompson, and the Critique of Capitalism*, Princeton: Princeton University Press, 2017.

问题的把握中,汤普森最终完成了对托尼和波兰尼一直试图描述的中间领域的概括,获得了"道德经济学"这一新术语。

李凤丹的著作《英国文化马克思主义的逻辑与意义》[1]从文化视角进行解读,认为英国新马克思主义通过分析当代发达资本主义社会尤其是消费社会的大众文化,试图发掘大众的反抗潜能,从而寻求适合当代社会的民主和社会主义的政治。而汤普森的著作《英国工人阶级的形成》是从马克思主义历史学领域对工人阶级的研究,其中包含了对工人阶级文化的肯定以及对英国工人的革命传统的发掘。此外,该书还分析了汤普森的社会主义人道主义以及"整体的斗争方式"等观点。

从文化视角对汤普森思想进行研究的成果还有:扎那的《爱德华·汤普森文化史观探究》[2]、傅光敏的《汤普森与文化研究——〈英国工人阶级的形成〉的文本学解读》[3]、李林洁的《汤普森的文化研究》[4]、刘婧的《伯明翰早期领军人物文论研究——以霍加特、威廉斯、汤普森为例》[5]、李纯一的硕士学位论文《文化与阶级:早期英国文化研究初探》[6]、徐德林的博士学位论文《英国文化研究的形成与发展——以伯明

---

[1] 李凤丹:《英国文化马克思主义的逻辑与意义》,北京,人民出版社,2016。
[2] 扎那:《爱德华·汤普森文化史观探究》,硕士学位论文,内蒙古大学,2017。
[3] 傅光敏:《汤普森与文化研究——〈英国工人阶级的形成〉的文本学解读》,硕士学位论文,四川外国语大学,2011。
[4] 李林洁:《汤普森的文化研究》,硕士学位论文,北京语言大学,2007。
[5] 刘婧:《伯明翰早期领军人物文论研究——以霍加特、威廉斯、汤普森为例》,硕士学位论文,江西师范大学,2011。
[6] 李纯一:《文化与阶级:早期英国文化研究初探》,硕士学位论文,复旦大学,2010。

翰学派为中心》①。

(四)政治研究

杰拉德·麦肯(Gerard McCann)的著作《理论和历史：汤普森的政治思维》(*Theory and History: The Political Thought of E. P. Thompson*)②是关于汤普森政治思想研究的代表作。在该著作中，麦肯认为汤普森的政治思想是非常独特的，因为他对普通民众的生活和利益的高度关注，对他们充满了同情和欣赏，对资本主义进行的社会批判，是汤普森政治思想的主题与核心。汤普森毕生献身于社会主义理论和政治实践，延续了整整半个世纪。在这漫长的岁月中，汤普森一直致力于英国马克思主义的理论复兴运动。在政治理论方面，汤普森的贡献主要体现在对阶级的分析和重新定义；在政治实践方面，汤普森积极挖掘英国历史当中长期被掩藏的工人阶级的激进政治斗争史，并认为它是当代英国工人阶级进行政治斗争的力量之源，这一段历史可以为现当代工人政治运动提供战略参考和借鉴。麦肯认为，汤普森对历史唯物主义的独特阐释是由三个核心概念构成的，分别是：工人阶级的阶级斗争、工人阶级的生活经历、工人阶级的道德观念。汤普森立论和批判的中心始终围绕着社会中的人来展开，只有通过理解社会底层的那一群人的愿望，以及他们的人性、他们的生活、他们的集体目标，才能够理解历史上曾

---

① 徐德林：《英国文化研究的形成与发展——以伯明翰学派为中心》，博士学位论文，北京大学，2008。

② Gerard McCann, *Theory and History: The Political Thought of E. P. Thompson*, Famham: Ashgate Publishing Limited, 1997.

经发生的那场争取民主和权利的社会主义运动。未来的社会主义社会也只有建立在人与人的关系发生革命性变化的基础上才能够完成，即用对人的尊重取代对财产的尊重，用所有人的共同福祉取代个人的私利，用"社会主义者"取代资本主义社会（以及计划经济共产主义）的"经济人"，从一个以经济为基础的社会转向一个以多种需求为基础的社会。汤普森的理论研究始终围绕着他所理解和追求的社会主义理想这一目标展开，因此，他身上也就充满了社会主义人道主义的气息，他对马克思主义唯物史观的阐释也因此带有威廉·莫里斯式的乌托邦主义和自由意志主义的成分。

马德里自治大学哲学与文学学院英语文献学系学生罗伯托·阿尔卡尔（Roberto del Valle Alcalá）在 2010 年撰写完成了博士论文《文化可能性：乔治·奥威尔、E. P. 汤普森和雷蒙·威廉斯的政治与解放》（*The Cultures of Possibility: Politics and Emancipation in George Orwell, E. P. Thompson and Raymond Williams*）[①]。论文选取了从 20 世纪 30 年代到 80 年代这一时间段，比较了奥威尔、汤普森和威廉斯这三位英国学者在"社会主义"这一共同话语体系下于激进政治方面所进行的理论创作与政治实践。阿尔卡尔认为，汤普森对英国工人阶级的阶级意识的召唤，对威廉·莫里斯"乌托邦"社会主义的推崇，对英国社会主义运动的复兴，以及对"冷战""灭绝主义"归宿的分析和定位，基本上描绘了西方左派从兴起到活跃再到逐渐僵化的运动轨迹，是其日渐衰落的一个缩

---

① Roberto del Valle Alcalá, *The Cultures of Possibility: Politics and Emancipation in George Orwell, E. P. Thompson and Raymond Williams*, master thesis, Autonomous University of Madrid, 2010.

影。汤普森与奥威尔、威廉斯的共同之处在于，都把人放在了具体的历史情境之中，他们有鲜活的生活，有实际的生产活动，有相似的生活经历，有自己的文化观念和意识。因此，汤普森等人的理论是为人类未来的解放事业服务的，它源于历史与现实的经验和实践，它具有英国经验主义的特征，也坚持了历史唯物主义的正确方向。

新西兰学者斯科特·汉密尔顿(Scott Hamilton)在 2010 年出版了他的博士论文《理论的危机：E. P. 汤普森、新左派和战后英国政治》(*The Crisis of Theory：E. P. Thompson, the New Left and Postwar British Politics*)①。汉密尔顿之所以会用"理论的危机"来命名他的这本著作，是想要呼应汤普森的著作《理论的贫困及其他文章》。在一次又一次的"危机"中，汤普森身上总是充斥着高昂、永不停歇的战斗激情，虽然经历过无数次失败与挫折，但他却始终初心不改，信念坚定。他始终相信人类会有一个更美好的未来，只要生命不息，就要为这一信仰和理想战斗不止。该书从探讨汤普森的家庭和出身，到他的政治思想和学术成就，较为全面地回顾了汤普森充满波折却又不断抗争的学术人生。全书的结论提出："汤普森政治上和知识分子意义上的失败是与他的成功紧密联系在一起的，他的失败与成功都使之成为 21 世纪具有极为重要意义的人物。"②

《创造历史：历史写作与政治研究》(*Making Histories：Studies in*

---

① 中译本见[新西兰]斯科特·汉密尔顿：《理论的危机：E. P. 汤普森、新左派和英国战后政治》，程祥钰译，上海，上海人民出版社，2018。
② 同上书，4 页。

History Writing and Politics)①是一本由理查德·约翰逊、格雷戈·麦克伦南(Gregor McLennan)等人编辑出版的论文集。该书通过考察历史批判传统详细地探讨了历史与政治之间的关系问题。历史书写是政治实践的一个重要维度,历史的书写者大都是以卷入政治冲突的知识分子的身份来进行历史研究的。从汤普森的人生经历和学术生涯来看,他的历史研究与政治实践是紧密联系在一起的。汤普森的历史著作常常具有鲜明的政治风格,在理论、史学和政治之间,是一种相辅相成、相互依赖、相互促进的关系。他的著作《英国工人阶级的形成》,其主要目的就是通过恢复历史上的激进斗争传统来创造当下的政治,在丰富而有益的历史例证中为现实政治寻找依据。

何塞·安赫尔·鲁伊斯·吉门尼斯(José Ángel Ruíz Jiménez)的《反对野兽王国:E. P. 汤普森,冷战批判》(*Contra el reino de la bestia:E. P. Thompson, la conciencia crítica de la guerra fría*)(西班牙语)②是一部研究汤普森政治思想的专著。全书共分为五章。在第一章中,作者将汤普森的政治思想与其史学著作相联系,试图从中寻找线索,描绘出历史学家汤普森的政治愿景。在第二章中,作者分析了汤普森的一些政论性著作和论文,对"冷战"背景下汤普森所关注的问题以及问题的具体解决方案进行了论述,主要内容包括:向社会主义的政治过渡方式、欧洲战区导弹部署对公民权利和自由的威胁等。在第三章中,作者分析

---

① Richard Johnson, Gregor McLennan, et al., eds., *Making Histories: Studies in History Writing and Politics*, London: Hutchinson & Co. Ltd., 1982.

② Ruiz JimenezJose, *Contra el reino de la bestia: E. P. Thompson, la conciencia crítica de la guerra fría*, Grannada: Universidad de Granada, 2009.

了汤普森以历史学家的身份参与创建的欧洲核裁军运动组织的重要作用，认为它是在非暴力民间外交的背景下对和平运动最大的贡献，在关键历史时刻为铁幕两边的两大政治与军事集团架起了沟通的桥梁。在第四章中，作者全面评估了 20 世纪 80 年代汤普森领导的反核与反冷战和平运动在世界政治史上的作用。在第五章中，作者以全球性视野和整体性思维审视了汤普森的政治思想。在汤普森的史学、文学、政治等相关作品中所体现的政治思想是否还具有当代价值？能否从汤普森的思想中找到为现实政治继续服务的思想灵感？这些问题都在这一章中进行了充分讨论。

赫里斯托斯·埃夫斯塔西奥（Christos Efstathiou）的著作《E. P. 汤普森：20 世纪的浪漫主义者》（*E. P. Thompson：A Twentieth-century Romantic*）[1]着重于描述汤普森作为终身政治活动家的角色。作者把汤普森的人生划分为三个阶段：参加英国共产党时期、新左派运动时期、和平运动时期。作者力图说明汤普森所参加的一系列政治运动以及历史研究工作背后都有明确的政治动机和意图，这些行动当中存在着特定的思想连续性和工作的内在统一性。作者在该书中分析了汤普森政治意识形成的因素和根源，其中包括了他对哥哥弗兰克生前事业的继承，终生都没有放弃要把欧洲人民从暴政中解救出来的宏伟愿景。另外，汤普森早年一系列的革命经历也为他的政治意识形成奠定了基础，比如曾经的共产党员身份，反法西斯战争以及战后重建工作经历等汇集在一起促成

---

[1] Christos Efstathiou，*E. P. Thompson：A Twentieth-century Romantic*，London：Merlin Press，2015.

了汤普森政治观点的形成。《威廉·莫里斯：从浪漫主义到革命》是汤普森政治思想发展过程中一部具有里程碑意义的著作，为他今后的研究确立了题材和方向。莫里斯的共产主义信仰和"道德现实主义"与汤普森的激进乐观主义产生了共鸣。此后，汤普森一直致力于从英国工人阶级历史文化中挖掘进步的革命传统来为现实的政治运动寻找理论支撑。从汤普森后来一系列著作中可以看到这一政治意图一直得到了贯彻，如《英国工人阶级的形成》《见证野兽：威廉·布莱克和道德律令》等作品虽然是在阐释英国历史上旧的社会运动，但它们却可以为当代的政治斗争指明方向。作者认为，汤普森在 20 世纪 80 年代积极参加欧洲核裁军运动看似与其作为历史学家的主业相冲突，但实际上却有着深层次的政治意图，这一政治活动与其历史研究工作是一体的，是相辅相成和相互促进的。汤普森将自己参加的核裁军运动看作促进工人阶级团结的一种手段，与人民阵线运动是一脉相承的，也是社会主义运动的一种有效组织形式。但事实上，"欧洲核裁军运动并未能产生一个明确的社会方案，以实现汤普森在后冷战时代的社会主义愿景"①。作为 20 世纪的浪漫主义者，汤普森的政治愿景不免带有乌托邦的幻想成分。

韦德·马修斯（Wade Matthews）的著作《新左派、民族认同与英国的分裂》（*The New Left, National Identity, and the Break-up of Britain*）②探讨了英国社会主义知识分子政治意识当中长期以来所面临的在

---

① Christos Efstathiou, *E. P. Thompson: A Twentieth-century Romantic*, London: Merlin Press, 2015, p. 164.

② Wade Matthews, *The New Left, National Identity, and the Break-up of Britain*, Leiden: Brill, 2013.

国际主义和民族主义之间两难选择的困境，对这一问题的探讨是理解新左派思想本质的关键。作者选取了 E. P. 汤普森、雷蒙·威廉斯、斯图亚特·霍尔、佩里·安德森和汤姆·奈恩五位英国新左派知识分子，就他们之间的长期争论进行了系统论述和评判。在该书第三章"地方性的汤普森"("Thompson in the Provinces")中，作者重新评估了汤普森对新左派思想发展的贡献。评论家们常常把"英国人的独特性"当作理解汤普森政治意识和历史著作意义的钥匙，认为汤普森对"英国人的独特性"的依恋限制了他的政治视野。作者对此种主流观点进行了反驳，他认为，汤普森更适合被描述为立足于"地方"，但这与地方主义或狭隘的民族主义无关。相反，汤普森立足于"地方"，反对帝国主义霸权和宗主国势力，尊重不同民族的文化，反对种族主义等政治主张反而体现了其国际主义的思想情怀。

另外，从政治学角度对汤普森的研究还有其他一些研究成果，如布莱恩·帕尔默的论文《理性的反叛：马克思主义历史学家E. P. 汤普森与议异政治动员令的形成》("Reasoning Rebellion: E. P. Thompson, British Marxist Historians, and the Making of Dissident Political Mobilization")[①]、迈克·贝斯（Michael D. Bess）的论文《E. P. 汤普森：作为

---

① Bryan D. Palmer, "Reasoning Rebellion: E. P. Thompson, British Marxist Historians, and the Making of Dissident Political Mobilization", in *Labour/Le Travail*, Vol. 50, 2002, pp. 187-216.

行动主义者的历史学家》("E. P. Thompson：The Historian as Activist")①、肖湘莲的硕士学位论文《英国文化马克思主义研究——以阶级理论分析为视角》②。

(五)哲学研究

马克·斯坦伯格(Marc W. Steinberg)曾写过多篇关于汤普森思想研究的论文。其中有两篇从哲学视角对汤普森的理论进行了分析和阐释，分别是《从文化角度看：后结构主义与汤普森主义的共同点》("Culturally Speaking：Finding a Commons Between Post-structuralism and the Thompsonian Perspective")和《斗争之路：从后现代语言理论看汤普森阶级分析的变革与确认》("A Way of Struggle：Reformations and Affirmations of E. P. Thompson's Class Analysis in the Light of Post-modern Theories of Language")③。在前一篇论文中，斯坦伯格认为语言不仅是思想的载体，也是思想本身，它既是权力的重要来源，也是阶级斗争的中心。他列举了帕特里克·乔伊斯(Patrick Joyce)和詹姆斯·弗农(James Vernon)两位后现代主义学者的观点，他们试图解构过去几十

---

① Michael D. Bess, "E. P. Thompson：The Historian as Activist", in *The American Historical Review*, Vol. 98, No. 1, 1993, pp. 18-38. 中文译本见[美]迈克·贝斯：《爱德华·汤普森：作为行动主义者的历史学家》，张亮译，见张亮编：《英国新左派思想家》，69—95 页，南京，江苏人民出版社，2010。

② 肖湘莲：《英国文化马克思主义研究——以阶级理论分析为视角》，硕士学位论文，中共广东省委党校，2014。

③ Marc W. Steinberg, "A Way of Struggle：Reformations and Affirmations of E. P. Thompson's Class Analysis in the Light of Post-modern Theories of Language", in *The British Journal of Sociology*, Vol. 48, No. 3, 1997, pp. 471-492.

年来以汤普森等历史学家所构建的以实践为基础的社会史,这一语言转向代表着对 19 世纪英国的下层民众历史进行了彻底的重新塑造。斯坦伯格并不赞同这两位学者的观点,他认为,汤普森的文化马克思主义有时比他们两位的分析更符合后现代主义精神。接着,他结合巴赫金循环(Bakhtin Circle)理论对汤普森的文本进行了语言分析,既没有对语言实质化,同时又保留了对社会的历时性分析。作者认为,巴赫金循环理论铲除了语言转向与文化马克思主义对立的樊篱,为共同关注的问题提供了解析工具。在后一篇论文中,斯坦伯格认为,汤普森并没有在其文本中阐明语言在工人阶级构建集体身份时所具有的建构意义,但是在汤普森的关于工人阶级文化的描述中,却大量地存在着关于语言的历史材料,它在工人阶级的形成过程中起着关键性作用。在这篇论文中,斯坦伯格结合了后现代社会理论和史学的最新发展成果,分析了语言在阶级形成中的作用,认为可以把语言作为一种批判性的中介力量纳入阶级斗争分析。斯坦伯格得出最终结论:阶级斗争在很大程度上是霸权话语的形成,阶级意识和阶级认同在一定程度上是通过反对意识形态的反霸权战略形成的。

艾伦·梅克森斯·伍德(Ellen Meiksins Wood)的《民主反对资本主义:重建历史唯物主义》(*Democracy Against Capitalism: Renewing Historical Materialism*)[①]是一部从社会关系体系与政治领域来考察资

---

① Ellen Meiksins Wood, *Democracy Against Capitalism: Renewing Historical Materialism*, Cambridge: Cambridge University Press, 1995. 中文译本见[加]艾伦·梅克森斯·伍德主编:《民主反对资本主义——重建历史唯物主义》,吕薇洲、刘海霞、邢文增译,重庆,重庆出版社,2007。

本主义特殊性,并重新思考唯物史观理论基础和基本概念的著作。全书共分九章,其中第二章和第三章是对汤普森思想的讨论。第二章"对基础和上层建筑的再思考"是《掉进裂缝:E. P. 汤普森以及关于基础与上层建筑的争论》("Falling Through the Cracks: E. P. Thompson and the Debate on Base and Superstructure")①一文的修订版。第三章"作为过程和关系的阶级"是《理论政治和阶级观念:E. P. 汤普森及其批评者》("The Politics of Theory and the Concept of Class: E. P. Thompson and His Critics")②一文的修订版。在这两章中,作者以汤普森的历史著作为出发点,重新构建了历史唯物主义的一些基本范畴——尤其是"经济基础-上层建筑"和阶级这两个范畴。

埃伦·凯·蒂姆博格(Ellen Kay Trimberger)的长篇论文《E. P. 汤普森:理解历史的进程》("E. P. Thompson: Understanding the Process of History")收录在斯考切波(Theda Skocpol)编写的论文集《历史社会学的视野与方法》(*Vision and Method in Historical Sociology*)③中。这篇论文主要探讨了实证社会学研究的主要方法,并且认为汤普森所应用的历史社会分析方法是对历史社会学的独特贡献。它是"一种旨在捕捉

---

① Ellen Meiksins Wood, "Falling Through the Cracks: E. P. Thompson and the Debate on Base and Superstructure", in Harvey J. Kaye, Keith McClelland, eds., *E. P. Thompson: Critical Perspectives*, Philadelphia: Temple University Press, 1990, pp. 125-152.

② Ellen Meiksins Wood, "The Politics of Theory and the Concept of Class: E. P. Thompson and His Critics", in *Studies in Political Economy*, Vol. 9, 1982, pp. 45-75.

③ Theda Skocpol, ed., *Vision and Method in Historical Sociology*, Cambridge: Cambridge University Press, 1984. 中文译本见[美]西达·斯考切波编:《历史社会学的视野与方法》,封积文等译,上海,上海人民出版社,2007。

历史进程以及把对文化和人类行动的分析整合进社会变迁的宏观结构分析中的方法"①。

乔瑞金编写的《英国的新马克思主义》②是"国内第一部完整地论述20世纪50年代末以来，特别是苏东剧变以来英国马克思主义研究的著作"(陈学明语)③。这部著作选择了汤普森、安德森、霍布斯鲍姆、威廉斯等十位英国新马克思主义的代表人物，对他们的思想进行了深入研究和探讨。其中第一章节"汤普森：回归人道主义"对汤普森的思想进行了分析，总结出了四个特点：经验主义的理论基础、历史主义的思维方法、人道主义的理论立场、主体能动性的理论内核。这部著作虽然没有做到对汤普森的思想进行全面和整体性概括，但抓住了汤普森思想的本质特征，对我们初步理解汤普森的思想理论提供了很大帮助。

从哲学视角对汤普森思想进行研究的成果还有：杜丹的硕士学位论文《论 E. P. 汤普森对阿尔都塞的批判》④、师文兵的硕士学位论文《英国新马克思主义的两种文化批判意识——E. P. 汤普森与 P. 安德森的争论与对话》⑤以及博士学位论文《汤普森历史哲学思想研究》⑥、郭晓慧的硕

---

① ［美］埃伦·凯·蒂姆博格：《E. P. 汤普森：理解历史的进程》，见［美］西达·斯考切波编：《历史社会学的视野与方法》，封积文等译，218页，上海，上海人民出版社，2007。

② 乔瑞金：《英国的新马克思主义》，北京，人民出版社，2012。

③ 同上书，1页。

④ 杜丹：《论 E. P. 汤普森对阿尔都塞的批判》，硕士学位论文，西南大学，2017。

⑤ 师文兵：《英国新马克思主义的两种文化批判意识——E. P. 汤普森与 P. 安德森的争论与对话》，硕士学位论文，山西大学，2005。

⑥ 师文兵：《汤普森历史哲学思想研究》，博士学位论文，山西大学，2012。

士学位论文《汤普森文化唯物主义思想探析》[1]、马宜路的《英国新马克思主义历史学派的哲学探索——主导意识及其现实意义》[2]。

在哲学领域，国内近年来以汤普森为研究主题的项目主要有：南京大学张亮的国家社科基金项目"阶级、文化与民族传统：E.P.汤普森的'文化唯物主义'研究"(05CZX003)、山西大学师文兵的教育部高校人文社科项目"汤普森的新历史主义思想研究"(0709072)。

三、汤普森思想的传播与影响力

历史学家汤普森的学术影响力不局限于他的学生和他的同事[3]，也不局限于英国，他的影响力是全球性的。1993年11月，汤普森曾经长期居住过的哈利法克斯(这里是《威廉·莫里斯：从浪漫主义到革命》和《英国工人阶级的形成》两部著作的诞生地)为他举办了纪念集会。伦敦、纽约、旧金山、巴塞罗那等地也相继举办了类似的纪念活动。

2001年，汤普森的一本论文集《英国人的独特性及其他文章》(葡语版)出版之际，年近90岁高龄的克里斯托弗·希尔应邀为该书写了一个"短序"。在书的扉页上希尔写下了这样的话："爱德华·汤普森是英国

---

[1] 郭晓慧：《汤普森文化唯物主义思想探析》，硕士学位论文，山西大学，2012。

[2] 马宜路：《英国新马克思主义历史学派的哲学探索——主导意识及其现实意义》，硕士学位论文，山西大学，2007。

[3] 汤普森对学生的影响参见 Peter Searby, John Rule, Robert Malcolmson, "Edward Thompson as a Teacher: Yorkshire and Warwick", in *Protest and Survival: Essays for E. P. Thompson*, London: Merlin Press, 1993, pp. 1-23.

以外最著名的当代历史学家。他在世界范围内对历史系学生的影响是不可估量的。但他并没有得到英国史学界的同等重视，直到1992年他当选为英国社会科学院院士。"①佩里·安德森则这样评价汤普森："他作为一名作家的想象力在中国、印度、拉丁美洲诸国、美国都有响应。"② 理查德·约翰逊认为，《英国工人阶级的形成》这部著作的影响力超出了英国本土，而且研究模式也跨出了工人阶级历史这一研究领域。"19世纪六七十年代，汤普森的《英国工人阶级的形成》的影响持续扩大，以'阶级'为根基进行历史书写的学术圈已经建立起来，这种影响主要分布在母语为英语的国家，另外还有欧洲大陆以及印度。以文化为中介的类似模型推进了对黑人奴隶、殖民地居民以及城市贫民的研究工作。当性别偏见和左派社会历史的缺席受到批判的时候，女性历史和妇女研究的开展也应用了类似框架。"③

就汤普森思想传播和影响力体现的方面来说，除了前面重点介绍的学者们针对汤普森思想和理论展开的直接研究外，通常还有以下几种表现形式：汤普森理论的应用与转化、学术机构专题学术研讨活动、学术刊物专题策划活动、汤普森著作文本的翻译。下面将就这几种形式分别予以介绍。

---

① E. P. Thompson, *As peculiaridades dos ingleses e outros artigos*, Barao Geraldo: Cidade Universitaria, 2001, p. 1.

② ［英］佩里·安德森：《思想的谱系：西方思潮左与右》，袁银传、曹荣湘等译，224页，北京，社会科学文献出版社，2010。

③ Richard Johnson, Deborah Chambers et al., *The Practice of Cultural Studies*, London: Sage Publications, 2004, p. 28.

(一) 汤普森理论的应用与转化

在世界范围内，许多学者不仅把汤普森及其著作当作研究对象，而且已经实现了研究成果的转化和应用。他们在社会历史的研究当中，自觉地践行汤普森的研究理念和分析方法，实现了理论对实践的成功指导。

布莱克本指出："汤普森力图通过打破常规的政治思维，帮助人们建立新的认识：社会主义不是为人民的运动，而是人民的运动。他的这些预见性观点成为一种精神，在很大程度上滋养了新左派运动的成长。作为历史学家的汤普森反对历史是不断发展和进步的过程的假设，他坚持在前工业时代的下层民众当中寻找变革社会的希望。而具有这一潜力的阶级并不能单独依靠经济过程来决定，它还需要文化和政治的因素来确定。"[1]

在很大程度上，汤普森改变了整个劳工历史的书写方式。在汤普森之前，对劳工历史的研究往往局限于狭隘的经济学探讨，如研究工人生活水平的高与低、经济收入的多与少，或者集中于对工会及其他社会主义组织的研究。在汤普森之后，历史学家的关注点开始从狭隘的经济或政治问题转向更广泛更复杂的文化和意识形态问题，简单的目的论和经济决定论已经被越来越多的历史学家唾弃，他们开始走向历史的深处，把社会历史理解为经济、政治、文化相结合的整体，从多种维度展开细致的考察。

---

[1] Robin Blackburn, "Edward Thompson and the New Left", in *New Left Review*, Vol. 201, 1993, p. 5.

在英国本土，在汤普森之后，一大批青年学者受到汤普森思想的启示，按照他的理论和方法对英国社会历史展开深度研究，产生了许多成果，其中具有代表性的作品有：克雷格·卡尔霍恩(Craig Calhoun)的《阶级斗争问题：工业革命时期大众激进主义的社会基础》(*The Question of Class Struggle: Social Foundations of Popular Radicalism During the Industrial Revolution*)(1982)、利奥诺·达维多夫(Leonore Davidoff)和凯瑟琳·霍尔(Catherine Hall)的《家族财富：英国中产阶层的男性与女性，1780—1850》(*Family Fortunes: Men and Women of the English Middle Class, 1780-1850*)(1987)、加雷思·斯特德曼·琼斯(Gareth Stedman Jones)的《阶级语言：英国工人阶级历史研究，1832—1982》(*Languages of Class: Studies in English Working-class History, 1832-1982*)(1983)、德罗尔·瓦布曼(Dror Wabrman)的《想象中产阶级：英国阶级的政治代表，约1750—1840》(*Imagining the Middle Class: The Political Representation of Class in Britain, c.1750-1840*)(1995)、安娜·克拉克(Anna Clark)的《马裤之争：性别与英国工人阶级的形成》(*The Struggle for the Breeches: Gender and the Making of the British Working Class*)(1995)、约翰·沃尔特(John Walter)的《理解英国革命中的民众暴力：科尔切斯特掠夺者》(*Understanding Popular Violence in the English Revolution: The Colchester Plunderers*)(1999)、安迪·伍德(Andy Wood)的《社会冲突的政治：峰区，1520—1770》(*The Politics of Social Conflict: The Peak Country, 1520-1770*)(1999)、马克·贝维尔(Mark Bevir)的《英国社会主义的形成》(*The Making of British Socialism*)(2011)以及卡罗琳·斯蒂德曼

(Carolyn Steedman)的两部作品:《主人与奴仆:英国工业时代的爱与劳动》(*Master and Servant: Love and Labour in the English Industrial Age*)(2007)、《失落的劳动:家庭服务与现代英国的形成》(*Labours Lost: Domestic Service and the Making of Modern England*)(2009)。

除了英国本土,汤普森的思想也对一批海外学者产生了积极影响。他们把汤普森的理念和方法进行了具体化应用,创造出许多与当地社会历史相结合的成功研究案例,列举如下。

1977年,美国学者保罗·威利斯(Paul Willis)发表了论文《吸毒的文化意义》("The Cultural Meaning of Drug Use")[1]。在这篇文章中,威利斯对城市嬉皮士亚文化中的吸毒现象展开了分析,并比较了嬉皮士与摩托车男孩这两个亚文化群体的生活方式、价值观念和兴趣偏好,探讨了这一群体的生活与其价值观之间的契合度。在威利斯看来,下层群体并不是带有意识形态霸权性质的压迫性社会体系的被动受害者,相反,他们创造了属于自己的"世俗文化",这种生活方式与占主导地位的意识形态相冲突,预示着激进文化的变革。丹尼斯·德沃金认为,从威利斯的文化分析中处处都能看到汤普森的影子,汤普森及其论著对威利斯的研究理念和方法产生了决定性的影响。"威利斯对社会主义人道主义传统的借鉴(尤其是汤普森《英国工人阶级的形成》一书的著名'序言'),在他对吸毒现象的分析中表现得尤为明显。与汤普森一样,威利斯认为,社会经验不能从技术功能主义的角度来把握。正如工人阶级不仅仅是受

---

[1] Paul Willis, "The Cultural Meaning of Drug Use", in Stuart Hall and Tony Jefferson, eds., *Resistance Through Ritual: Youth Subcultures in Post-war Britain*, London: Hutchinson, 1977, pp. 106-118.

工业革命的结构性影响一样,吸毒也不能归结为化学性质。和汤普森一样,威利斯也提倡用自己的语言来理解一种文化。汤普森从'历史偏见'中解救贫苦的织袜工和卢德分子,而威利斯则颂扬嬉皮士和摩托车男孩,两者之间有着明显的相似之处。"①

1979年,美国学者艾伦·道利(Alan Dawley)发表了论文《E. P. 汤普森与美国人的独特性》("E. P. Thompson and the Peculiarities of the Americans")②,探讨了汤普森的著作对马克思主义理论和美国历史写作所提出的挑战。作者认为,英国马克思主义内部的那场争论,即安德森代表的结构主义和汤普森代表的文化主义之间形成的学术对立,在美国也引起了相应的争论。最终,汤普森的拥趸和文化主义学派明显占了上风。该论文的题目命名参考了汤普森那篇著名论文《英国人的独特性》。从这点就能感受到汤普森无所不在的影响力。③

1995年,美国学者弗雷德里克·库珀(Frederick Cooper)发表了论文《著作、阶级与帝国,一位非洲历史学家对 E. P. 汤普森的回顾》("Work, Class and Empire, An African Historian's Retrospective on E. P. Thompson")④。在这篇论文中,库珀首先盘点了20世纪70年代和80年代学者们在非洲劳工历史研究方面的卓越成就,出现了一系列

---

① Dennis Dworkin, *Cultural Marxism in Postwar Britain: History, the New Left and the Origins of Cultural Studies*, Durham: Duke University Press, 1997, pp. 156-157.

② Alan Dawley, E. P. "Thompson and the Peculiarities of the Americans", in *Radical History Review*, Vol. 19, 1979, pp. 33-59.

③ Ibid..

④ Frederick Cooper, "Work, Class and Empire, An African Historian's Retrospective on E. P. Thompson", in *Social History*, Vol. 20, 1995, pp. 235-241.

颇有影响的著作，如《非洲工人阶级的发展》(The Development of an African Working Class)、《非洲工人阶级的形成：加纳矿工的斗争1870—1980》(The Making of an African Working Class：Ghanaian Miners' Struggles 1870-1980)、《伊斯兰与尼日利亚北部城市劳工：穆斯林工人阶级的形成》(Islam and Urban Labor in Northern Nigeria：The Making of a Muslim Working Class)、《比利时殖民地劳工政策、私营企业、非洲矿工与形成中的工人阶级，1907—1951》(A Working Class in the Making Belgian Colonial Labor Policy，Private Enterprise，and the African Mineworkers，1907-1951)、《当代非洲与现代南非的形成》(The Making of Contemporary Africa and the Making of Modern South Africa)。在这些著作中，有些著作的名字标题是直接套用了汤普森《英国工人阶级的形成》这本著作的语法表述，用到了核心词"Making"。这种表述方法表明了非洲劳工历史学家们想要和汤普森一样去阐明，非洲的工人阶级如同英国的工人阶级，也是出现在自我的形成中，是在被创造的同时也自己创造了自己。这些历史学家们也继承了汤普森的历史研究方法，他们开始关注劳工的文化和生活经历，关注劳工们的阶级意识形成的条件，关注他们的集体行动以及在工业劳动中的工作时间、纪律等。汤普森在《英国工人阶级的形成》中构建的社会文化分析模式为许多海外劳工史学家带来了启示，为他们的工人阶级历史研究开启了大门，一大批重要研究成果先后问世。例如，大卫·蒙哥马利(David Montgomery)的《美国的工人管控》(Workers' Control in America)、《大众工人：19世纪民主与自由市场下美国工人的经历》(Citizen Worker：The Experience of Workers in the United States With Democracy and the Free Market During the Nineteenth Century)、赫伯特·古特曼(Herbert G. Gutman)的《美国工业化进程中的工作、文化和社会：美国工人阶级和社会史文集》(Work, Culture, and Society in Industrializing America: Essays in American Working-class and Social History)、《权力与文化：美国工人阶级文集》(Power & Culture: Essays on the American Working Class)、《英国工人阶级和新劳工历史》(The New England Working Class and the New Labor History)等。在一系列与奴隶相关的研究著作中，美国学者尤金·吉诺维斯(Eugene Genovese)成功地运用汤普森的方法分析了美国的奴隶制。美国学者艾拉·卡茨尼尔森(Ira Katznelson)从《英国工人阶级的形成》中提取了阶级意识思想，这一思想灵感帮助他完成了《马克思主义与城市》(Marxism and the City)一书的写作，成功地对美国城市工人进行了深入的分析研究。

1997年，印度历史学家苏米特·萨卡尔(Sumit Sarkar)出版了其著作《书写社会史》(Writing Social History)[①]。该书基本分为两大部分，第一部分是对汤普森社会史学的阐释，第二部分则是对汤普森社会史学的具体应用。萨卡尔试图将汤普森的研究方法应用到对19世纪末20世纪初殖民时代孟加拉邦的历史研究中。在这本著作中，萨卡尔较为成功地处理了事实与理论之间的关系。一方面，在以经验为基础的历史研究中，事实承载着理论，事例体现着不同类型的文化与价值。另一方面，它体现了马克思主义历史理论的卓越应用，很好地阐明了社会结构与历史变化的辩证关系。

---

① Sumit Sarkar, *Writing Social History*, Delhi: Oxford University Press, 1997.

在当代世界人文社科领域中，像以上所列举的这些受汤普森思想影响的学术案例还有很多，更多的案例还有待进一步去发现和整理。

(二)学术机构专题研讨活动

近些年来，一些学术团体和研究机构开始关注汤普森，积极开展汤普森思想的学术研讨活动。一段时间以来，世界各地以汤普森为主题召开的学术会议多次亮相。

1993 年 9 月 15 日，在汤普森逝世不久，位于加拿大多伦多市的约克大学举办了"纪念 E. P. 汤普森会议"("E. P. Thompson Memorial Roundtable")。众多学者专家到会并做了精彩发言[1]，对汤普森及其学术贡献进行了充分肯定和高度评价。这些学者包括：尼古拉斯·罗杰斯(Nicholas Rogers)、布莱恩·帕默尔、道格拉斯·海伊、伊万·戴维斯(Ioan Davies)、H. W. 阿尔瑟斯(H. W. Arthurs)、艾伦·梅克森斯·伍德等。

1994 年 7 月 9 日，"历史工坊"召开了主题为"E. P. 汤普森与历史应用"("E. P. Thompson and the Uses of History")的学术研讨会。这次会议的部分内容材料集结后在《历史工坊》杂志 1995 年第 39 期以专题版块形式推出，其中收录了一篇会议发言稿、三篇研究论文、一篇评论文章以及一篇其他观点综述。[2] 这期杂志收录的会议内容材料具体如下：一篇会议发言稿为玛丽莲·巴特勒(Marilyn Butler)的《汤普森的第二战

---

[1] Nicholas Rogers, Bryan Palmer, Douglas Hay, et al., "Edward Palmer Thompson: In Memoriam", in *Studies in Political Economy*, Vol. 43, 1994, pp. 7-31.

[2] 参见 *History Workshop Journal*, Vol. 39, 1995, pp. 71-136。

线》("Thompson's Second Front");三篇研究论文分别为大卫·伊斯特伍德(David Eastwood)的《汤普森、英国与法国大革命》("E. P. Thompson, Britain, and the French Revolution")、马克·菲尔普(Mark Philp)的《汤普森、戈德温与法国大革命》("Thompson, Godwin, and the French Revolution")、芭芭拉·泰勒的《宗教、激进主义与空想》("Religion, Radicalism, and Fantasy");一篇评论文章为伊恩·博尔(Iain A. Boal)的《变深的绿色》("The Darkening Green");一篇其他观点综述为《来自群众的声音:会议的外部评论》("Voices From the Crowd: Some Outside Comments on the Conference")。

1994年10月13日至16日,美国社会科学史协会(Social Science History Association)在亚特兰大组织了主题为"汤普森论阶级形成:后现代世界中的文化马克思主义"("E. P. Thompson on Class Formation: Cultural Marxism in a Post-modern World")的学术年会。①

2013年6月27日至28日,为纪念汤普森著作《英国工人阶级的形成》出版五十周年,西班牙"FIM历史部"(Secció de Historia de la FIM)与"五一基金会"(Fundación Primero de Mayo)在马德里组织和举办了一场学术研讨会。② 这次会议主要围绕汤普森和他的著作《英国工人阶级的形成》展开讨论,重点探讨了汤普森对西班牙社会史学的影响。会议

---

① 参见 Marc W. Steinberg, "Culturally Speaking: Finding a Commons Between Post-structuralism and the Thompsonian Perspective", in *Social History*, Vol. 21, No. 2, 1996, p. 193。

② 参见 Juliá Sanz, José Babiano, Franciso Erice, eds., *E. P. Thompson: Marxismo e Historia Social*, Madrid: Siglo XXI, 2016, p. 11。

讨论的成果汇集成一本论文集，最终命名为《E. P. 汤普森：马克思主义与社会史》(E. P. Thompson: Marxismo e Historia Social)①（西班牙语），于 2016 年正式出版。这本书收集的会议论文成果包括：艾琳娜·赫尔南德斯·桑多卡(Elena Hernández Sandoica)的《E. P. 汤普森的合法性：继续阅读它的理由》("Vigencia de E. P. Thompson. unas cuantas razones para seguir leyéndolo")、费兰·阿奇利亚(Ferran Archilés)的《爱德华·汤普森：在需要和愿望之间（约 1955—1963）》["Edward P. Thompson entre la necesidad y el deseo(ca.1955-ca.1963)"]、亚历山大·巴里奥·阿隆索(Ángeles Barrio Alonso)的《〈英国工人阶级的形成〉：50 年后及著作遗产》("The Making of the English Working Class, 50 años después. Su legado para la historia obrera")、泽维尔·多梅内赫·桑佩雷(Xavier Domènech Sampere)的《后人的屈服：阶级斗争、阶级和阶级意识》("La condescendencia de la posteridad. Lucha de clases, clases y conciencia de clase")、米伦·伊洛娜(Miren Llona)的《E. P. 汤普森：英国工人阶级、女权主义和性别历史》("E. P. Thompson, La formación de la clase obrera en inglaterra, el feminismo y la historia de género")、伊巴尔多·马丁内斯·维加(Ubaldo Martínez Veiga)的《E. P. 汤普森和人类学》("E. P. Thompson y la antropología")、拉斐尔·鲁萨法·奥尔特加(Rafael Ruzafa Ortega)的《对 19 世纪西班牙的分析，借鉴〈英国工人阶级的形成〉(1963)》["El siglo xix en España a la luz de la formación de La

---

① Juliá Sanz, José Babiano, Franciso Erice, eds., *E. P. Thompson: Marxismo e Historia Social*, Madrid: Siglo XXI, 2016.

clase obrera en Inglaterra（1963）"］、何塞·安东尼奥·佩雷斯（José Antonio Pérez）的《汤普森对20世纪西班牙劳工史学的影响》（"El eco de la obra de Thompson en la historiografía española del movimiento obrero sobre el siglo xx"）、哈维尔·铁巴尔·赫塔多（Javier Tébar Hurtado）的《想象的工人：社会代表性、政治文化和社会动员》（"El obrero imaginado. Representaciones sociales，culturas políticas y movilización social"）、胡安·安德拉德（Juan Andrade）的《E. P. 汤普森和激进历史议程》（"E. P. Thompson y la agenda para una historia radical"）、佩德罗·贝尼特斯（Pedro Benítez）的《汤普森的政治现实，15-M抗议活动》（"La actualidad política de Thompson. Multitud y 15-M"）、阿德里亚·拉古纳（Adrià Llacuna）的《E. P. 汤普森：书评》（"E. P. Thompson. Un comentario bibliográfico"）。

2013年10月3日至5日，美国哈佛大学韦瑟黑德全球史工作坊（Weatherhead Initiative on Global History）主办了"全球视野下的E. P. 汤普森：《英国工人阶级的形成》出版五十周年反思"（"The Global E. P. Thompson：Reflections on *The Making of the English Working Class* After Fifty Years"）①国际学术大会。来自全球十多个国家的学者聚集在哈佛大学展开深层次对话与交流，共同探讨了与汤普森有关的热点问题。会议围绕以下几个主题进行了讨论：汤普森及其时代、汤普森及其理论、汤普森在南半球、汤普森在北半球、道德经济学、阶级形成。会

---

① Gabriel Winant，Andrew Gordon，et al.，"Introduction：The Global E. P. Thompson"，in *International Review of Social History*，Vol. 61，2016，pp. 1-9. 中文参见石磊、舒小昀：《全球视野下的E. P. 汤普森国际学术研讨会综述》，载《世界历史》，2014（4）。

议收到的会议论文分为两大类：第一类为对汤普森思想的研究以及理论应用成果的评估和前景展望；第二类为汤普森思想在经济全球化背景下对世界其他国家和地区的影响。第一类的代表性论文有：近藤和彦（Kazuhiko Kondo）的《重新审视数字档案中的道德经济学》（"Moral Economy Retried in Digital Archives"）、梅尔文·杜波夫斯基（Melvyn Dubofsky）的《爱德华·汤普森：男人、学者、活动家、个人回忆》（"Edward Thompson：The Man，the Scholar，the Activist，Personal Recollections"）、约翰·特朗普布尔（John Trumpbour）的《重新审视爱德华·汤普森、佩里·安德森以及英国马克思主义的矛盾》（"Edward P. Thompson，Perry Anderson，and the Antinomies of British Marxism Revisited"）、迈克尔·梅里尔（Michael Merrill）的《是什么造就了马克思主义者？E. P. 汤普森与英国工人阶级理论》（"What Makes Making Marxist？E. P. Thompson and the Theory of the English Working Class"）、蒂姆·申克（Tim Shenk）的《历史的终结：E. P. 汤普森书写的"启示录"》（"The Ends of History：E. P. Thompson Writes the Apocalypse"）、玛德琳·戴维斯（Madeleine Davis）的《爱德华·汤普森的伦理观和激进主义 1956—1963：反思〈英国工人阶级的形成〉的政治形态》（"Edward Thompson's Ethics and Activism 1956-1963：Reflections on the Political Formation of *The Making of the English Working Class*"）、安娜·哈科瓦（Anna Hájková）的《经历浩劫的轻狂青春：作为不平等社会存在的泰雷津贫民区》（"The Bright Young Things of the Holocaust：The Terezín Ghetto as a Society of Inequalities"）。第二类的代表性论文有：约瑟夫·弗罗扎克（Joseph Fronczak）的《20 世纪 70 年代至今南非汤普

森社会史的实践与政治》("The Practice and Politics of Thompsonian Social History in South Africa, From the 1970s to the Present")和《全球左派的形成:汤普森政治格局与1936年全球静坐罢工运动》("The Making of the Global Left: Thompsonian Political Formation and the Worldwide Sitdown Strike Movement of 1936")、Y.D.切廷卡亚(Y. D. Çetinkaya)的《汤普森在"东方":20世纪90年代土耳其青年学者所受影响》("E. P. Thompson in the 'Orient': His Belated Impact on Young Scholars of Turkey During the 1990's")、卢卡斯·马丁·波伊·皮涅罗(Lucas Martín Poy Piñeiro)的《劳动历史的创造:追溯E. P. 汤普森在阿根廷的影响》("The Making of Labor History: Tracing the Influence of E. P. Thompson in Argentina")、鲁道夫·库塞拉(Rudolf Kucera)的《经历强硬路线:E. P. 汤普森,〈英国工人阶级的形成〉与中东欧共产主义史学,1963—1989》("Meeting the Hard Line: E. P. Thompson, *The Making* and the Communist Historiographies of East Central Europe, 1963-1989")、托马斯·林登伯格(Thomas Lindenberger)的《仅具有历史意义? 从(后)冷战视角看〈英国工人阶级的形成〉在德国的接受》["Of Historical Relevance Only? The German Reception of *The Making* Reassessed from a (Post) Cold War Perspective"]、杰弗里·韦伯(Jeffery Webber)的《在安第斯山读E. P. 汤普森》("Reading E. P. Thompson in the Andes")、尼科斯·波塔米亚诺斯(Nikos Potamianos)的《道德经济学? 希腊反暴利法斗争中的道德经济学、大众诉求、自由主义和国家干预,1916—1925》("Moral Economy? Popular Demands, Liberalism and State Intervention in the Struggle Over Anti-profiteering Laws in

Greece, 1916-1925")、D. 巴萨拉席（D. Parthasarathy）的《（马克思主义）理论的贫困：印度农民阶级、地方资本及对全球化的批判》["The Poverty of (Marxist) Theory: Peasant Classes, Provincial Capital, and the Critique of Globalization in India"]、迈克尔·拉尔夫（Michael Ralph）的《精算时间、劳动纪律和工业资本主义；或美国工人阶级的形成》("Actuarial Time, Work-discipline and Industrial Capitalism; or, the Making of the American Working Class")。

2013年11月29日至30日，适逢《英国工人阶级的形成》出版五十周年，法国社会科学高等研究院（EHESS）①和法国人文社科研究中心牛津分部（Maison Française d'Oxford）在牛津大学联合举办了"汤普森与法国关系"（"Relations Between Thompson and France"）主题学习日活动，吸引了来自英国和法国的众多学者参与讨论。在这次会议上，许多学者专家都提交了会议论文并就其内容进行了主题发言。分别如下：雅克·雷尔（Jacques Revel）：《E.P. 汤普森与社会史危机》("E.P. Thompson and the Crisis of Social History")，史蒂夫·史密斯（Steve Smith）：《E.P. 汤普森：另一种社会史》("E.P. Thompson, Another Kind of Social History")，帕特里克·弗里登（Patrick Fridenson）：《20世纪70年代和80年代 E.P. 汤普森与法国历史学家的直接接触》("The Direct Contact of E.P. Thompson and French Historians in the 1970s and 1980s")，芭芭拉·泰勒（Barbara Taylor）：《E.P. 汤普森和妇女问题》

---

① 法国社会科学高等研究院是法国年鉴学派的大本营，包括其创始人历史学家费尔南·布罗代尔（Fernand Braudel）和吕西安·费弗尔（Lucien Febvre）都曾长期在此任教。

("E. P. Thompson and the Woman Problem"),西蒙娜·切鲁蒂(Simona Cerutti):《贵族社会与普贝安文化:E. P. 汤普森与微观历史方法》("Patrician Society and Plebeian Culture: E. P. Thompson and the Microhistorical Approach"),马克·海伍德(Mark Hailwood):《自下而上的历史:这一概念对下一代英国社会历史学家的影响》("History from Below: The Impact of this Concept on the Next Generation of British Social Historians"),黛博拉·科恩(Deborah Cohen):《道德经济学及其对新一代法国历史学家的影响》("Moral Economy and the Impact of this Concept on the Next Generation of French Historians"),布罗迪·沃德尔(Brodie Waddell):《道德经济学及其对下一代英国社会史学家的影响》("Moral Economy and the Impact of this Concept on the Next Generation of British Social Historians")。

2015年11月16日至18日,美国密歇根大学非洲研究中心(African Studies Center)组织举办了主题为"E. P. 汤普森之后的历史书写"("Writing History After E. P. Thompson")的学术研讨会。本次会议主要就汤普森社会史学对英美非洲裔学者所产生的影响展开讨论,展示了当代英美学者在汤普森理论研究方面的丰硕成果,表现了汤普森思想的国际影响力,对汤普森思想的传承和发展起到了巨大的推动作用。通过这次研讨,来自世界各地的专家学者高度肯定了汤普森学术遗产的价值,同时指出了汤普森思想与理论的局限性以及进一步发展的可能性。会议围绕八个议题展开,分别是:(1)失去了什么?得到了什么?("What Has Been Lost? What Has Been Gained?");(2)汤普森与非洲历史("Thompson and African History");(3)汤普森与帝国("Thompson and Empire");(4)资本主义转型与共性("Capitalist Transformation and the Commons");(5)人类学影响:作为格尔茨学派代表的汤普森?("The Influence of Anthropology:E. P. Thompson as Geertzian Proxy?");(6)宗教与道德经济("Religion and Moral Economies");(7)空间、财产和环境("Space,Property,and the Environment");(8)阶级与当代资本主义("Class and Capitalism Now")。南非问题是本次会议的一个热点问题,引起了专家学者们的热烈讨论。最后,学者们基本达成了一个学术共识:从20世纪60年代开始,汤普森在全球社会史发展中扮演着极为重要的角色,他的思想在非洲颇有影响,比如对南非黑人工人阶级历史研究方面的影响就比较突出。汤普森的思想理念以及历史研究方法促使南非黑人工人阶级的历史得到了深入挖掘和详尽阐述。此外,汤普森对阿尔都塞结构主义的马克思主义的批判,也引起了人们开始反思对南非种族主义的结构主义分析所带来的种种弊端,一种新的社会史研究理念也随之呈现出来。人们开始正视黑人工人阶级在漫长的岁月中所经受的苦难,并且逐渐认识到,现代社会的文明是建立在对黑人进行野蛮剥削和极力压榨的基础之上的,历史应当铭记,黑人工人们曾经为社会进步和发展做出了不可磨灭的贡献。汤普森思想的影响一方面促使南非的史学研究开始关注文化在社会历史发展中的作用,并且开始注重阶级作为过程的分析;另一方面也引起史学界开始普遍地对理论抱有成见,甚至充满敌意。本次会议对汤普森影响力的探讨主要集中在非洲大陆。一些历史学家认为汤普森的思想和理论在非洲已经生根发芽,得到了广泛应用。一些汤普森理论应用方面的研究成果引起了与会者的浓厚兴趣。彼得·迪利乌斯·查尔(Peter Delius Chal)是汤普森理论思想虔诚的信奉者和积极的实践者。他宣称，威特沃斯兰德大学(University of the Witwatersrand)的农村社会史研究工作的开展得益于《英国工人阶级的形成》这本著作的影响和推动。约翰·希金森(John Higginson)申明，要借助《英国工人阶级的形成》中所提供的方法持续关注南部非洲的历史。路易斯·怀特(Luise White)把关注的目光投向了汤普森的《辉格党与猎手》，他建议研究非洲的学者应该借鉴汤普森的研究方法，在研究非洲野生动物保护问题时，应该考察一下狩猎与土地私有权二者关系的历史演变这一有趣问题。德里克·彼得森(Derek Peterson)希望人们关注汤普森的《见证野兽：威廉·布莱克和道德律令》，这本著作提醒我们注意，历史学家们对于非洲的非国教政治神学是何等漠视。

与此同时，即 2015 年 11 月 16 日至 18 日，由南非金山大学金山社会经济研究中心(Wits Institute for Social and Economic Research)组织和举办的主题为"E. P. 汤普森之后的历史"("History After E. P. Thompson")的学术研讨会在约翰内斯堡同期举行。本次会议探讨的主题和内容与密歇根大学会议的基本相近，也把重点集中在汤普森社会史学对非洲史学研究的影响上。通过会议信息可以看到，南非金山大学和美国密歇根大学的历史学家们在社会史研究当中，都表现出了对汤普森史学持续的兴趣，受汤普森学术思维影响，他们的历史研究原则和方向因此而改变，文化色彩日益突出，对黑人历史文化与日常生活研究不断深入和精细化。本次研讨会对汤普森学术思想的相关问题进行了广泛交流和深入探讨，主要内容包括：(1)失去什么？收获什么？汤普森社会史学的遗产和局限("What Has Been Lost? What Has Been Gained? The Legacy and Limits of Thompsonian Social History")；(2)基于种族、帝国和阶级的社会史书写("Race, Empire and Class Based Social History Writing");(3)学术研究:历史、政治和左派("Committed Scholarship: History, Politics and the Left");(4)平民的政治("The Politics of the Commons");(5)理论与经验主义的结合:《理论的贫困》的遗产("Joining Theory and Empiricism: The Legacy of *The Poverty of Theory*");(6)人类学的缺席:作为格尔茨学派的 E. P. 汤普森("The Absence of Anthropology: E. P. Thompson as Geertzian Proxy");(7)资本主义转型比较史学("Comparative Historiographies of Capitalist Transformation")。

除了上面提到的一些大中型学术会议外,许多大学还会定期举办一些小型学术研讨会,汤普森及其著作被当作这些研讨会的主题内容供学生学习和讨论。例如,2009 年 6 月,英国华威大学第六期史学研讨会(Historiography Seminar 6)组织了题为"E. P. 汤普森:从下看的历史"("E. P. Thompson: History From Below")的学术研讨会。研讨会列出一些问题供学生们进行思考和讨论,如在对英国 18 世纪"道德经济学"的分析中汤普森是如何实践从下看历史的?汤普森的"社会主义人道主义"是如何影响他的历史写作的?汤普森关于阶级和人的能动性观点与马克思的有何不同?汤普森是否把"平民文化"浪漫主义化了?2011 年 12 月 5 日,美国范德堡大学范德堡历史研讨会(Vanderbilt History Seminar)举办了"重新审视经典:E. P. 汤普森的《英国工人阶级的形成》"("Revisiting a Classic: E. P. Thompson's *The Making of the English Working Class*")的学术研讨活动。

此外,由于汤普森的社会史学对许多大学的历史教学都产生了很大影响，因此，每逢汤普森逝世周年纪念日，一些与汤普森相关的学术讲座也会如期在一些大学历史系举办，师生们以此方式表达对这位历史学家的缅怀和纪念。汤普森曾经工作过的华威大学为了纪念这位杰出员工则专门设立了"爱德华·汤普森纪念奖学金"（Edward Thompson Memorial Bursary），给那些在劳工史研究方面付出汗水并取得优异成绩的青年学子予以支持和鼓励。

从以上列举的会议研讨内容以及会议论文来看，总的来说，与汤普森相关的理论研究逐渐趋于深化和细化，同时显示出这一研究已经从历史拓展到了政治、经济、哲学、文学、社会学、人类学等诸多学科领域，汤普森理论的丰富性和层次性得以体现，随着相关研究活动的继续深入开展，汤普森思想会在不同学科领域获得更大范围的扩展和散播。

(三)学术刊物专题策划活动

近几年来，在国际上一些较有影响的学术刊物，尤其是史学类刊物开始关注汤普森思想和理论的研究，组织和策划了汤普森研究的专题版块，推出了一系列与汤普森相关的研究论文，为汤普森思想的传承和发展做出了贡献。

2013年，加拿大劳工史协会主办的《劳工》（Labour/Le Travail）杂志连续在第71期和第72期推出了"汤普森《英国工人阶级的形成》五十周年论坛"（"Roundtable on E. P. Thompson's The Making of the English Working Class at Fifty"）专题版块。在杂志第71期，除了布莱恩·帕尔默写的对专题版块进行介绍的短文《导论》（"Introduction"）外，收录了七篇与汤普森相关的研究论文，分别为：迈克尔·梅里尔（Michael

Merrill)的《E. P. 汤普森的资本：〈英国工人阶级的形成〉中的政治经济学》("E. P. Thompson's Capital：Political Economy in *The Making*")、玛格丽特·雅各布(Margaret C. Jacob)的《在自修者当中：E. P. 汤普森的形成》("Among the Autodidacts：The Making of E. P. Thompson")、彼得·韦(Peter Way)的《自称为"马克思主义"的东西》("The Something that Has Called Itself 'Marxism'")、蒂娜·卢(Tina Loo)的《权力的特征》("The Face of Power")、戴维·莱文(David Levine)的《最终："福金"阿门》("A Definitive 'And Fookin' Amen to That!")、雷贝卡·希尔(Rebecca Hill)的《打破框架：过去与现在》("Frame-breaking Then and Now")、肖恩·卡迪根(Sean Cadigan)的《历史特权》("The Privilege of History")。在杂志第72期，除收录布莱恩·帕尔默的专题版块介绍短文《E. P. 汤普森的〈英国工人阶级的形成〉五十周年论坛概述》("Roundtable on E. P. Thompson's *The Making of the English Working Class* at Fifty：Introduction")外，还收录了七篇与汤普森相关的专题学术论文，分别是：迪佩什·查克拉巴蒂(Dipesh Chakrabarty)的《汤普森的失败原因》("The Lost Causes of E. P. Thompson")、杰夫·埃利(Geoff Eley)的《阶级形成、政治、情感结构》("Class Formation，Politics，Structures of Feeling")、托德·麦卡勒姆(Todd McCallum)的《汤普森同志和圣·福柯》("Comrade Thompson and Saint Foucault")、詹姆斯·爱泼斯坦(James Epstein)的《剥削：历史分析的有用范畴？》("Exploitation：A Useful Category of Historical Analysis?")、奥古斯托·卡博内拉(August Carbonella)的《回首与前瞻》("Looking Back and Ahead")、罗伯特·特伦布莱(Robert Tremblay)的《在浑水中创作的魁北克史学：犹

豫中接受一本书》("The Making dans les eaux troubles de l'historiographie québécoise：réception hésitante d'un livre en avant de son temps")、玛格达·法尔尼(Magda Fahrni)的《如今谁在读 E. P. 汤普森？或在魁北克大学(重)读〈英国工人阶级的形成〉》("Who Now Reads E. P. Thompson? Or, (Re)Reading The Making at UQAM")。此外，在杂志第72期还出现了三位深受汤普森影响的历史学家的个人评论，这三位历史学家是杰西·莱米什(Jesse Lemisch)、爱丽丝·凯斯勒-哈里斯(Alice Kessler-Harris)、琼·汉纳姆(June Hannam)。杰西·莱米什是一位来自美国的学者，曾与汤普森有过多次接触。他在评论中写道："我们在教室和图书馆中阅读、学习和教授《英国工人阶级的形成》，汤普森的术语在我们的脑海中萦绕，指引我们开展研究。"①爱丽丝·凯斯勒-哈里斯则这样评价汤普森对美国史学的影响："他(汤普森)重新定义了阶级，在某种程度上使一度被排斥的阶级一词在美国史学界得以使用。毫无疑问，他使后来成为劳工历史的领域得以合法化。如果没有汤普森令人信服的重新表述，我们美国人可能就不会那么容易地将性别或女性纳入研究范围。"②琼·汉纳姆曾经是华威大学的一名学生，在本科一年级时就有幸聆听了汤普森的历史课。因此她对历史，尤其对劳工史学产生了浓厚兴趣，后来在汤普森的指导下攻读比较劳工史学硕士学位，毕业后从事了社会史的教学和研究工作。汉纳姆描述了她在阅读《英国工人阶级的形

---

① Jesse Lemisch, "Individual Statements on E. P. Thompson", in Labour/Le Travail, Vol. 72, pp. 247-248.

② Alice Kessler-Harris, "Individual Statements on E. P. Thompson", in Labour/Le Travail, Vol. 72, p. 248.

成》时的感受:"把阶级作为一种关系,把经验和意识结合在一起,普通人是重要的历史角色,有复杂的情感和思想,从下面看历史的重要性立即引起了我的共鸣。我本来就容易受到这种方法的影响,因我出身于工人阶级家庭,是家里第一个上大学的人,从小就是一个忠诚的工会会员,对通过继承而得到的财富和特权十分不满。在华威,有无数的社会主义者在探索思考左翼政治的新方法以及鼓励直接行动的抗议运动。"①

2016年4月,剑桥大学出版社主办的《社会历史国际评论》(*International Review of Social History*)杂志在第61期策划推出了"E. P. 汤普森专题"版块。这期杂志一共收录了一篇会议综述和六篇学术论文。会议综述由加布里埃尔·威南特(Gabriel Winant)等人撰写,题为《导论:全球E. P. 汤普森》("Introduction: The Global E. P. Thompson")②,介绍了2013年10月在哈佛大学召开的"全球汤普森"学术会议。其余六篇学术论文分别为:托马斯·林登伯格(Thomas Lindenberger)的《从结构主义到文化主义:冷战后德国接受〈英国工人阶级的形成〉的过程及现状分析》("From Structuralism to Culturalism: The Protracted German Reception of *The Making of the English Working Class* and Its Actuality Reassessed From a Post-cold War Perspective")③、鲁道夫·库切拉(Rudolf Kucera)的《面对正统马克思主

---

① June Hannam, "Individual Statements on E. P. Thompson", in *Labour/Le Travail*, Vol. 72, p. 251.

② Gabriel Winant, Andrew Gordon, et al., eds., "Introduction: The Global E. P. Thompson", in *International Review of Social History*, Vol. 61, 2016, pp. 1-9.

③ Thomas Lindenberger, "From Structuralism to Culturalism: The Protracted German Reception of *The Making of the English Working Class* and its Actuality Reassessed from a Post-cold War Perspective", in *International Review of Social History*, Vol. 61, 2016, pp. 11-34.

义：西方马克思主义、〈英国工人阶级的形成〉、捷克斯洛伐克和波兰的共产主义史学》("Facing Marxist Orthodoxy: Western Marxism, *The Making*, and the Communist Historiographies of Czechoslovakia and Poland, 1948-1990")[①]、石桥英德(Hideo Ichihashi)的《日本对汤普森的接受：新左派、〈英国工人阶级的形成〉和"道德经济学"》("The Reception of E. P. Thompson in Japan: The New Left, *The Making*, and 'Moral Economy'")[②]、卢卡斯·波伊(Lucas Poy)的《审视〈英国工人阶级的形成〉：阿根廷对 E. P. 汤普森的接受及劳工史学的塑造》("Remaking *The Making*: E. P. Thompson's Reception in Argentina and the Shaping of Labor Historiography")[③]、乔纳森·海斯洛普(Jonathan Hyslop)的《E. P. 汤普森在南非：革命与转型时期社会史的实践与政治，1976—2012》("E. P. Thompson in South Africa: The Practice and Politics of Social History in an Era of Revolt and Transition, 1976-2012")[④]、尼尔·罗斯(Neil Roos)的《南非历史与下层史学：白人激进思想史》

---

① Rudolf Kucera, "Facing Marxist Orthodoxy: Western Marxism, *The Making*, and the Communist Historiographies of Czechoslovakia and Poland, 1948-1990", in *International Review of Social History*, Vol. 61, 2016, pp. 35-50.

② Hideo Ichihashi, "The Reception of E. P. Thompson in Japan: The New Left, *The Making*, and 'Moral Economy'", in *International Review of Social History*, Vol. 61, 2016, pp. 51-73.

③ Lucas Poy, "Remaking *The Making*: E. P. Thompson's Reception in Argentina and the Shaping of Labor Historiography", in *International Review of Social History*, Vol. 61, 2016, pp. 75-93.

④ Jonathan Hyslop, "E. P. Thompson in South Africa: The Practice and Politics of Social History in an Era of Revolt and Transition, 1976-2012", in *International Review of Social History*, Vol. 61, 2016, pp. 95-116.

("South African History and Subaltern Historiography：Ideas for a Radical History of White Folk")①。日本学者石桥英德在其论文《日本对汤普森的接受：新左派、〈英国工人阶级的形成〉和"道德经济学"》中追溯了汤普森的理论在日本被接受的曲折过程，评价了他的思想对日本知识界所产生的影响，并探讨了日本历史学家对"道德经济学"概念的接受过程。海斯洛普在其论文《E. P. 汤普森在南非：革命与转型时期社会史的实践与政治，1976—2012》中认为，自 20 世纪 70 年代以来，汤普森的著作对南非的历史研究产生了巨大的影响。他简述了汤普森思想是如何变为理论实践的，南非的历史学家是如何利用汤普森思想开展研究工作的。文章最后指出，汤普森的著作已经超出学术界的范围，对南非的文学和文化都产生了持久的影响。

2017 年 3 月，由剑桥大学出版社主办的《非洲历史杂志》(The Journal of African History)在第 58 期推出了专题论坛，围绕汤普森展开讨论。共有四位历史学家就汤普森发表了观点，分别为：彼得·利乌斯(Peter Delius)的《E. P. 汤普森：社会历史和南非史学，1970—1990》("E. P. Thompson, Social History, and South African Historiography, 1970-1990")②、约翰·希金森(John Higginson)的《旋转的珍妮和分拣台：汤普森与工业化中的欧洲和南非》("The Spinning Jenny and the Sorting

---

① Neil Roos, "South African History and Subaltern Historiography：Ideas for a Radical History of White Folk", in *International Review of Social History*, Vol. 61, 2016, pp. 117-150.

② Peter Delius, E. P. Thompson, "'Social History', and South African Historiography, 1970-1990", in *The Journal of African History*, Vol. 58, 2017, pp. 3-17.

Table：E. P. Thompson and Workers in Industrializing Europe and Southern Africa")[1]、德里克·彼得森(Derek R. Peterson)的《非洲文化史上的非主流》("Nonconformity in Africa's Cultural History")[2]、路易斯·怀特(Luise White)的《〈辉格党与猎手〉：未走的路》("*Whigs and Hunters*：The Path Not Taken")[3]。

(四)汤普森著作文本的翻译

《英国工人阶级的形成》作为汤普森最有代表性的著作，先后被翻译成葡萄牙语、西班牙语、瑞典语等多种语言文字在世界各地出版。1977年，西语版《英国工人阶级的形成》重新命名为《工人阶级的历史形成：英国 1780—1832》(*La formación histórica de la clase obrera：Inglaterra：1780-1832*)出版。1983 年，瑞典语版《人的力量和流行文化：社会历史散文》(*Herremakt och folklig kultur：socialhistoriska uppsatser*)出版，其中收录了《英国工人阶级的形成》一书的部分内容片段。2004年，土耳其语版《英国工人阶级的形成》(*ngiliz şçi Sınıfının Oluşumu*)出版。2011 年，葡语版《英国工人阶级的形成》以三卷本的形式出版，

---

[1] John Higginson, "The Spinning Jenny and the Sorting Table：E. P. Thompson and Workers in Industrializing Europe and Southern Africa", in *The Journal of African History*, Vol. 58, 2017, pp. 19-33.

[2] Derek R. Peterson, "Nonconformity in Africa's Cultural History", in *The Journal of African History*, Vol. 58, 2017, pp. 35-50. 此论文也曾向 2015 年 11 月密歇根大学"E. P. 汤普森之后的历史书写"研讨会提交过。

[3] Luise White, "*Whigs and Hunters*：The Path Not Taken", in *The Journal of African History*, Vol. 58, 2017, pp. 51-59. 此论文也曾向 2015 年 11 月密歇根大学"E. P. 汤普森之后的历史书写"学术会议提交过。

分别为《英国工人阶级的形成Ⅰ：自由之树》(*P. A formação da classe operária inglesa I：a árvore da liberdade*)、《英国工人阶级的形成Ⅱ：亚当的诅咒》(*A Formação da Classe Operária Inglesa Ⅱ：A maldição de Adão*)、《英国工人阶级的形成Ⅲ：工人的力量》(*A Formação da Classe Operária Inglesa Ⅲ：A força dos trabalhadores*)。2012 年，西语版《英国工人阶级的形成》(*La formacion de la clase obrera En Inglaterra*)出版。

此外，汤普森的其他几部著作和重要论文也被译介到世界各地，主要有以下几种：葡语版《理论的贫困或太阳系仪的谬误》(*A miséria da teoria ou um planetário de erroas*)(1981)、西语版《传统、反抗和阶级意识：对前工业社会危机的研究》(*Tradición，revuelta y consciencia de clase：estudios sobre la crisis de la sociedad preindustrial*)(论文集)(1984)、西语版《我们的自由生活》(*Nuestras libertades y nuestras vidas*)(论文集)(1987)、葡语版《辉格党与猎手》(*Senhores e Caçadores*)(1987)、葡语版《共有的习惯》(*Costumes em comum*)(1998)、葡语版《英国人的独特性及其他文章》(*As peculiaridades dos ingleses e outros artigos*)(2001)、西语版《激进历史议程》(*Agenda Para Una Historia Radical*)(2001)、葡语版《浪漫主义时期》(*Os românticos*)(论文集)(2002)、西语版《汤普森作品精选集》(*E. P. Thompson esencial*)(2002)、葡语版《理论的贫困》(*P. Miséria da teoria*)(2012)。

英法两国虽然咫尺之遥，却因为语言文化、民族性格、思维方式等诸多差异，导致长期以来在思想文化的交流与传播上并不十分通畅。汤普森思想理论在法国的境遇大致反映了这一情况。汤普森作为 20 世全球著名的历史学家和社会活动家,他以及他的著作虽然在国际上早已获得极大认可,但是在法国,汤普森这个名字长期以来却鲜为人知,直到最近,随着汤普森的一些著作陆续被翻译成法文,这种情况才有所改观。2012 年,以法文出版的《历史点》(Point Histoire)著作合集收录了经过节选的《英国工人阶级的形成》(Formation de la classe ouvrière anglaise)和《辉格党与猎手》。不过,后者在此合集中改名为:《森林战争》(La guerre des forêts)。汤普森其余几部被译成法语的作品分别为:《十八世纪英国的社会斗争》(Luttes sociales dans l'Angleterre du XVIIIe siècle)(2014)、《时间、劳动纪律和工业资本主义》(Temps, discipline du travail et capitalisme industriel)(2015)、《共有的习惯:英国人民的传统和斗争(17—19 世纪)》[Les Usages de la coutume. Traditions et résistances populaires en Angleterre (XVIIe-XIXe siècle)](2015)。[①] 由于汤普森的一些著作被引入法国较晚,因此导致了他在法国的知名度并不是很高。随着汤普森著作的法语译本越来越多,法国在汤普森思想和理论的研究上也会越来越深入,成果也会越来越丰富。

就国内情况而言,目前汤普森的众多著作中只有两部有中译本,分别为钱乘旦等人翻译的《英国工人阶级的形成》(2001)[②]和沈汉、王加丰

---

① 参见 François Jarrige, "E. P. Thompson: A Life of Struggle", in Books and Ideas, 14 March 2016。

② [英]E. P. 汤普森:《英国工人阶级的形成》,钱乘旦等译,南京,译林出版社,2001。

翻译的《共有的习惯》(2002)①。另外，汤普森一些重要论文也被翻译成中文。例如，1988年蔡少卿主编的《再现过去：社会史的理论视野》②一书中收录了陈祖渊翻译的汤普森的《民俗学、人类学与社会史》("Folklore, Anthropology, and Social History")③一文。《马克思主义美学研究》(2008年第1期)刊载了张亮翻译的《论阿尔都塞的结构主义的马克思主义》④一文，该文为汤普森《理论的贫困及其他文章》一书的节选章节，是其中《理论的贫困或太阳系仪的谬误》这篇长文的前四节内容。2013年，张亮、熊婴编辑出版了《伦理、文化与社会主义：英国新左派早期思想读本》⑤一书。这本书节选并翻译了英国早期新左派几位思想家的一些理论文章，其中包括汤普森前期所写的六篇重要论文：《社会主义人道主义：致非利士人书》、《社会主义与知识分子》、《关于〈社会主义与知识分子〉讨论的一个答复》("Socialism and the Intellectuals: A Reply")、《新左派》、《散论1959年大选》["A Psessay in Ephology(Autumn 1959)"]以及《漫长的革命》。此外，2020年，成广元翻译出版了蒂姆·罗根的著作《道德经济学家：R. H. 托尼、卡尔·波兰尼与 E. P. 汤

---

① ［英］爱德华·汤普森：《共有的习惯》，沈汉、王加丰译，上海，上海人民出版社，2002。

② 蔡少卿主编：《再现过去：社会史的理论视野》，杭州，浙江人民出版社，1988。

③ 原文参见 E. P. Thompson, "Folklore, Anthropology, and Social History", in *Indian Historical Review*, Vol. 2, No. 2, 1978. 此文为1976年12月30日汤普森在印度喀拉拉邦卡利卡特市举办的"印度历史大会"(Indian History Congress)所做演讲的修订版。

④ ［英］E. P. 汤普森：《论阿尔都塞的结构主义的马克思主义》，张亮译，载《马克思主义美学研究》，2008(1)。

⑤ 张亮、熊婴编：《伦理、文化与社会主义：英国新左派早期思想读本》，南京，江苏人民出版社，2013。

普森对资本主义的批判》①。汤普森一生著述颇丰，目前国内译介的作品只占到了其中的一小部分，因此，还要进一步加大工作力度，把汤普森更多的著作翻译并介绍给中国读者。尽管如此，这些译介成果仍然极大地推进了国内对汤普森思想理论的研究，使这一工作迈上新台阶，步入加速期。

从汤普森理论的应用与转化，到学术机构和刊物的汤普森专题学术活动，再到汤普森著作文本的译介，从以上概览中可以看出汤普森和他的著作在英国本土以及海外学术界仍然具有很大的号召力，其理论热度并未降低，其思想仍然具有相当强的渗透力和巨大的影响力。

(五)汤普森思想的研究意义

1993年8月，汤普森逝世后，关于汤普森的人物评介和纪念性文章在西方各类媒体和杂志上大量出现。这些文章大多客观地评价了汤普森的历史功绩，高度肯定了他的学术成就，这反映了汤普森在西方尤其是英国民众心目当中的崇高地位，表达了人们对这位历史学家兼社会活动家的深切怀念和无限哀思。

汤普森一生著述等身，思想庞杂，要想对其思想进行全面和准确的把握是一件困难的事情。尽管如此，作为一个汤普森的初级研究者，我认为他的思想和理论对于马克思主义的发展以及世界社会主义运动都具有非凡的意义和价值。

---

① [英]蒂姆·罗根：《道德经济学家：R. H. 托尼、卡尔·波兰尼与E. P. 汤普森对资本主义的批判》，成广元译，杭州，浙江大学出版社，2020。

要了解和把握英国新马克思主义，汤普森是一个不能被忽略和跨越的对象。作为英国新马克思主义学者中最具影响力的人物之一，长期以来，汤普森始终占据着整个学派的核心位置。因为他的某些理论观点与众不同而又引发了英国新马克思主义内部长达数十年的大论战。正是由于这种激烈的你来我往的口诛笔伐，间接促成了不同学派的形成和发展。所以，从某种意义上说，英国新马克思主义的学术趋向或多或少都与汤普森有着一定关联。要研究英国新马克思主义，汤普森必然是一个不可跨越的人物。沿着汤普森的思想脉络我们才可以抵达英国新马克思主义的心脏地带，也更容易理顺这一学术群体内部的复杂关系，为全面理解和把握这一独特的思想群集奠定坚实的基础。

汤普森的理论贡献具体表现在以下几个方面：

第一，汤普森改写了英国传统历史学。英国传统历史学总是把帝王将相和社会精英放在历史舞台的中心，而那些穷苦的下层人民，总是被有意和无意地忽略，在历史中找不到他们的身影，看不到他们对社会历史的贡献。而汤普森则按照马克思所指明的方向，秉承了马克思的历史研究方法，他坚信人民才是历史的真正创造者，他要把他们从历史误解中解救出来，从达官贵人们不屑一顾的眼神中，把他们请回社会历史创造者的位置上。为了完成这一壮举，汤普森从积满灰尘的大量材料中仔细搜寻，慢慢挖掘，细细整理，终于完成了这一项伟大的创举，写成了不朽之作《英国工人阶级的形成》。

第二，汤普森沉重打击了社会历史简化论。一直以来，汤普森都反对用抽象的、简化的、狭隘的范畴来诠释特殊的、具体的、复杂的社会历史，反对用研究自然科学的路径来研究社会科学。例如，在对社会历史的释读中，经济学家只考虑经济变量，社会学家只用社会学模型，不同领域的研究者都想从自己的专业角度找出所谓的唯一答案，从而忽视了其他重要方面。这些研究者都没办法做到像马克思那样，从整体上对社会历史进行深入而全面地概括，在掌握大量材料的基础上运用科学的方法进行分析，最终归纳和总结出社会发展的核心范畴和本质规律。在对阿尔都塞、佩里·安德森、汤姆·奈恩等人的结构主义理论所进行的批判中，汤普森阐明了自己的经验主义立场和观点。

第三，汤普森拆穿了民众权利是由统治者让渡而来的谎言。在汤普森看来，事实并非如人们想象当中的那样，人民的权利是国家和政府赐予的，人民可以和统治阶级一样享有公平的政治权利以及维护自身利益的权利。工人阶级和普通民众能够通过合法的程序成为平民议员代表，被礼貌地邀请进入议会大厦，体面地行使立法、监督等民主权利。汤普森认为，这只是表面现象，或者只看到了结果，却忽视了整个历史过程，民主的进步和民众其他权利的获得并不是统治阶级恩赐的，而是千百年来一代又一代英国人民不断起义和反抗，又不断地被残酷镇压，社会的进步和权利的取得是通过一点一点地不断累加形成的。因此，我们今天所享受的社会福利与民主权利是历史上曾经发生过无数次激烈的阶级斗争和社会冲突后才最终实现的。

第四，汤普森让平民文化进入人们的视野。在汤普森的许多著作当中，我们都可以读到习惯、法律、犯罪、休闲、交易、道德、死亡等复杂而多变的文化元素。经典马克思主义的关注点多在经济和政治领域。"二战"以后，西方马克思主义普遍开始了研究领域的转换和研究方向的转向，由传统的经济政治领域转向文化和意识形态领域。英国新马克思主义也顺应了这一学术发展趋势，在西方马克思主义尤其是葛兰西文化霸权理论影响下，把文化和意识形态研究当作学术研究的重要方向，尤其是伯明翰文化研究中心的成立更加凸显了这一研究特色，使文化研究更加深入和广泛，同时也加快了研究步伐。汤普森、霍布斯鲍姆、威廉斯等众多英国新马克思主义历史学家在各自的历史研究工作中，大多选择了文化和意识形态方向作为突破口，取得了一系列令世人瞩目的研究成果。汤普森在他的历史研究中，更多地关注下层民众的生活习惯、乡规民约、传统观念与思想意识。通过细致的描绘，在汤普森的笔下，那些长期被历史掩藏的下层民众走出历史，变得鲜活生动起来，和我们一样有血有肉有思想。在特定的历史情境中，他们的行为习惯开始变得可以理解和接受，在他们身上仿佛也能够看到我们的影子。汤普森和他的同事们所做的一项重要工作就是让平民文化重新回到普通大众的视野中。他与霍布斯鲍姆、威廉斯等人一道彻底摒弃了精英主义的立场，在马克思主义唯物史观的影响下，把关注的目光移到了那些历史的真正的创造者人民群众的身上，不再把他们当作材料和数字，而是当作和我们一样有思想、有情感和有意识的人。

第五，汤普森的思想和理论对世界其他国家和地区产生了巨大影响。汤普森是把劳动人民作为历史研究对象的历史学家之一，这一历史视角也被其他历史学家借鉴和使用，有的用来研究奴隶和其他下层群体，从美洲到亚洲再到非洲，许多国家和地区的学者在汤普森的影响下迅速地转变研究方向，运用他的研究理念和方法产生了一系列的研究成果。这些成果的理论意义及其现实影响在前面章节中已经做过详细介绍，这里不再赘述。

由于各种原因，目前中国学界对英国新马克思主义以及汤普森的研究还处于起步阶段，与世界其他国家和地区的学者相比还有比较大的差距，与英国本土的一大批研究者相比差距则更为明显。近几十年来，就国内范围而言，国外马克思主义研究的成果大量集中在从卢卡奇、法兰克福学派到晚近的福柯、德里达等欧洲大陆的马克思主义理论家身上，欧洲大陆的马克思主义理论也由此成为研究的热点，英国新马克思主义这一思想群体近些年来才逐渐引起国内学者的重视。在这一思想群体中，汤普森是国内学者关注的一个重点人物。有一些学者开始尝试对其思想的发展脉络、形成原因以及他在英国新马克思主义发展中的作用进行探讨，开始尝试对其历史理论进行分析与评价。对英国马克思主义的发掘性研究已经拉开序幕，汤普森这一思想富矿自然成为人们采掘的重点。要进行英国新马克思主义的整体探讨和分析不能跨过汤普森。只有在个案研究充分而成熟的情况下，对英国新马克思主义的总体研究才能顺利展开，研究成果才会更有说服力。

汤普森思想庞杂，在短期内很难全面把握，因此我们只选取了历史哲学这一视角展开对汤普森思想的研究和分析。综观汤普森的历史哲学，理论与实践同步，批判与建构并行。它发端于对经济决定论的全面批判，以此为起点展开理论体系的建构过程。这一过程是通过文化切入主体意识问题，在经验主义基础上，以历史主义思维做引导，以人的自由和全面发展为理论探讨与政治实践的目标，遵循一定的建构原则，最终发展成为一个较为完备的理论体系，从整体上完成对历史的哲学思考。

本书研究的意义在于：通过对汤普森历史哲学思想的分析，以及对他亲身参与的当代西方资本主义国家尤其是英国的社会主义运动进行深入了解，基本把握汤普森历史理论的学术特点和理论特色，并探明它的发展过程和理论根源。然后在探讨中从哲学高度进行抽象与概括，总结出它的理论意义和实践价值，以期能够对我国社会主义文化建设产生镜鉴作用；而且，在研究中我们可以了解以英国为代表的当代西方资本主义社会条件下马克思主义理论的最新发展状况；同时，可以了解这些理论对当代社会主义运动发展的影响。最后，从汤普森对当代资本主义社会的批判中，我国社会主义建设实践可以从中汲取宝贵经验。当然，在借鉴过程中，还要进行仔细甄别和筛选，对于其中不适合我国国情的理论我们要进行剔除，对于他们在社会主义运动实践中的一些失败教训则要引之为戒。

第二章 | 汤普森思想理论的形成

在汤普森历史哲学的思想来源中，英国传统的经验主义是其不可分离的基质要素，英国新马克思主义则直接孕育了汤普森的理论思想，经典马克思主义建构了其历史理论的结构框架，欧洲大陆的西方马克思主义为汤普森的社会历史批判提供了研究视角及范畴工具。经验主义是汤普森历史研究当中唯物主义原则的发源地，它与马克思主义的唯物史观相结合形成了汤普森独特的文化唯物主义历史观。作为英国新马克思主义当中的一分子，汤普森的思想显现出了这一家族思想的共同特征，但同时也显现出了其思想的独特性，甚至与这一群体格格不入。但正是这些差异才使汤普森在英国新马克思主义群体中格外引人注目。在汤普森的历史理论中，经典马克思主义，尤其是马克思与恩格斯的思想理论起到了引领和建构作用,是不可或缺的原则和规范,马克思主义的唯物史观与唯物辩证法是汤普森历史理论最基本的支撑点。正是对马克思主义基本观点和立场的坚持才使得汤普森成为一个真正的马克思主义的历史学家。欧洲大陆的西方马克思主义从整体上来看受大陆理性主义传统的影响,注重理论建构和范畴演绎,它与汤普森所坚持的经验主义原则相对立,因此成为汤普森批判的主要对象之一。但不可否认汤普森不自觉地运用了西方马克思主义当中的范畴及理论工具对社会历史进行了分析。因此,汤普森的历史理论是在英国传统经验主义的基础之上,经由英国新马克思主义思想群体的孕育,以马克思主义搭建起理论框架,部分运用欧洲大陆西方马克思主义的理论工具而进行的社会历史批判。

一、家学的濡染

汤普森成长于一个卫理公会传教士家庭中。他的爷爷约翰·摩西·汤普森(John Moses Thompson)曾经是卫理公会的一名传教士,长期在印度南部传教,于1894年在英国去世。汤普森的父亲爱德华·约翰·汤普森(Edward John Thompson,1886—1946)是一位诗人、小说家和历史学者,但他也从事了他父亲的职业,作为卫理公会传教士长期在国外传教。在第一次世界大战期间,汤普森的父亲约翰·汤普森在美索不达米亚担任随军牧师,并且因为在前线表现英勇而被授予荣誉十字勋章。在战时休假期间,约翰·汤普森在巴勒斯坦结识了美国姑娘西奥多西亚·杰索普(Theodosia Jessup，1892—1970)。西奥多西亚来自美国传教士家庭。她的爷爷威廉·杰索普(William Jessup)是一名法官，在芝加哥共和党大会上提名林肯作为总统候选人，并担任了林肯竞选纲领起草委员会主席。她的父亲亨利·杰索普(Herry Jessup)是美国驻黎巴嫩使团的一名外交官。女儿西奥多西亚就是在黎巴嫩首都贝鲁特出生并长大的，后来才回到美国接受高等教育。西奥多西亚毕业于美国瓦萨尔学院(Vassar College)，并获得哥伦比亚师范学院(Columbia Teachers College)硕士学位。从学校毕业后，西奥多西亚又回到了中东地区，在巴勒斯坦教红十字会成员阿拉伯语和法语，并帮助管理一家孤儿院。在这一时期，西奥多西亚·杰索普和约翰·汤普森在巴勒斯坦相遇了，两位年青人很快进入热恋并于1919年在耶路撒冷结了婚。婚后，约翰·汤普森带着妻子西奥多西亚来到了印度，在班库拉学院一边从事教学工作，一边积极研究当地文学和文化，与印度许多作家和艺术家往来密切。约翰·汤普森还是一个坚定的自由主义者，支持印度的独立运动，因此与泰戈尔、甘地、尼赫鲁以及许多议会成员都有很深的私交。1923年，约翰·汤普森举家返回英国，受聘于牛津大学东方研究学部，在那里讲授孟加拉语和印度文化。约翰·汤普森虽然认为英国历史和文化中有许多有价值的东西，但他也看到了英国殖民统治给印度造成的伤害。即使回到英国，约翰·汤普森仍然与印度文化界和政界保持着密切联系，成为当时英国人当中支持印度独立运动的重要发声者之一。1925年，约翰·汤普森一家迁到了牛津郊区的野猪山。老汤普森的家成了当时许多学者和政界人士经常聚会之地，甘地和尼赫鲁也曾造访过这里。

(一)父亲约翰·汤普森

汤普森的父亲约翰·汤普森在英国算是一位名人。他不仅是传教士、大学教师，同时还是一位多产的作家。他的作品包括诗歌、小说以及学术论著，跨越了文学、历史和政治等多个领域。约翰·汤普森曾经长期在印度工作，深深地融入印度人的生活中。凭借着对印度文化的热爱以及对政治的热衷，约翰·汤普森与印度许多政治家和艺术家都相交甚好。他曾经写过两本与泰戈尔有关的著作，其中一本是批判性的传记。E. P. 汤普森还记得在他小的时候，尼赫鲁曾经来他们家拜访，并在家里后院的板球场上给他上过击球课。① 1920 年，约翰·汤普森出版了《硬币的另一面》(The Other Side of the Medal)。该著作对 1857 年的印度兵变进行了深入的历史研究。1930 年，约翰·汤普森出版了《重建印度》(Reconstructing India)。这本书探讨了当时印度未来的政治走向，提出了印度应该摆脱英国殖民统治的主张。1934 年，约翰·汤普森又出版了《英国在印度的统治：崛起与成就》(Rise and Fulfilment of British Rule in India)。此书在某种程度上反映出约翰·汤普森对英国怀着一种复杂和矛盾心理：一方面表现出他对英国历史文化的挚爱，另一方面则表现出他对英国执政当局殖民政策的不满。同时，在该书中也能够看到约翰·汤普森所持有的一种传统的资产阶级社会历史观。他说："无论何种程度的民主得到承认……和其他国家一样，印度的未来都将依靠富人和受教育阶层。乡民在本邦和联邦事务中获得直接和决定

---

① E. P. Thompson,"The Nehru Tradition", in Writing by Candlelight, London: Merlin Press, 1980, pp. 135-149.

性的话语权,那得是很多年以后的事。"①因此,在约翰·汤普森看来,社会的进步主要依靠知识分子和上层社会阶级推动下的政策改进,而工人以及农民等下层民众对社会历史的推动作用被有意无意地排除在外。

(二)兄长弗兰克·汤普森

除了父亲约翰·汤普森外,对汤普森影响最大的人是他的哥哥威廉·弗兰克·汤普森(William Frank Thompson,1919—1944)。汤普森在谈到哥哥时说:"对我哥哥来说,当他坚持要加入共产党的时候,就成了引起我们家爆发冲突的一个原因。哥哥打开了这条路,当我再照他那样做的时候,冲突就不那么激烈了。"②汤普森的哥哥弗兰克生于印度,1938年进入牛津大学学习。弗兰克看到,随着法西斯主义的阴云开始笼罩欧洲,为了守卫和平与自由,防御法西斯主义的进攻,欧洲各国共产党率先举起正义大旗,团结一切可以团结的力量,组成了反法西斯主义的"人民阵线"。然而英国政府对纳粹德国却处处采取绥靖政策,进一步助长了法西斯主义的嚣张气焰。1938年8月,第二次世界大战全面爆发。1939年,与许多青年学生一样,弗兰克积极加入了共产党。1939年9月1日,纳粹德国的战车开进了波兰。第二天弗兰克就暂停了学业,报名参军成为一名英勇的反法西斯主义战士。入伍后,弗兰克担任了军事情报官,负责英国军队和保加利亚游击队之间的情报联络工

---

① Edward J. Thompson, *Rise and Fulfilment of British Rule in India*, New York: Ams Pr Inc, 1934, p. 653.

② E. P. Thompson, "Interview With Thompson", in Henry Abelove, Besty Blackmar, et al., eds., *Visions of History*, New York: Pantheon Books, 1976, p. 11.

作。1944年夏，欧洲战事临近尾声，在执行作战任务时，弗兰克不幸被俘。被俘后，在接受审讯时，弗兰克声称已经做好了为自由而牺牲的准备，能够与保加利亚的爱国者们一同赴死，他感到无比自豪。在行刑时，弗兰克与他的战友们握拳敬军礼，一同慷慨就义。

弗兰克从父母那里遗传了强大的语言基因，很早就表现出了在语言学习上的天赋。而汤普森在这方面则表现得很一般，甚至对语言课程非常反感。弗兰克在他十一二岁时就能够熟练地运用希腊语和拉丁语写短诗，到23岁时，已经掌握了拉丁语、古希腊语和现代希腊语、法语、德语、意大利语、俄语、波兰语、塞尔维亚-克罗地亚语、保加利亚语以及少量的阿拉伯语。这种语言学习不仅仅是技术性的，对一种新语言的攻克，都伴随着对这个国家文学和历史的学习和理解。[①]

在受教育方面，弗兰克从小接受的是一种古典精英文化教育。长期接受这种内化于心、外化于形的精英教育，使得哥哥和他的一些要好的同学在汤普森面前常常显露出一种贵族式的傲慢和优越感，它在汤普森心里一直挥之不去。哥哥的优秀表现让弟弟汤普森一直都很羡慕和忌妒。多年以后，哥哥弗兰克的战友弗里曼·戴森（Freeman Dyson）在自己的一本书《激荡宇宙》（*Disturbing the Universe*）中这样回忆弗兰克："从他那里，我第一次对战争与和平的重大问题有了初步了解，这些问题将永远主宰我们的生活。听了他的讲述我明白了，只有通过诗歌才能够正确地把握这些宏大问题，对他来说，诗歌不仅仅是智力游戏，而

---

① E. P. Thompson, *Beyond the Frontier: The Politics of a Failed Mission, Bulgaria 1944*, London: Merlin Press, 1997, pp. 49-50.

且，诗歌从来都是人类从灵魂深处挖掘智慧潜力的最好方式。弗兰克的生活离不开诗歌，正如我的生活离不开数学一样。"①随着汤普森得到的关于哥哥的材料逐渐增多，心中那份顽固的忌妒最终彻底消融了，只剩下对哥哥才华与志向的敬仰，心中感到无比的骄傲和自豪。弗兰克加入共产党的时候，"身上汇集了理想主义、浪漫主义和强烈的反法西斯主义，把那一代人中最优秀的人推向了左派……共产主义对他的最大吸引力来自其信奉的普遍友善、关怀和同情的理想政治，以及对乌托邦式未来美好社会的信念，以此来对抗资本主义出现的明显颓势和法西斯主义的噩梦"②。

妻子多萝西在丈夫遗著《越过边境：失败的政治任务，保加利亚1944 年》的"序言"中对爱德华·汤普森与其哥哥弗兰克的兄弟情谊做了这样的描述："这不是一个兄弟的故事，而是两兄弟的故事。弗兰克在保加利亚的时候，爱德华在意大利，不久就参加了卡西诺战役。弗兰克在许多信中非常明确地讨论了政治问题，这些信都是他写给弟弟的。爱德华的生活，就像我们这一代的大多数人一样，生活在战争的记忆中，在某种意义上来说，是活在那些没有活下来的人的面前。他哥哥留下的遗产之一是对欧洲最深的承诺。从家庭遗传来说，他们与印第安人和中东人有血脉联系。他们出生时是半个美国人，但兄弟俩都觉得与欧洲大陆的人民有最亲密的关系。或许，他们与欧洲人民并肩作战的经历对于

---

① Freeman Dyson, *Disturbing the Universe*, London: Basic Books, 1981, p. 35.

② Peter J. Conradi, *A Very English Hero: The Making of Frank Thompson*, London: Bloomsbury Publishing, 2012, p. 123.

解决今天欧洲大陆正在分裂的问题仍会有所助益。"①

(三)汤普森受到的影响

汤普森终其一生都对文学与历史有浓厚的兴趣,他既是历史学家,也是诗人、小说家,写过大量诗歌,还写过小说。他既是一位学者,也是一位社会活动家,一生都在为自己的政治主张奔忙。可以肯定的是,这与父亲约翰·汤普森的言传身教有莫大的关系。而汤普森日后参加共产党并投身社会主义运动则与其哥哥弗兰克的影响分不开。"他的家庭及其所处的环境给予了他保持终生的同情心和兴趣。说汤普森的父亲和哥哥的人生与思想构成了《英国工人阶级的形成》这类著作的序章也并不为过。他们三人之间即使不能说全然一致,也存在着一种连续性。"②"兄弟二人共享着对人民阵线政策的信奉,对共产主义运动的忠诚。他们视共产主义运动为英国漫长的激进自由主义传统的产物,视人民阵线为复兴乐观自由主义的途径。这种乐观自由主义是约翰·汤普森早已失去的,而弗兰克和帕尔默则认为复兴它的方法是将激进化的自由主义和相信普通民众的力量能够决定历史进程的信念结合到一起。"③终其一生,汤普森都是沿着哥哥曾经走过的路不断前进。可以说,父亲约翰·汤普森和哥哥弗兰克深刻地影响了汤普森的人生道路。

---

① E. P. Thompson, *Beyond the Frontier: The Politics of a Failed Mission, Bulgaria 1944*, London: Merlin Press, 1997, p. 12.
② [新西兰]斯科特·汉密尔顿:《理论的危机:E. P. 汤普森、新左派和英国战后政治》,程祥钰译,3页,上海,上海人民出版社,2018。
③ 同上书,43页。

在战后"冷战"的大背景下，出于政治动机，一些西方资本主义国家的官方政界和学界出现了对"二战"时期共产党的抹黑和妖魔化风潮，他们认为凡是坚持共产主义就意味着一连串的阴谋，其基层组织的"细胞"成员已经渗入各种组织当中，共产党员弗兰克就这样戏剧性地从战时的反法西斯主义英雄变为共产党间谍分子。通过搜集大量的证据材料，汤普森力图澄清事实真相。在"二战"时，"共产党被视为抵抗法西斯主义的普遍组织者，它纪律严明，足以承受那种难以置信的残酷迫害，它还被视为与英国本土法西斯分子莫斯利的'黑杉军'进行正面交锋的主要组织者。当时，对共产主义的信奉是政治的和国际主义的。尽管英国共产党人，在《左派评论》杂志上有时也发表马克思主义言论，但他们的马克思主义资历随后遭到了情况复杂的正统马克思主义者的嘲笑。在弗兰克的信中，几乎没有提到马克思或马克思主义，并且其中不止一封略带讥讽语气。弗兰克·汤普森与共产党之间有组织关系，但是很弱，只持续了大约6个月。他是牛津大学分部的成员，也是牛津大学劳工俱乐部的成员"[1]。

1944年，在保加利亚展开的一次反法西斯主义军事行动中弗兰克被捕并最终英勇就义。"二战"后，汤普森与母亲把弗兰克生前留下的书信和诗文等资料进行了汇编整理，最终形成了一本论文集。这一论文集对他信奉的国际主义提供了令人感动的见证。在弗兰克写给家里的信件中，记录了他从岗位上连续被派驻到世界各地执行任务，包括利比亚、埃及、叙利亚、伊朗、西西里岛、保加利亚都留下他的足迹。这些信件

---

[1] E. P. Thompson, *Beyond the Frontier: The Politics of a Failed Mission, Bulgaria 1944*, London: Merlin Press, 1997, p.57.

不仅显示出与他的年龄不太相符的成熟和勇气，字里行间还处处散发着共产主义的达观精神和国际主义的慷慨气概。他被保加利亚法西斯主义者执行死刑时才刚刚 24 岁。哥哥的牺牲给汤普森留下始终难以抹去的痛苦记忆。对于汤普森来说，这是一段历史过往，同时又是令人难忘的真实存在。在 17 岁那一年，汤普森跟随他的哥哥加入了共产党，并且在 19 岁时参加了战争。我们能够肯定，要传承一个人的政治遗志并且能够终生矢志不移地坚持去做，一定是要经历过刻骨铭心的事件，同时也要具备非常强大的精神动力。弗兰克给弟弟汤普森写的信件承载了许多他们之间最为宝贵的回忆，它也是哥哥留下的最宝贵的精神遗产。汤普森在"二战"当中的这一段非凡经历，塑造了他的政治品格，确立了他的人生信条，支撑着他去达到生命本身的顶点。这是一项特殊的政治使命，为了更多的下层民众，为了他们的美好生活，也为了人类更光明的未来。

二、西方马克思主义的影响

西方马克思主义对英国学者的影响是从斯大林主义的退场开始的。造成这一结果的标志性事件发生在 1956 年 2 月，赫鲁晓夫在苏共召开二十大期间做了《关于个人崇拜及其后果》的秘密报告，批评斯大林滥用权力、破坏法制、鼓励个人崇拜、违背集体领导原则等错误。这一报告的极大影响立即震动了整个世界。英国学者们也受到极大震动。秘密报告的出炉，结束了苏联社会主义和斯大林主义在西方马克思主义者心目中的神话。在西方资本主义世界中，一股新鲜的革命力量——新左派开始出现并茁壮成长。英国新马克思主义就是其中一支具有代表性的知识分子队伍。在奈恩、安德森等人的努力下,欧洲大陆西方马克思主义理论家的著作被迅速译介到英国,并在英国新左派学者们的头脑中掀起了风暴。

西方马克思主义对英国新马克思主义者的影响是巨大的。霍尔对这种影响曾做过如此描述:"一系列令人困惑的理论剧变,表现为对一个接一个的大陆理论家的同化和熟悉。"[①]"在英国大学标准的学科配置中,并不是我们所需要的所有的模型和方法都能够找得到,因此,文化研究课程或文献构成上,必须部分地包含外部来源。越来越多地,人们在文化研究中所读到的书籍不仅包括从别人的书架上获取的,也包括从传统中提取出来的,而这些在英国知识分子的生活中却没有真正存在过。如果没有《新左派评论》在20世纪60年代末和70年代对欧洲作品开展的大规模翻译工程,文化研究就不会发生,也肯定不会在70年代存活下来。第二代新左派的这一计划是至关重要的,在当时与其他出版社一起,翻译了我们还无法阅读的书籍,第一时间给我们带来了翻译成英语的著作,包括法兰克福学派、本杰明及葛兰西的主要作品。如果没有那些学界内无人阅读的'多源性文本',文化研究就不能够发展成为一项工程:它无法存活,就它自身而言也不能成为一个学科领域。"[②]

在欧洲大陆西方马克思主义的众多人物当中,对英国新马克思主义影响最大的莫过于葛兰西和阿尔都塞。

---

① [美]丹尼斯·德沃金:《文化马克思主义在战后英国——历史学、新左派和文化研究的起源》,李凤丹译,193页,北京,人民出版社,2008。

② Stuart Hall, "The Emergence of Cultural Studies and the Crisis of the Humanities", in *October*, Vol. 53, 1990, p. 16.

(一)葛兰西对英国新马克思主义的影响

在 1957 年,葛兰西的部分著作首次被翻译成英语。20 世纪 60 年代初,奈恩在比萨高师开始接触葛兰西的著作,后来对其理论推崇备至。安德森受奈恩的影响,对葛兰西也是倍加喜爱。随后,安德森、奈恩、布莱克本等人便开始发掘欧洲大陆理论这一巨大宝藏。他们庆幸自己非常幸运地找到了这一宝藏,随后便毫不客气地统统搬运回英国。他们以"新左派书局"和《新左派评论》刊物为平台,开始了大量的翻译出版和评介工作。

20 世纪 60 年代至 70 年代,伯明翰当代文化研究中心以及《新左派评论》的编辑学者们大都受到了葛兰西思想的影响。安德森、奈恩、密里本德、汤普森、威廉斯、霍尔等人不同程度上都借鉴了葛兰西的文化霸权理论范式来搭建自己的理论框架。格温·威廉斯认为:"葛兰西的观点与英国新左派的观点存在很多一致性显然不是偶然巧合。正是因为战后的高度统一以及明显进入'霸权时代',才出现了'富裕社会'与新型'管理'方式。越来越多的英国社会主义者面对这种无望的前景,开始抛弃明显陷入困境的费边主义经验主义理论,并且试图在以现代术语重新解释他们那些历史久远的重要理论的过程中确立启蒙的地位。"[1]霍尔道出了他在阿尔都塞与葛兰西之间进行选择的过程:"我与阿尔都塞的思想做斗争,最终得以在葛兰西做了极大修正的马克思主义问题式框架中从事研究。"[2]

---

[1] G. Williams, "The Concept of 'Hegemonia' in the Thought of Antonio Gramsic: Some Notes on Interpretation", in *Journal of the History of Ideals*, Vol. 21, 1960, p. 596.

[2] [美]玛德琳·戴维斯:《英国新左派的马克思主义》,见张亮编:《英国新左派思想家》,29 页,南京,江苏人民出版社,2010。

在英国马克思主义历史学家普遍受到葛兰西思想影响的趋势下,汤普森也没能例外。面对发达资本主义世界时,葛兰西给英国历史学家带来了全新的观念和思考方式,令他们耳目一新。汤普森说:"受葛兰西霸权观念影响的马克思主义传统历史学家,也在以新的眼光考察统治阶级支配和控制的形式。在历史上很少有(只在很短时期内)统治阶级通过直接的军事力量或经济力量来行使权力。人们生活在一个结构与关系相对稳定的社会中,就像笼罩在头顶上的天空一样固定不变。"[1]汤普森承认自己也受到葛兰西的影响,用文化霸权来定义意识形态的控制与反控制,把这一概念作为一种有效的分析工具。"从文化霸权的术语来定义控制并非要放弃分析的尝试,而是为分析做好准备,要从哪些方面进行分析:权力和权威的形象,大众的服从心理。"[2]

(二)阿尔都塞对英国新马克思主义的影响

阿尔都塞的影响主要在20世纪60年代末至70年代初。在那个时代,阿尔都塞的理论和主张不仅席卷了整个欧洲,还席卷了包括拉丁美洲在内的世界各个角落。这与新左派运动在世界范围内的形势密切相关。随着社会主义运动进入低潮,阿尔都塞理论中所主张的社会的超稳定结构战胜了人的主观能动性。每一个人在历史发展过程中所扮演的角色只不过是可有可无的螺丝钉。在人类行为的背后,有一股不可阻挡的无形力量左右着社会发展的方向,主体在社会历史发展过程中形成了空

---

[1] E. P. Thompson, "Folklore, Anthropology, and Social History", in *Indian Historical Review*, Vol. 2, No. 2, 1978, p. 254.

[2] Ibid..

场，变得无足轻重。

布鲁斯特选择了阿尔都塞，他说："为了使马克思主义符合现实条件，我们需要一个全新的观念，阿尔都塞的著作指出了一条通往这种科学马克思主义的路径。"[1]由于受到阿尔都塞的影响，伯明翰当代文化研究中心的"研究路径被不可挽回地改变了。中心的理论家们既拒绝了汤普森将经验与意识形态对立起来的观点，也拒绝了威廉斯认为特定文化能被经验和意识形态双重推动，它是仅仅能从理论上被解决的关系的观点"[2]。

从20世纪60年代末到70年代，安德森的理论学术偶像由葛兰西转换成阿尔都塞，然后又被双双舍弃一旁。1964年，从安德森所写的《当代危机的起源》("Origins of the Present Crisis")中可以看出其受葛兰西的文化霸权理论的深刻影响。在1974年写成的《西方马克思主义探讨》一书中，安德森还对葛兰西赞赏有加："西方马克思主义故意闭口不谈那些历史唯物主义经典传统最核心的问题……葛兰西在这方面是唯一的例外，这象征着他的伟大，这使他不同于西方马克思主义传统中的所有其他人物。"[3]这时的安德森认为，葛兰西并不是一位单纯的理论家，而是一位理论与实践相结合的政治家。而在1976年的《安东尼奥·葛兰西的二律背反》一文中，安德森则对葛兰西进行了批判："葛兰西有时暗

---

[1] Ben Brewster, "Presentation of Althusser", in *New Left Review*, Vol. 41, 1967, p.14.

[2] ［美］丹尼斯·德沃金：《文化马克思主义在战后英国——历史学、新左派和文化研究的起源》，李凤丹译，203页，北京，人民出版社，2008。

[3] ［英］佩里·安德森：《西方马克思主义探讨》，高铦等译，60—61页，北京，人民出版社，1981。

示,承诺主要适合市民社会,而市民社会具有超越国家的首要性。就此而言,他能够接受如下结论:资产阶级的权力主要是共识性的。在这种形式中,霸权观念倾向于相信这样的观念:在西方,要么通过压制后者,要么通过使两者合二为一,资产阶级权力的统治模式——'文化'也是决定性模式。因此,它遗漏了暴力在最后关头所拥有的最终决定作用。"[1]安德森已经决心重新回到传统马克思主义的理论框架之中,不再滞留于单纯的文化批判,开始让位于整体结构性地对国家经济和政治的分析。国际主义的宽广视野所要求的社会批判必须是站在全球资本主义发展的大背景基础之上的。因此,执着于经验主义文化批判的英国新马克思主义,以及同样局限于文化和意识形态领域探讨并且已经完全哲学化转向的西方马克思主义,都被安德森拒之门外了:"葛兰西的整个工作重心始终集中在上层建筑的课题上,但不像西方马克思主义其他所有的理论家,他把文化领域上层建筑的自治和功效当作一个政治问题,并联系到同社会秩序存亡之间的关系,对这个问题作理论性阐明。阿尔都塞最后也放弃了方法的讨论,而着手实质性的分析,但只限于探讨上层建筑的问题。"[2]通过这里的论述,我们可以更明确地看到,安德森要求把研究重心从上层建筑重新转移到经济基础上来。葛兰西显然是轻松地跨越了这条红线,而阿尔都塞后来则被葛兰西的病毒感染,并且作为马

---

[1] Perry Anderson,"The Antinomics of Antonio Gramsci", in *New Left Review*, Vol. 100, 1976, p. 72.

[2] [英]佩里·安德森:《西方马克思主义探讨》,高铦等译,99页,北京,人民出版社,1981。

克思的门徒，却又接过斯宾诺莎的衣钵，再加上他那"女巫般的遁词秘语"①，令安德森再也无法容忍，他们被扫地出门就显得顺理成章了。虽然阿尔都塞"以抹杀现代工人运动的创新性以及削弱革命社会主义的使命为代价"，但是他"对历史中结构必然性的重度强调，与历史唯物主义的中心原则以及以往科学研究的实际经验更为契合"②。因而，阿尔都塞理论并没有被全盘否定，其结构主义方法未被剔除，最后还是被安德森完整地保留了下来。

英国新马克思主义绝大多数学者都从安德森等人的译介工作中获益，霍尔承认说："如果没有《新左派评论》在20世纪60年代末和70年代所开展的大规模的欧洲大陆作品的翻译工程，文化研究就不会发生。"③霍尔的无阶级理论，威廉斯的共同文化受马尔库塞等大陆理论家的影响较多。

在英国新马克思主义者中，并不是每个人都能适应这种外来理论的，汤普森、希尔就属于此类人物。虽然汤普森的理论中明显带有欧洲大陆理论的痕迹，比如说卢卡奇的阶级意识理论和葛兰西的文化霸权理论都对他产生过重要的影响。但总的来说，他对欧洲大陆理论是拒绝和排斥的。

汤普森拒绝了斯大林主义，却并没有拒绝马克思主义，他在积极寻求能与马克思主义理论相结合的革命形式，以实现对英国资本主义社会

---

① [英]佩里·安德森：《西方马克思主义探讨》，高铦等译，71页，北京，人民出版社，1981。

② Perry Anderson, *Arguments Within English Marxism*, London: Verso Books, 1980, p. 58.

③ S. Hall, "The Emergence of Cultural Studies and the Crisis of the Humanities", in *The Humanities as Social Technology*, Vol. 53, 1990, p. 16.

主义运动的正确指引。他说:"我并没有简单地在斯大林主义和一切共产主义机构和组织之间画等号;没有宣布一切共产主义运动都受到这种致命的影响和伤害,没有拒绝在政治上与那些必要的和清醒的共产主义运动结盟……没有混淆斯大林主义作为一种理论、一种特殊的形势和实践,与作为一种共产主义群众运动的历史和社会存在之间的界限。"[1]事实上,自从斯大林主义偶像被推倒后,汤普森就回到了英国本土的历史传统中,从中寻找自己想要的东西。在《新理性者》的创刊号上,汤普森与萨维尔共同写了期刊"社论",申明《新理性者》杂志未来的办刊方向,从中可以看到他们对本土文化的重视。"我们无意莽撞地与英国的马克思主义和社会主义传统决裂。相反,我们相信,这种源于威廉·莫里斯、汤姆·曼等人,在文化领域,后来又在《左派评论》《现代季刊》等杂志中得到表达的传统正是需要我们去发现和重申的。我们希望在这种传统和那些在这些传统之外成长起来的左派社会主义者之间搭建沟通的桥梁。"[2]同时,汤普森对英国共产党的做法极度失望,而对其忽视英国传统的做法则进行了严厉批判:"所有人都应该清楚的是,在我们的政治工作中,为道德原则而进行有意识的斗争,是我们与人民的政治关系的一个重要部分。英国人民并不理解也不愿意信任没有道德语言的怪物。"[3]英国共产党"日益强调对结论的任意选择,而不是历史唯物主义

---

[1] E. P. Thompson, *The Poverty of Theory and Other Essays*, London: Merlin Press, 1978, p. 190.

[2] John Saville, "Edward Thompson, Editorial", in *The New Reasoner*, No. 1, 1957, p. 1.

[3] E. P. Thompson, "Winter Wheat in Omsk", in *World News*, 30 June 1956, pp. 408-409.

方法：寻求在计划性的学说体系中做出'正确的阐述'，而不是寻求一次又一次地返回到社会现实中"[①]。汤普森的这种重视本土传统的做法与安德森、奈恩等人极力推崇外来理论的做法格格不入，由此导致了长期而又激烈的论战。这一论战既是经验主义与理性主义之争，也是民族主义与国际主义的对决。

经过仔细分析我们可以看出，汤普森之所以对安德森、奈恩等人的国际主义理路不断讽喻切责，主要是因为他们把西方马克思主义抽象理论，包括像科拉科夫斯基这样的虚假马克思主义理论奉若神明，不加辨别地直接拿来医治英国的病体。而汤普森则认为安德森等人苦心求来的药并不对英国的症，最有效的办法应是通过细心调理并激活自身的免疫功能，使其自行康复。

（三）汤普森对科拉科夫斯基的批判

1937年，霍克海默在《传统理论与批判理论》一书中提出了批判理论的概念。他认为，马克思著作的主线是批判，这从马克思许多重要著作的标题或副标题中都带有"批判"一词可以得知。因此，批判性是马克思主义理论的本质特征。纵观汤普森的学术生涯，批判和论战一直是他进行历史研究的主旋律，而且他一直反对建构宏大的理论体系。这些特征都与霍克海默反对的科学主义的传统理论对立，而与建立在人道主义认识论基础上的批判理论相一致。批判理论首先是一种立场，其次才是

[①] E. P. Thompson, "Reply to George Matthews", in *The Reasoner*, No. 1, 1956, p. 15.

一种特定的理论。汤普森在一次访谈中谈道:"我认为,(尽管这可能是培根主义传统的一部分),理论应当是批判和辩论。我非常相信提高对问题的理论意识,但我认为通过批判的方法来获得是最好的,马克思和恩格斯也是如此。我认为这些并不是马克思主义传统中最伟大的文本,但是如果你拿《费尔巴哈论》或者《反杜林论》来说,他们恰恰是作为批判发展起来的理论。马克思、恩格斯在各自的对应关系中把理论发展为批判。我们应该做得更多。"① 从这一段论述中我们能够看出汤普森理论的批判性源于他对马克思和恩格斯的批判理论的高度认可。在英国新马克思主义众多学者当中,汤普森可以算作最具批判性和争辩意识的一位学者。在众多的批判对象中,科拉科夫斯基是汤普森曾经重点批判过的理论家之一。

曾经有一段时间,科拉科夫斯基和汤普森走过了相似的人生道路。早年的科拉科夫斯基曾经也是一位坚定的马克思主义者,并且加入了波兰统一工人党。随着 1956 年波兰发生波兹南六月事件,波兰共和国在统一工人党领导下若干年来对苏联模式进行照搬照抄的恶果集中体现了出来。虽然事件最终得以平息,但社会矛盾却没有从根本上得到解决。随后发生的匈牙利十月事件,进一步暴露了苏联的大国沙文主义本质。赫鲁晓夫虽然批判了斯大林曾经的错误,但他仍然在犯着和斯大林同样的错误。通过观察和分析,科拉科夫斯基虽然对斯大林主义从最初的怀疑走向了最终的批判和否定,但是他却没有把握住批判的方向,把批判的矛头指向了马克思主义,斯大林及其继任者们所犯下的错误都被他与

---

① E. P. Thompson, "Interview With Thompson", in Henry Abelove, Besty Blackmar, et al., eds., *Visions of History*, New York: Pantheon Books, 1976, p. 19.

马克思主义画上了等号。他先后写了《什么是社会主义?》《牧师与小丑》等著作,并出版了一系列有关西方哲学史以及宗教意识、制度宗教等方面的书籍,展开对斯大林主义的全面批判,并向宗教靠拢转而走向对马克思主义的怀疑和背叛,与此同时,他还祭出了"人道主义马克思主义"的大旗。在波兰被开除党籍并且被剥夺在大学的教席后,科拉科夫斯基辗转在加拿大和美国的大学任教,1970 年则受聘为牛津大学万灵学院的高级研究员。此时的科拉科夫斯基已经与汤普森彻底分道扬镳,离开了马克思主义而拥抱了"北约主义",成为一个为资本主义制度的合理性摇旗呐喊的优秀辩士。1974 年,科拉科夫斯基针对汤普森的公开信进行了简短回应,写了《我对所有事物的正确看法》("My Correct Views on Everything: A Rejoinder to Edward Thompson's 'Open Letter to Leszek Kolakowski'")①一文发表在《社会主义年鉴》上。这篇文章被萨维尔和密里本德两位主编形容为"一篇悲剧性的文件",它几乎找不到与汤普森之间的共同基础。

在 1974 年科拉科夫斯基公开背叛马克思主义之前,以安德森、奈恩为代表的第二代英国新左派一直沉浸在对他的尊崇之中,视其为国际主义的马克思主义的杰出代表。虽然汤普森也承认曾经受到科拉科夫斯基人道主义观点的影响,但到 60 年代末,他已经从科拉科夫斯基频繁的出位动作中觉察出了背叛迹象。1973 年,汤普森发表了《致列泽克·科拉科夫斯基的一封公开信》,对于科拉科夫斯基要把马克思主义与西方

---

① Leszek Kolakowski, "My Correct Views on Everything", in *Socialist Register*, 1974, pp. 1-24.

主流意识形态相融合的倡导,给予了回击:"资本主义社会诸多体制培育出来的社会科学并不总是具有良好用心的野兽,也不是任何形式的马克思主义都能够轻易吸收的东西。"① 汤普森认为,马克思主义与西方资产阶级意识形态是水火不容的对立的两种意识形态。如果遵照科拉科夫斯基的做法,"以机会主义的方式对待这种斗争的最终结果就是成为马克思主义的变节者和资产阶级意识形态的俘虏。"②

在公开信中,汤普森全面阐释了他对马克思主义的理解。他主张,首先,马克思主义是分析和解决问题的方法和工具。其次,要坚守马克思主义的基本立场和观点,但不能把马克思主义中的某些具体结论神秘化和神圣化,不应该教条地去四处套用,而应该考察它的具体历史情境。最后,要坚持马克思主义就必须在发展中坚持,需要借鉴和吸收每个时代人类文明的优秀成果,但这并不意味着它可以和资产阶级意识形态混同一处。这也是科拉科夫斯基犯下的最大错误。

三、英国新马克思主义的孕育

英国新马克思主义是当代国外马克思主义思潮的一个重要构成部分。它因受英国悠久的经验论传统影响而更富有民族思想特征。在 20

---

① Edward Thompson, "An Open Letter to Leszek Kolakowski", in E. P. Thompson, *The Poverty of Theory*, New York: Monthly Review Press, 1978, p. 325.

② 张亮:《如何才能成为一个真正的马克思主义者?——汤普森"致列泽克·科拉克夫斯基的公开信"解读》,载《现代哲学》,2008(5)。

世纪初,号称"日不落"的大英帝国开始夕阳西下,步入了落日余晖的时代。主要表现在英国不但在政治经济上开始处于守势,文化上也由殖民开拓时期的积极输出变为被动输入。20世纪下半叶,欧洲大陆的各种马克思主义理论纷纷涌入英国,富有保守色彩的文化得到激发,其民族思想的内在活力被重新唤醒,在历史学、社会学、文学、美学、文化研究等领域涌现出一批杰出的马克思主义理论家。面对马克思主义这一更富有欧洲大陆文化特征的异域理论,英国马克思主义理论家成功地将之与英国历史现实、民族文化传统结合起来,在坚持马克思主义基本观点和方法论的同时又使之带有了鲜明的英国特征,形成了一面独特而又亮丽的旗帜。

(一)英国新马克思主义的形成及其特征

马克思在英国生活了长达三十五年,但其思想在英国的传播却很缓慢。在1880年之前,马克思主义始终没有产生重大影响,只有少数懂得德语和法语的人有所了解。英国最早出现的马克思主义组织是1869年成立的"土地和劳动同盟"。1881年出现了"民主联盟"(1884年改称"社会民主联盟"),1885年出现了"社会主义同盟"。马克思和恩格斯在世时其著作大都用德文和法文出版,英译本的著作只有《资本论》第一卷(1887年)、《共产党宣言》(1888年)、《关于自由贸易的演说》(1889年)、《社会主义从空想到科学的发展》(1892年)共4部。[①] 1888年,T.罗杰

---

① [苏联]列·阿·列文:《马克思恩格斯著作的发表和出版》,周维译,109—113页,北京,生活·读书·新知三联书店,1976。

斯发表了一本题为《历史的经济解释》的英国经济史著作，从经济背景理解重大的历史事件，不能排除其受到了马克思观点的影响。1893 年，基尔·哈迪等人成立了独立工党。1900 年，独立工党、费边社、社会民主联盟和工会组织联系成立工党。同年，乔治·安文写了一篇题为《价值哲学》的论文，显示出他对马克思思想的关注。1911 年，英国社会主义党成立。1920 年，英国共产党的成立极大促进了马克思主义在英国的传播。但马克思主义得以广泛传播是在 20 世纪 30 年代。这一时期，左派运动开始走向兴盛，大批知识分子加入英共，其中包括诗人奥登、刘易斯，文学评论家考德威尔。1934 年，波斯坦撰写了《卡尔·马克思：一位民主主义者？》一文，表达了他对马克思的一种理解。1936 年，高兰斯成立了左派读书会。最重要的是，英国这一时期出现了一些马克思主义理论家，马克思主义的相关著作也相继问世。这些著作包括考德威尔的《幻相与现实》(*Illusion and Reality*，1937)、多布的《政治经济学与资本主义》(*Political Economy and Capitalism*，1937)、莫尔顿的《人民的英国史》(*A People's History of England*，1938)、贝尔纳的《科学的社会功能》(*The Social Function of Science*，1939)。"二战"的硝烟刚刚散去，1946 年，英国共产党马克思主义历史学家小组在伦敦宣告成立。这是英国新马克思主义历史学派形成的重要标志。此后，大批马克思主义学者开始涌现，除了 30 年代就活跃于学界的托尔、多布、莫尔顿、希尔之外，还出现了汤普森、霍布斯鲍姆、多萝西、希尔顿、基尔南、哈里森、塞缪尔、鲁德等一大批青年学者。这批学者以历史学家居多，他们成为英国马克思主义的中坚力量。大致在《共产党宣言》发表一个世纪以后，在英国才出现了由公认的英国马克思主义史学家所写的，显示出一种"马克思主义方法"的英国历史。

从20世纪30年代到40年代，英国年轻的历史学家们逐渐成熟，经过寻觅和甄选，他们最终选择了马克思主义，并与之结下了半世之缘。这种对马克思主义的信仰持久而深刻地影响着他们后半生的事业和追求。当其他史学家都把目光投向那些所谓的社会精英和成功者时，英国马克思主义史学家却在被历史遗忘的角落里发现了成批的被压迫者和被剥夺者。这些人不仅是历史的参与者，而且是历史的真正创造者。马克思主义历史学家觉得有责任为这些下层民众伸张正义，恢复他们应有的历史主体地位，还原历史的本来面目。于是，平等分子、起义的农民、早期的造反者、贫苦的工匠以及革命者们分别在希尔、希尔顿、霍布斯鲍姆、汤普森和威廉斯等人的笔下鲜活起来，恢复了人的禀性及作为历史主体的尊严。

马克思主义对英国马克思主义者的影响是深刻的。"马克思主义让他们留意在一连串的事件中寻找结构，在一个特定的社会中探索经济、社会组织、政治、宗教和艺术的相互关系，理论和马克思本人的所作所为鼓舞着他们大胆进行一个宏大的计划。马克思主义理论对于大多数马克思主义史学家来说，也是一种自觉的、现实的参考。"[1]霍布斯鲍姆曾说他的研究方法受到马克思的著作及其思想的巨大影响，尤其是从马克思那里认识到历史是理解世界的工具，而历史研究可以依据结构与模

---

[1] [美]哈罗德·T.帕克：《英国》，见[美]伊格尔斯主编：《历史研究国际手册》，陈海宏等译，263页，北京，华夏出版社，1989。

式,从总体上观察与分析人类社会长期演变的过程。① 汤普森也总结说他的学术活动离不开马克思主义的影响,"我的理论语汇相当大的一部分来自这一传统"②。由此可知,19世纪30年代后马克思主义在英国的广泛传播成为英国马克思主义兴起的直接原因,它为汤普森等一大批马克思主义者奠定了学术研究的基础,成为他们进行历史研究最重要的指导原则和研究方法。

霍尔的一段论述可以看作是英国马克思主义与经典马克思主义之间关系的精彩总结:在马克思主义周围进行研究,研究马克思主义,反对马克思主义,用马克思主义进行研究,试图进行发展马克思主义的研究。

英国新马克思主义虽然人物众多,思想庞杂,但有许多共同的特征,属于一个大的学术群体。在这个群体当中,还有一些小的学术团队,或者说是学术流派。英国新马克思主义主要是指20世纪下半叶的英国马克思主义。根据乔瑞金的说法,"英国马克思主义经历了三个发展阶段,即早期的科学理性主义、中期的历史主义和20世纪下半叶的新马克思主义"③。目前,国内大多学者没有对此进行认真界定,在研究中只是笼统地称其为"英国马克思主义",而其研究内容则主要指向20世纪下半叶的英国马克思主义,即乔瑞金所说的"英国新马克思

---

① [英]艾瑞克·霍布斯鲍姆、[意]安东尼奥·波立陶:《霍布斯鲍姆:新千年访谈录》,殷雄、田培义译,7—8页,北京,新华出版社,2001。

② 刘为:《有立必有破——访英国著名史学家E. P. 汤普森》,载《史学理论研究》,1992(3)。

③ 乔瑞金:《论英国新马克思主义的思想特征》,载《理论探索》,2006(4)。

主义"。

英国马克思主义从20世纪50年代开始进入了快速成长期，60年代到70年代，一场声势浩大的激进文化运动席卷了西方主要资本主义国家，这就是新左派运动。英国马克思主义作为一种新的马克思主义思潮伴随新左派运动的兴起迅速走向繁荣和兴盛；70年代末，英国马克思主义已经成为群星璀璨、学派林立的学术群体，开始在西方资本主义世界的马克思主义研究中扮演重要角色。这一群体大概可分为英国新马克思主义历史学派、结构主义的马克思主义学派、文化的马克思主义学派、分析的马克思主义学派、生态马克思主义学派等（以下均简称为历史学派、结构主义学派、文化学派、分析学派和生态学派等）。这些学派的研究领域横跨历史、政治、文学、美学、哲学、经济、社会学等学科。

英国新马克思主义"是在苏东社会主义国家趋于解体和资本主义加速经济全球化进程的背景下出现的，因而，它更关注的是发达资本主义国家如何走向社会主义和如何应对全球资本主义在全球的扩张"[1]。它"在有力地影响了当代欧美马克思主义理论发展的走向及其图景的同时，创造出一种特征鲜明、充满活力、堪与德法传统并肩的英国马克思主义理论传统"[2]。"20世纪50年代末以来形成的英国马克思主义，尽管不断转换其研究视角和研究主题，在思想方面也出现诸多差异，但在产生的时代背景、指导思想、研究范式以及目的诉求等方面，基本上具有内

---

[1] 段忠桥：《20世纪70年代以来英美的马克思主义研究》，载《中国社会科学》，2005(5)。

[2] 张亮：《英国马克思主义理论传统的兴起》，载《国外理论动态》，2006(7)。

在的一致性，存在一些明显可辨的历史传承和内在特质。"①这一学术群体虽然纷繁庞杂，但从总体上看仍具有家族相似性，与19世纪的经典马克思主义、20世纪制度性马克思主义以及欧洲大陆西方马克思主义相异，显现出其独特的学术气质和思想特点。

英国的哲学传统与热衷于构建形而上学大体系的欧洲大陆哲学不同，英国哲学家并不是宏大的体系构造者。② 英国哲学向来都"遵循着科学的经验研究方法，它以零碎的方式来处理大量细小的问题，当它确要提出某些一般性的原则时，它总要将它们验之于直接的经验证据"③。英国的经验主义传统在一定程度上与马克思主义的唯物主义本质是相契合的。马克思和恩格斯在《德意志意识形态》中指出："经验的观察在任何情况下都应当根据经验来揭示社会结构和政治结构同生产的联系，而不应当带有任何神秘和思辨的色彩。社会结构和国家总是从一定的个人的生活过程中产生的。但是，这里所说的个人不是他们自己或别人想象中的那种个人，而是现实中的个人，也就是说，这些个人是从事活动的，进行物质生产的，因而是在一定的物质的、不受他们任意支配的界限、前提和条件下活动着的。"④

英国新马克思主义具有很强的民族或地域特性。许多马克思主义者都是历史学家或文化理论家，他们的研究对象大多集中于本国特定时期

---

① 乔瑞金：《我们为什么需要研究英国的新马克思主义？》，载《马克思主义与现实》，2011(6)。
② [英]索利：《英国哲学史》，段德智译，304页，济南，山东人民出版社，1992。
③ 彭越、陈立胜：《西方哲学初步》，198页，广州，广东人民出版社，1999。
④ 《马克思恩格斯选集》第1卷，71—72页，北京，人民出版社，1995。

的历史和文化，在研究路径上具有明显的经验主义特征，与欧洲大陆马克思主义研究的理性主义倾向形成了鲜明对比。这一特征在历史学派和文化学派身上表现得尤为明显。

汤普森所代表的历史学派是当代西方一支重要学术流派。他们对历史尤其是英国历史主要采用经验主义方法进行了深入细致的研究，取得了诸多成果。历史学派形成于"二战"后，兴盛于 20 世纪六七十年代，随着一批重要的代表人物相继离世，加上 20 世纪末社会主义运动遭遇了前所未有的困难和挫折，80 年代后该学派日趋衰落，逐渐淡出历史舞台。但由于该学派拥有一批具有重要影响的学术成果，并提出了许多新颖独到的理论见解，从而与法国年鉴学派、美国社会科学历史学派并称为 20 世纪世界三大历史学派。

20 世纪二三十年代，英国出现了最早的一批以马克思主义为指导的历史学家。1938 年，莫尔顿出版了第一部用马克思主义观点写成的《英国的人民史》。1946 年，多布发表了《资本主义发展研究》。这两本书是早期英国马克思主义历史学派的代表作。1946 年，英国共产党马克思主义历史学家小组成立，其理论刊物是《近代季刊》。1952 年又创办了刊物《过去与现在》。英国共产党马克思主义历史学家小组的成立和《过去与现在》杂志的创刊促成了历史学派的形成。一大批深受马克思主义影响的历史学家经常聚集在一起进行学术讨论，形成了一个学术群体。这一群体人物众多，除了汤普森以外，还包括唐娜·托尔、莫里斯·多布、莫尔顿、罗德尼·希尔顿、克里斯托弗·希尔、艾瑞克·霍布斯鲍姆、雷蒙·威廉斯、约翰·萨维尔、拉斐尔·塞缪尔、多萝西·汤普森、维克多·基尔南、拉尔夫·密里本德、乔治·鲁德、约翰·莫里斯、布赖恩·哈里森、加雷思·斯特德曼·琼斯等人。

1956年是历史学派发展的重要转折点。之后，历史学派对苏联教条式的马克思主义进行了全面批判，对传统马克思主义进行了反思，并对英国历史进行了深入研究和再认识，产生了一大批优秀的研究成果。一个重大的转变就是，这些成果不再为传统马克思主义的既成结论注解和论证，而是把马克思主义作为一种科学的分析方法，用其进行历史研究。至20世纪70年代，英国新马克思主义历史学派已经成为具有世界影响的学术流派。

20世纪80年代以来，英国新马克思主义历史学派日趋式微。虽然还有像霍布斯鲍姆、塞缪尔这样的历史学家写出了一些有影响的历史论著，如霍布斯鲍姆的《民族与民族主义》(1990)、《极端的年代》(1994)和《论历史》(1997)，塞缪尔的《记忆的戏台》(1994)。但从整体上看，历史学派已辉煌不再。导致这一结果有两方面的原因：一方面，从内部因素看，多布、威廉斯、汤普森、密里本德等老一代历史学家相继辞世，其余几位也都年逾古稀，渐渐淡出学界，而新一代历史学家却没有成长起来，出现了青黄不接的状况；另一方面，从外部环境讲，20世纪80年代以来，尤其是苏东剧变后，国际共产主义运动走向低潮，马克思主义思潮的传播和发展也陷入困顿。

帕克认为，英国史学"以经验主义为基础，是一门强大的社会科学和日益强大的马克思主义的综合思想"[1]。他选出了英国五位最重要的

---

[1] ［美］哈罗德·T. 帕克：《英国》，见［美］伊格尔斯主编：《历史研究国际手册》，陈海宏等译，267页，北京，华夏出版社，1989。

马克思主义历史学家，分别是：汤普森、希尔、希尔顿、霍布斯鲍姆和威廉斯。他们都受过良好的专业的高等教育，"他们以英国经验主义的风格，在以学术史学而知名的英国经验主义的特殊范围内工作着"。"他们是在这样的实践中被培养起来的：认真地阅读历史事件，对文献进行批判研究……他们得到了具体的事实真相，使每个名词、动词、形容词、副词、介词受到与已发生的事实相符合的经验主义的检验。"总之，他们的学术研究表现出明显的共同特征："他们在自己的著作中，总是不断地参照具体的历史经验。""把历史看作各个时代的一系列有联系的事件和因素。"[1]张亮认为，英国马克思主义，特别是历史学派，"秉承英国的经验论哲学传统，注重运用唯物史观研究具体的历史问题与现实问题，拒绝抽象的理论建构，从而使英国的马克思主义者对体系化的苏联马克思主义的教条主义产生了免疫力"[2]。因此，在经验主义的影响之下，历史学派的学者一般都强调英国自身所具有的特殊性，拒绝欧洲大陆理论的普遍适用性，反对把它强加于英国人的独特性之上。乔瑞金在《马克思思想研究的新话语——技术与文化批判的英国新马克思主义》一书中也指出了历史学派的这一特征。汤普森是历史学派代表人物，他的研究"表现出强烈的经验主义色彩，多采用归纳和实证方法，很少用理论去判断或解释历史事实"[3]。历史学派重视历史材料的归纳搜集，

---

[1] [美]哈罗德·T.帕克：《英国》，见[美]伊格尔斯主编：《历史研究国际手册》，陈海宏等译，262页，北京，华夏出版社，1989。

[2] 张亮：《英国马克思主义理论传统的兴起》，载《国外理论动态》，2006(7)。

[3] 乔瑞金：《马克思思想研究的新话语——技术与文化批判的英国新马克思主义》，85页，太原，书海出版社，2005。

以历史事实为基础进行分析和判断。

历史学派坚持"从下看"的研究视角，关注的重点是历史中下层民众零碎的日常生活，试图在这些物质生产活动为基础的日常生活中，去发现推动历史前进的力量。这种研究视角区别于传统的只写帝王将相和英雄精英的历史。在那种历史中，人民只是统治者手中的道具，是历史舞台下的观众。而历史学派则把人民从台下请到台上，在他们笔下还原了真实的历史，人民成为历史的真正创造者。历史学派的历史学家进行了大量的创作，推出了一系列的研究成果。其中包括：莫尔顿的《民主与劳工运动》《英国的人民史》；希尔的《革命世纪》，其中重点描述了人民大众的文化活动及清教运动；希尔顿的《中世纪晚期的英国农民》；霍布斯鲍姆的《原始的叛乱》，其中描述了欧洲社会的一些底层大众对资本主义社会的反叛；汤普森的《英国工人阶级的形成》，它是英国工人阶级的诞生日志。这些著作想要证明的是：历史是通过劳动者粗糙的大手创造的，而不是由贵族纤细的手推动的。这既是经验主义方法路径，同时也是马克思主义唯物史观的基本观点，即人民群众是真正的历史创造者。这些著作正是对群众史观和人民立场的坚持。

文化学派与历史学派血脉相连，比如汤普森和威廉斯都是历史学派的中坚力量，但又是文化学派的奠基人物。两个学派都受传统经验主义的巨大影响，研究理念和方法具有很大的相似性。只不过历史学派注重挖掘历史材料，而文化学派则倾向于当代文化批判。1964年，"伯明翰大学当代文化研究中心"成立，它是文化学派形成的标志性事件。德沃金认为："文化研究者承袭了威廉斯、汤普森和霍加特的传统，'听取'并重新创造了文化消费者和生产者活生生的经验，尤其是被压迫团体的经验。"①乔瑞金指出,文化学派"特别突出了大众文化作为本真文化的存在,即认为处在最底层的工人阶级的文化是当代文化的本质表现"②。在对普通大众琐碎细微的日常生活研究中,表现出文化学派对普罗大众的关怀。威廉斯是用日常经验来建构共同文化的;通过工人阶级的日常经验生活,汤普森试图从共同经历中寻找共同意识;霍尔坚持了工人阶级文化的有机整体性与合法性。陆道夫对文化学派的特征进行了总结:"英国伯明翰学派从诞生之日起就一直关注平民阶层的日常生活和普通大众的审美趣味,强调文化在社会生活中的独特地位和功能,倡导与现代大众传媒密切相关、与精英文化截然相异的大众文化,批判资本主义主流意识形态的压迫性、虚伪性和欺骗性,抵抗并规避占统治地位的官方意识形态的权力运作,弘扬并建构少数者话语的大众文化文本和阅听人受众主体。"③

即使受到欧洲大陆理论观念,尤其是阿尔都塞结构主义观念的影响,以安德森为代表的英国新马克思主义结构主义学派,在宏大理论视域中,仍然表现出明显的经验主义影响的痕迹,这是由于它是在英国经验主义的传统中成长起来的。张亮对此进行了深刻分析。他认为,在安德森的引领下,《新左派评论》表现出激进的政治倾向,同时也表现出经验主义的方法论倾向。除了结构主义的分析方法外,他们也注重"在具

---

① [美]丹尼斯·德沃金:《文化马克思主义在战后的英国》,李凤丹译,203 页,北京,人民出版社,2008。
② 乔瑞金:《论英国新马克思主义的思想特征》,载《理论探索》,2006(6)。
③ 陆道夫:《英国伯明翰学派文化研究特质论》,载《学术论坛》,2003(6)。

体的文化传统和意识形态情境中对政党、政局的现状、未来进行微观分析"①。

英国新马克思主义是一种综合性社会批判思潮。它以社会主义政治信仰为基点，以技术与文化批判为导向，在马克思历史唯物主义科学方法的基础上，结合人道主义、科学分析主义、理性主义和结构主义等多种方法，其中最突出的是其先天带有经验主义的遗传基因，在理论及实践层面，多方位对现代发达资本主义社会，尤其是对英国这一老牌发达资本主义国家进行批判，以实现进入社会主义和共产主义的目标和理想。在这种社会批判中，以及对马克思主义思想的理解中，它时常带有经验情结，尽管经验主义对唯心主义具有先天的免疫力，但不可否认，对理论的轻视甚至刻意排斥都妨碍它形成具有严密逻辑和完整结构的理论体系，在某种程度上影响了英国新马克思主义的传播和发展。

1976年3月，汤普森在接受《激进历史评论》(*Radical History Review*)杂志采访时说："我对档案很着迷。除了这个原因，我想还离不开一些人的帮助，尤其是唐娜·托尔给予的批评性意见，以及我参与的共产党历史学家小组经常性的理论探讨，都使我成了一名历史学家。与其他社会主义者的正式或非正式的交流对我帮助很大，甚至超过了我在剑桥大学的学习收获。我们不应该完全依赖于制度，无论它多么仁慈，但我们应该维持一个讨论历史、探讨理论、相互批评的群体。能够给予和

---

① [英]佩里·安德森、帕屈克·卡米勒：《西方左派图绘》，张亮、吴勇立译，331页，南京，江苏人民出版社，2002。

接受尖锐批评的原则非常重要。"①前面已经提到过,汤普森最早接触马克思主义是通过阅读克里斯托弗·希尔的著作《英国革命1640》,当时的汤普森还是一名16岁的在校学生。当时因为要写一篇分析英国历史的论文,汤普森又大量地查阅了一些马克思主义经典作家的著作。可以说,汤普森的学术成长之路离不开同时代的这些英国新马克思主义群体的影响,尤其是马克思主义历史学家们的提携和帮助,使得他在历史研究和马克思主义理论修养的提高上都受益良多,并且做到了二者的完美融合。

作为英国新马克思主义思想家群体当中的核心成员,汤普森与这一群体之间长期具有密切的联系和交往。在学术发展的道路上,他们不可避免地产生相互批判、相互借鉴和相互影响,最后会出现理论和思想面貌的相似性,形成了能够区别于其他学派的一些共同的理论特征。"英国新马克思主义的各种学术观点和思维范式,形成了尖锐的内部冲突和相互批判,从而推进了自身学术传统的形成和发展,提高了思想的解释能力,凝集了学术队伍,扩大了影响,形成了英国特色。"②因此,英国学者戴维斯认为,在英国产生的这种新左派的马克思主义是一种"独立的"马克思主义或"新马克思主义"③。

(二)英国新马克思主义对汤普森思想形成的影响

汤普森的思想与英国新马克思主义群体密不可分,他们之间相互作

---

① E. P. Thompson, "Interview With Thompson", in Henry Abelove, Besty Blackmar, et al., eds., *Visions of History*, New York: Pantheon Books, 1976, p. 13.
② 乔瑞金:《英国的新马克思主义》,2页,北京,人民出版社,2012。
③ [英]玛德琳·戴维斯:《英国新左派的马克思主义》,见张亮编:《英国新左派思想家》,9页,南京,江苏人民出版社,2010。

用，相互成就。汤普森的思想在英国新马克思主义群体当中孕育成长，同时，英国新马克思主义群体成员也在汤普森的影响下发展进步。尽管有时候他们内部也矛盾重重，甚至出现激烈的争辩和交锋，但这并没有影响他们彼此之间相互借鉴，相互吸收，共同发展，共同壮大。

汤普森受英国传统思想的影响非常大，莫里斯和布莱克是汤普森曾经长期研究的两位英国思想家，并形成了两本重要著作：《威廉·莫里斯：从浪漫主义到革命》和《见证野兽：威廉·布莱克和道德律令》。在被问起哪些思想家是他思想和理论的来源时，汤普森回答说："维科、马克思、布莱克、莫里斯，最后两位显示了我多么具有英国性。"①

在思想成长初期，汤普森就开始受到英国新马克思主义一些前辈人物的影响。汤普森曾经这样描述这种影响："在学校里影响我的两个人是克里斯托弗·希尔和克里斯托弗·考德威尔。希尔刚刚完成了他对英国内战的第一幅素描，他是一个比大多数人所认识到的要强大得多的理论实践者。希尔重建了整个英国的历史意识领域。他似乎一直在那里，其实他并没有。我最近一两年一直在重读考德威尔的作品。现在看来他几乎90%的作品都可以扔掉了，但剩下的10%是了不起的、非凡的。他预测了对语言学和意识形态的思考方式，这些可能比我们现在所处的位置还要超前。他的文学评论糟透了，但在这种批判中，也有一种文化批判，一种对意识形态过程逻辑的理解，深深地影响了我。"②

英国新马克思主义研究的著名学者哈维·凯伊在谈到汤普森与其他

---

① E. P. Thompson, "Interview With Thompson", in Henry Abelove, Besty Blackmar, et al., eds., *Visions of History*, New York: Pantheon Books, 1976, p.18.
② Ibid., p.19.

英国马克思主义历史学家的关系时曾这样说："把汤普森的著作从其他英国马克思主义历史学家当中区别出来进行讨论已经成为一种可理解的趋势。但我认为，他的著作必须放置于他们的历史和理论传统中，或正如他曾经提到过的'集体'当中去。在他更多的理论著作中，他所经常做的就是清晰地表达作为一个理论传统的英国马克思主义历史学家的思想，这样去说丝毫不会磨灭他的功绩。"[1]

作为英国新马克思主义中的一位元老级人物，霍布斯鲍姆则更有发言权，他的研究工作曾经极大地受益于这个学术团队。在谈到他与英国新马克思主义团队之间的关系时，他说："个人和集体的各方面不能被分割，因为1946—1956年的历史学家小组在英国编年史中是少见的，可能是一种独特的现象，是一种真正的合作团队，其成员通过持续的交流发展了高度个人化的研究。这不是围绕某一个有影响的老师或一本书而建立的学派。甚至那些在该团体中最受尊敬的人也不会自己声称是权威，而且也不会被别人去这么看待。"[2]

汤普森与英国新马克思主义之间有着千丝万缕的联系，他的思想是在这一思想群体中孕育和发展起来的，因此，汤普森与这一群体的思想具有家族相似性。格雷戈·麦克伦南曾这样评价汤普森与英国新马克思主义之间的关系："这里要着重强调的是（正如爱德华·汤普森本人所坚

---

[1] Harvey J. Kaye, *The British Marxist Historians: An Introductory Analysis*, Oxford: Polity Press, 1984, p. 168.

[2] Eric Hobsbawm, "The Historians' Group of the Communist Party", in Maurice Cornforth, ed., *Rebels and Their Causes: Essays in Honour of A. L. Morton*, London: Lawrence & Wishart, 1978, p. 43.

持的那样),他的作品构成了一种非正式的社会主义历史学家集体的一部分,每个贡献者都意识到自己的作品是对他人作品的补充。"① 在英国新马克思主义众多学派当中,汤普森与历史学派和文化学派关系最为密切,他的学术研究在一定程度上左右了这两个学派的发展方向,这两个学派也为汤普森思想的发展提供了生长的空间。汤普森与英国新马克思主义其他学派之间同样存在着频繁的学术交流,包括激烈的学术争论。在这种学术互动和相互影响过程中,汤普森与英国新马克思主义思想群体的思想都得到了发展。

(三)汤普森对英国新马克思主义的影响

汤普森可以算得上是英国新马克思主义群体当中的领军人物,其思想影响是世界性的。除了影响世界,对于英国本土,尤其对于英国新马克思主义群体,汤普森的影响则是深远的。

1963年,汤普森的代表作《英国工人阶级的形成》问世,书中对1790年到1832年英国下层劳工群体的生活画面进行了细致描绘。该书的中心思想只有一个:英国工人阶级继承了先辈自由激进的优良传统,具有非凡的能动性和创造力,他们有能力自我形成,也有能力自我解放并创造历史。就如同一石激起了千层浪,它的横空出世使汤普森几十年来牢牢占据了英国新马克思主义群体学术争论的中心位置。

《英国工人阶级的形成》出版后在英国学界引起轰动。历史学派、文

---

① Richard Johnson, Gregor McLennan, et al., eds., *Making Histories: Studies in History-Writing and Politics*, London and New York: Routledge, 2007, p. 96.

化学派，甚至许多非马克思主义学派的学术研究都不同程度地受到它的影响。丹尼斯·德沃金给予了这样的评价："（英国的文化研究）继承了英国马克思主义历史学家的既定传统，是在其框架内发展起来的，并且受益良多。在60年代末至70年代，汤普森的著作《英国工人阶级的形成》绝对是任何社会主义史学讨论的出发点。很少有哪本学术著作能够这样主导激进知识分子的意识和思想，并把作者推到如此核心的地位。它从整体上界定了激进史学的场域，并对社会主义思想和实践产生了重大影响。R. H. 托尼曾指出，马克思之后的经济史都是后马克思主义的，这意味着历史学家无论是支持或反对他的观点，都是在步其后尘。同样，60年代末到70年代英国的社会主义史学可以看作是后汤普森或后《英国工人阶级的形成》之史学。"①

艾伦·道利评论说："《英国工人阶级的形成》与整整一代激进学者的希望产生了共鸣，他们希望普通人可以创造自己的历史，而富有同情心的历史学家可以书写历史。"②萨维尔、希尔、霍布斯鲍姆、希尔顿等老一代英国新马克思主义学者都对《英国工人阶级的形成》给予了积极评价，并都或多或少受到影响。

如果说汤普森对老一代英国新马克思主义者的影响多局限于引导讨论主题、研究方向上的变化，那么对年轻一代马克思主义学者的影响则更多地体现在观念、范畴、方法等方面。1966年由塞缪尔等人组织领导的历史工坊运动就是一个恰当的例子。历史工坊以拉斯金学院作为基

---

① Dennis Dworkin, *Cultural Marxism in Postwar Britain: History, the New Left and the Origins of Cultural Studies*, Durham: Duke University Press, 1997, p. 182.

② Ibid., p. 183.

地，征召了一些历史学家和许多工人学生共同组成了这一非正式的学术团体，并于1976年创办了自己的刊物《历史工坊》。这些工人学生们从汤普森那儿借鉴了道德、意识、经验等范畴，用经验主义的归纳求证方法，在历史碎片中仔细探寻，试图证明下层劳苦大众作为历史创造者的身份和应有的地位。因此，塞缪尔断言，历史工坊的这种变化受到了像汤普森这样的英国老一辈马克思主义历史学家的影响。而《历史工坊》编委会更是把功劳记在汤普森身上。他们认为，社会历史学能有今天这样的繁荣景象，汤普森的《英国工人阶级的形成》厥功至伟。

对于历史工坊的每个学者来说，"他们运用可见的和有形的证据来表达现场的真实感，通过照片、传单、广告、日记来研究某人的家，并运用事情记录、家庭书信、愿望和行为。个人回忆录也在历史工坊的方法论全部或部分中具有特殊地位"①。他们在社会的最底层不断地寻觅，找回那些不经意间就会落入历史烟尘的一段段过往的平凡生活。在普通民众的生产生活中到处散落着特别的价值观念、道德情感和文化习俗。这种潜入社会深处的底层调查常常被躲在书斋里的理论家轻看甚至嘲笑。但历史工坊的学者们坚信，这些烦琐细微的工作是历史研究的开端，如果缺乏大量据实的微观考察作为事实基础，历史学所建立起来的雄伟大厦很可能只是空中楼阁。

但当历史工坊的青年学者们沿着汤普森的路径继续往下走的时候，却不知不觉地进入了幽谷深处。他们把汤普森的方法"运用到似乎越来

---

① [美]丹尼斯·德沃金：《文化马克思主义在战后的英国》，李凤丹译，259页，北京，人民出版社，2008。

越小的地理和社会空间之中：牛津郡农村或者达勒姆矿工生活的历史学解释，北部威尔士采石工的故事，或者对 19 世纪在乡村工作的女孩的分析，对铁路工人或者矿工行话的探讨，对 20 世纪转向时期在伦敦东区一条街上的犹太移民的长期研究"①。历史工坊的这些青年学者们以实际行动实践着汤普森的经验的自由主义历史研究路径，但与汤普森相比，研究的视野范围却狭小了许多，出现了社会历史宏观整体背景的缺失。汤普森肯定了历史工坊在历史书写方面的成绩，但也对他们的工作方法心存隐忧。汤普森指出："历史工坊对民众历史研究的琐细化导致其放弃了经济历史与政治历史研究的'整块区域'。"②

总之，汤普森的历史理论，尤其是《英国工人阶级的形成》这一著作对英国新马克思主义的发展产生了重要影响，在某种程度上划定了这一学术群体的话语范围，并左右了它的学术发展方向。

(四)英国新马克思主义的内部争论

欧洲大陆的西方马克思主义大部分思想家的理论都能自成体系，表现出极强的独立性。而英国新马克思主义学者们的思想和理论则更多地需要与其他同事的成果相互搭配，从整体上实现交相辉映。王尔勃在《从威廉斯到默多克：交锋中推进的英国文化研究》一文中指出，在英国马克思主义文化学派内部既有对立，也有"合题"。例如，利维斯同威廉

---

① [美]丹尼斯·德沃金：《文化马克思主义在战后的英国》，李凤丹译，258 页，北京，人民出版社，2008。

② E.P. Thompson, "Recovering the Libertarian Tradition", in *The Leveller*, Vol. 22, 1979, p. 22.

斯的"精英-大众"对立、威廉斯同伊格尔顿的"文化-意识形态"对立；霍尔同默多克的"文化霸权-经济政治"对立。在对立中同时也存在着文化主义与结构主义、"文化研究"与传播政治经济学研究的"合题"。[①] 法国史学界宗师、年鉴学派的创始人马克·布洛赫指出："唯有总体的历史，才是真历史，而只有通过众人的协作，才能接近真正的历史。"[②]英国新马克思主义成员间的密切合作形成了合力，产生了整体效应，使之成为当代西方学界一支不可忽视的学术力量。英国新马克思的学术研究需要每位学者在各自的领域内工作，这项工作既是相对独立的，又是互为补充相互协作的，每个人的工作都是作为整体的社会历史与文化研究的一部分。

英国新马克思主义还有一个明显的特点，那就是各派之间以及学派内部有着非常频繁的交流与对话，甚至激烈争吵。在理论探讨中，他们通过借鉴对方、审视自我，在研究方法与原则立场上找到了各自的平衡点。琼斯对于英国新马克思主义内部所产生的争论进行过精彩的分析，并提出了自己的建议。他指出："一件事是清楚的。如果社会主义者和马克思主义者在聋人的泛泛对话中相互怒吼，我们将永远不会取得进步。如果我们要发展唯物史观，正视唯物史观的真正问题，就没有绝对的道德。'诅咒''异端'和'宗教裁判所'这三个词不应成为社会主义者互相称呼的用语。在他们继续这样做的同时，政治或理论进步的机会也不

---

① 王尔勃：《从威廉斯到默多克：交锋中推进的英国文化研究》，载《西北大学学报（社会科学版）》，2005(2)。

② ［法］布洛赫：《历史学家的技艺》，张和声、程郁译，39页，上海，上海社会科学院出版社，1992。

大。因此，如果我们愿意，让我们正视所涉及的真正问题，而不是在虚假的马克思主义的面具下自以为是地隐藏自己。"①正是由于以汤普森为代表的英国新马克思主义理论家们能够直面问题，敢于表明自己的态度，敢于坚持真理，不惜忤逆"理论权威"，也不怕与同事发生正面冲突，才使得英国马克思主义群体能够在争论中取得发展和进步。段忠桥在《20世纪70年代以来英美的马克思主义研究》一文中对英国马克思主义的这一特点进行了论述："其代表人物在理论上的联系非常密切，这不仅仅表现在他们在理论上的相互沟通和借鉴，而且更表现在他们经常围绕某一问题展开激烈的争论。可以说，在英美马克思主义中，每一种理论和主张都带有其他理论或主张的痕迹。"②

从总体来看，汤普森与英国新马克思主义其他成员的争论是在马克思主义内部的争论。他们基本上都能坚持马克思主义的基本原则和立场，却存在对马克思主义理解程度上的差异，存在坚守马克思主义的某些固有结论和坚持其基本精神的差异，同时存在着各自坚持马克思主义当中的某一部分真理的差异，形成以己之矛攻己之盾的尴尬局面。唯物史观是整体的历史观，唯物辩证法是全面的方法论。如果片面地孤立地挑出其中某一条原理或一种方法来应用都难免会遇到挫折和失败，也会发生不必要的争论。比如，汤普森与安德森的历史主义与结构主义之争。这两种不同形式的联系都是客观世界本来就有的存在，它是经过人

---

① Gareth Stedman Jones, "History and Theory", in *History Workshop*, Vol. 8, 1979, p. 199.

② 段忠桥：《20世纪70年代以来英美的马克思主义研究》，载《中国社会科学》，2005(5)。

的主观抽象后反映到我们头脑当中来的，随之成为我们分析客观世界的思维方法。这两种思维方式在马克思主义当中都是不可或缺的方法和工具。再比如，汤普森的"整体斗争方式"与威廉斯的"整体生活方式"之争。把文化看作同一的整体或看成斗争的统一体都存在一定程度上的片面性。马克思主义主张全面辩证地看待事物，在整体性视域内，事物是矛盾的存在物，内部要素之间的关系是既对立又统一的关系。只是斗争性和同一性处于不平衡发展状态，斗争性是绝对的，它占据了矛盾的主要方面，因此决定了事物处于不断变化和发展之中。汤普森对马克思主义的理解更多是从基本原则和本质精神出发，没有苛求符合马克思的某些现成的结论和观点，因此，在大部分争论当中，汤普森所处的位置更为靠近马克思。

汤普森除了与以安德森为代表的结构主义学派和以威廉斯为代表的文化学派之间有唇枪舌剑的激烈较量外，与其他学派的许多人物，如柯亨、哈里·汉森、阿拉斯代尔·麦金泰尔、查尔斯·泰勒等人以及一些女权主义者之间都有交锋。因此，汤普森真正称得上是英国新马克思主义者当中"最广为人知""最有争议"的焦点人物。汤普森就像英国新马克思主义群体当中活力十足的驱动因子，正是因为汤普森的"好斗"，才使作为统一性存在的群体中有了对立性存在，驱使每一位成员都不得不去面对问题，思考问题，并努力解决问题，这在客观上促进了整个群体学术水平的提高，为英国新马克思主义群体产生世界性影响贡献了一份力量。汤普森与其他学者的争论大多是以共同目标为前提，关于实现的方式方法的争论。所以，肯尼说："这些争论所探讨的问题是，社会主义从本质上说到底是自由主义人文主义的一种激进拓展与进一步更新，还是一种试图以固定的阶级范畴解释社会变革与政治行动的重要社会结构分析形式。"①尽管这些争论造成了一些不必要的误解，但它为各方表明各自的立场和观点提供了对话和交流的平台，也有利于问题的澄清，更为重要的是，经过争论之后能够明辨是非，最终解决问题。正如安德森所倡议的，"抛开旧的争吵，一起探索新的问题将是不无益处的"②。

---

① [英]迈克尔·肯尼:《第一代英国新左派》，李永新、陈剑译，5页，南京，凤凰出版传媒集团、江苏人民出版社，2010。
② Perry Anderson, *Arguments Within English Marxism*, London: Verso Books, 1980, p. 207.

第三章 汤普森历史哲学的文化批判

在近代,给文化一词下明确定义的是英国人类学家 E. B. 泰勒。在 1871 年出版的《原始文化》一书中,他指出:"据人种志学的观点来看,文化或文明是一个复杂的整体,它包括知识、信仰、艺术、伦理、道德、法律、风俗和作为一个社会成员的人通过学习而获得的任何其他能力和习惯。"[①]既要承认群体与群体之间,群体内的个体与个体之间存在差异,也要承认这种群体内部的共同性,文化是在社会存在与社会意识的共同作用下形成的,是社会关系和社会经验的主观方面,是生活在压力之下的生命组织的生命记录。

---

① Edward B. Tylor, *Primitive Culture*, New York: Harper Torch Books, 1958, p. 1.

英国的文化研究以伯明翰当代文化研究中心为主要阵地，产生了一批重量级的研究成果，形成了独具特色的大众文化批判理论，堪与德国法兰克福学派的大众文化批判并称为当代西方马克思主义文化理论的双子星。同样都是大众文化批判，但是法兰克福学派的出发点是把大众仅仅看作流行文化的消费者，是资本主义文化工业被动的、无辜的受害者。大众文化是在商业利益驱动下由精英阶层创造出来的流行文化，通过大众媒介和商业消费得以传播，形成了对大众思想和意识形态的控制。资本主义发展到现阶段，大众文化已经沦为资产阶级进行阶级统治的强大工具。

汤普森是英国文化研究的理论先驱，其代表作《英国工人阶级的形成》是英国文化研究的重要理论来源之一，他所开创的研究传统为英国大众文化批判确立了方向，奠定了基础。与德国法兰克福学派相比，以汤普森为代表的英国大众文化批判更为积极地强调工人阶级文化和下层民众的激进传统。在资本主义工业化背景下，它确认了大众文化，尤其工人阶级文化是对抗资本主义文化工业和消费主义的主体力量，能够成功抵御资产阶级意识形态对大众群体意识形态的侵扰和冲击。汤普森将工人阶级文化解读为英国资产阶级精英文化的对立性存在，是一种潜在的推动社会进步的激进力量，同时也是民主的重要力量，代表着社会主义人道主义的政治方向。与法兰克福学派不同，汤普森所代表的英国文化研究的大众文化批判显现出其英国特色，在其文化研究中，民众不是被动的、无声地接受资产阶级文化和意识形态侵蚀的客体。大众文化呈现出系统的相对独立性和强大的抗侵扰能力。英国底层民众普遍具有较强的生活韧性和社会环境适应能力，依靠文化传统与道德习俗的加持，始终坚守着底层大众文化与传统道德的底线，在与来自上层的统治阶级文化及意识形态的对抗和斗争中，形成了英国文化发展独特的动态历史画卷。

一直以来，汤普森专注和努力的方向是文化与意识形态，这在他几乎所有的历史与政治作品中都能呈现出来。从《威廉·莫里斯》到《英国工人阶级的形成》，从《辉格党与猎手》到《阿尔比恩的致命之树》，再到《共有的习惯》，汤普森的核心关注点从未离开道德与价值体系，从未停止探讨"经济学"与"价值观"之间的辩证关系。汤普森认为他的这些工作就是在填补马克思留下的理论空白。在接受媒体采访时，汤普森这样谈到他的文化研究："我认为我的这种专注恰恰是马克思沉默的方面，它存在于人类学家称之为价值体系的领域。这并不是说马克思说了什么与此相违背的话，而是说在文化和道德中介上保持了沉默，特别是没有说明关于人类是如何形成复杂特定的生产关系的，也没有说明他们在文化上处理这些物质体验的方式。"[1]至于为什么要去搞文化研究，为什么对文化研究如此重视，汤普森给我们提供了一个答案，他说："如果我既不接受基础与上层建筑的类比，也不接受优先使用经济的解释，那么我还算是传统马克思主义者吗？只是（恐怕）卡尔·马克思本人就在此列。因为不难看出，马克思主义的还原论和经济论版本与马克思的本意相去甚远。正如R. S. 夏尔马（R. S. Sharma）恰如其分地主张：'没有生产就

---

[1] E. P. Thompson, "Interview With Thompson", in Henry Abelove, Besty Blackmar, et al., eds., *Visions of History*, New York: Pantheon Books, 1976, p. 20.

没有历史',但我们也必须说:'没有文化,就没有生产'。"①

一、对"经济基础-上层建筑"模型的反思

自从马克思和恩格斯提出"经济基础-上层建筑"这一对历史唯物主义的核心范畴以来,不管他是属于这一理论的拥护者还是反对者,对文化的理论探讨都必须以此为起点。甚至可以说,直到现在,在进行社会结构分析的众多理论范式中,"经济基础-上层建筑"仍然是众多学者首先要纳入考察范围的绕不开的理论范式。

(一)马克思主义经典作家创立"经济基础-上层建筑"模型

"经济基础-上层建筑"是马克思和恩格斯在《德意志意识形态》中首次提出的理论范畴。随后,它们在马克思和恩格斯的著作中多次出现,并在一些著作中被重点阐释和说明。我们现在对这对范畴的理解大多是建立在马克思的《〈政治经济学批判〉序言》中的那段著名论述。马克思写道:"人们在自己生活的社会生产中发生一定的、必然的、不以他们的意志为转移的关系,即同他们的物质生产力的一定发展阶段相适合的生产关系。这些生产关系的总和构成社会的经济结构,即有法律的和政治的上层建筑竖立其上并有一定的社会意识形式与之相适应的现实基础。

---

① E. P. Thompson, "Folklore, Anthropology, and Social History", in *Indian Historical Review*, Vol. 2, No. 2, 1978, p. 264.

物质生活的生产方式制约着整个社会生活、政治生活和精神生活的过程。不是人们的意识决定人们的存在,相反,是人们的社会存在决定人们的意识。社会的物质生产力发展到一定阶段,便同它们一直在其中运动的现存生产关系或财产关系(这只是生产关系的法律用语)发生矛盾。于是这些关系便由生产力的发展形式变成生产力的桎梏。那时社会革命的时代就到来了。随着经济基础的变更,全部庞大的上层建筑也或慢或快地发生变革。在考察这些变革时,必须时刻把下面两者区别开来:一种是生产的经济条件方面所发生的物质的、可以用自然科学的精确性指明的变革,一种是人们借以意识到这个冲突并力求把它克服的那些法律的、政治的、宗教的、艺术的或哲学的,简言之,意识形态的形式。"[1]

在《路易·波拿巴的雾月十八日》中,马克思再次用"经济基础-上层建筑"模型对现实问题进行了深刻的理论分析。马克思指出:"正统王朝不过是地主世袭权力的政治表现,而七月王朝则不过是资产阶级暴发户篡夺权力的政治表现。所以,这两个集团彼此分离决不是由于什么所谓的原则,而是由于各自的物质生存条件,由于两种不同的占有形式;它们彼此分离是由于城市和农村之间的旧有的对立,由于资本和地产之间的竞争。当然,把它们同某个王朝联结起来的同时还有旧日的回忆、个人的仇怨、忧虑和希望、偏见和幻想、同情和反感、信念、信条和原则,这有谁会否认呢?在不同的占有形式上,在社会生存条件上,耸立着由各种不同的、表现独特的情感、幻想、思想方式和人生观构成的整

---

[1] 《马克思恩格斯选集》第2卷,32—33页,北京,人民出版社,1995。

个上层建筑。"①

恩格斯在《反杜林论》《费尔巴哈论》等著作，特别是在他晚年的书信中，对"经济基础-上层建筑"理论做了进一步的补充和说明。但是，自从这一理论出现以后，就常常被曲解为"经济决定论"。这种曲解表现为把经济基础和上层建筑之间的联系看成是单向的，只看到前者对后者的决定作用，却忽视了后者对前者的反作用及二者的互动关系，进而把社会历史曲解为单纯的经济发展史。巴尔特曾在《作为社会学的历史哲学》一书中指出，马克思、恩格斯的观点可以直接理解为经济观点，或称为"技术经济历史观"。而马克思关于革命的理论就是"物质进化论"，社会的发展只是经济、技术发展的结果，因而，不需要无产阶级进行斗争，就可以和平进入共产主义。以巴尔特看来，马克思的唯物史观是一种机械论和"社会静力学"。

对于此类观点，恩格斯在晚年就给予了多次说明和纠正。他指出："历史过程中的决定性因素归根到底是现实生活的生产和再生产……经济状况是基础，但是对历史斗争的进程发生影响并且在许多情况下主要是决定着这一斗争的形式的，还有上层建筑的各种因素。"②他还指出："政治、法律、哲学、宗教、文学、艺术等的发展是以经济发展为基础的。但是，它们又都互相影响并对经济基础发生影响。"③"根据唯物史观，历史过程中的决定性因素归根到底是现实生活的生产和再生产。无

---

① 《马克思恩格斯选集》第 1 卷，611 页，北京，人民出版社，1995。
② 《马克思恩格斯选集》第 4 卷，695—696 页，北京，人民出版社，1995。
③ 《马克思恩格斯全集》第 39 卷，199 页，北京，人民出版社，1974。

论马克思或我都从来没有肯定过比这更多的东西。"①因而,以历史唯物主义的观点来看,物质的生活关系和经济因素作为经济基础,在社会发展中起着决定作用,它们在归根结底的意义上决定政治、意识形态、国家制度等组成的上层建筑。但是政治与意识形态等因素一旦产生出来,就具有相对的独立性,又对经济基础发生反作用。只有在这一前提下,经济基础与上层建筑之间才能够形成相互作用的关系,历史才能够成为完整的展现全部过程的历史。

列宁也曾对经济基础与上层建筑之间的关系进行过分析和说明,把它们比作骨骼与血肉的关系,以表明这两个范畴之间的紧密联系。《资本论》是紧紧抓住生产关系来说明问题的。但是"马克思并不以这个骨骼为满足,并不仅以通常意义的'经济理论'为限;虽然他完全用生产关系来说明该社会形态的构成和发展,但又随时随地探究与这种生产关系相适应的上层建筑,使骨骼有血有肉"②。

恩格斯和列宁的纠正只是在一定程度上暂时缓解了人们对"经济基础-上层建筑"的曲解,并没有从根本上解决问题。围绕这一对范畴的争论在东西方学界一直存在,甚至延续到今天也没有停下来的迹象。在英国新马克思主义群体中,围绕这对范畴曾经引发的争论更为激烈、广泛和持久。

(二)英国新马克思主义者对"经济基础-上层建筑"模型的释读

威廉斯没有否认"经济基础-上层建筑"在马克思主义所有范畴当中

---

① 《马克思恩格斯选集》第4卷,695—696页,北京,人民出版社,1995。
② 《列宁选集》第1卷,9页,北京,人民出版社,1995。

占有的重要位置，也认为它们是研究马克思主义文化的必经之路。"任何现代马克思主义文化理论研究必然始于考察决定性的基础和被决定的上层建筑这个命题。"①但威廉斯却强调要正确地看待和理解这一模型，不能把它从统一的活生生的现实生活中剥离出来进行抽象分析。他说，如果把"经济基础-上层建筑"的比喻绝对化、孤立化就违背了马克思思想的原意，因为"马克思的批判原本一直是针对那种把'思维'与活动'领域'分离开来的做法，也一直是针对那种以强加的抽象范畴排斥现实人类生活具体内容的做法的"②。为了避免人们对"经济基础-上层建筑"模型的形而上学理解，威廉斯提出了自己的修改方案，主张重新界定"经济基础-上层建筑"的内涵，"上层建筑"应该界定为一系列文化实践，并摆脱被反映和被决定的屈从地位，而"基础"也不再是固定的经济或技术的抽象概念，而应该界定为现实社会经济关系中人类具体的实践活动。③

尽管密里本德没有从根本上否认"经济基础-上层建筑"模型，但他却认为在马克思的设定中，经济基础所发挥的作用过于强大，应该重视和加强文化、政治等上层建筑因素在社会运行中的分量。他说："马克思主义著作中对于政治理论的忽视与基础-上层建筑的这一概念及其内涵相关……尽管马克思主义中仍然存在对经济基础首要性的坚持，但如果把基础看作一个出发点，'一种首要的因素'，而非'最终的'决定性，

---

① [英]威廉斯：《马克思主义文化理论中的基础和上层建筑》，傅德根译，见刘钢纪编：《马克思主义美学研究》第2辑，327页，桂林，广西师范大学出版社，1999。
② [英]雷蒙德·威廉斯：《马克思主义与文学》，王尔勃、周莉译，84页，开封，河南大学出版社，2008。
③ Anthony Easthope, *British Post-structuralism Since 1968*, London: Routledge, 1988, p. 12.

那么将是更有意义和更为恰当的。"①

伊格尔顿也看到了"经济基础-上层建筑"模型中的两大方面严重失衡的关系。他说:"社会中的这两个方面并没有形成一种对称的关系,并没有在全部历史中手拉手地跳优雅和谐的双人小步舞。"②他强调上层建筑应该有自己的相对自主性和独立性。"社会上层建筑的各种因素——艺术、法律、政治、宗教——都有它们自己的发展速度、自己的内在深化,并不能归纳为仅仅是阶级斗争或经济状况的表现。"③那么,如何实现经济基础与上层建筑之间的平衡?伊格尔顿也提出用文化进行整合。但他比威廉斯更进一步,把文化从"上层建筑"一直扩展到"经济基础"。文化把经济基础与上层建筑都融会其中,形成了在文化整体内的统一。只有借助于"文化这个词语使得基础与上层建筑在一个单一概念中得到同一"④。从词源学上讲,"'文化'最先表示一种完全物质的过程,然后才比喻性地反过来用于精神生活"⑤。所以,在伊格尔顿看来,"经济基础-上层建筑"各要素相互分离之疾并非无药可救,文化正是一味良药。

霍布斯鲍姆也认为"经济基础-上层建筑"模型不等同于经济决定论。

---

① Ralph Miliband, *Marxism and Politics*, Oxford: Oxford University Press, 1977, p. 8.
② [英]特瑞·伊格尔顿:《马克思主义与文学批评》,文宝译,17 页,人民出版社,1980。
③ 同上。
④ [英]特瑞·伊格尔顿:《文化的观念》,方杰译,1 页,南京,南京大学出版社,2003。
⑤ 同上。

他说:"历史唯物主义不是经济决定论,并非历史发展的所有非经济现象都可以从特殊的经济现象中推演出来,某些个别的事件或时期并不能按照这类公式来确定。"①

(三)汤普森对"经济基础-上层建筑"模型的批判

汤普森对"经济基础-上层建筑"模型的反思可以追溯到1957年发表的《社会主义人道主义》一文。以此为起点,汤普森开始了由传统马克思主义经常探讨的经济、政治转向道德、意识、价值、法律、习惯所表征的文化理路的探索。在《社会主义人道主义》一文中,汤普森写道:"在马克思和恩格斯所有的历史分析中,始终坚持在社会意识(既是主动的也是被动的)和社会存在之间存在着辩证的相互作用关系。但是在试图说明这一思想时,他们却用了虚幻的'模型'来表述,即把社会关系(生产方面)比喻为'基础',而把各种思想、制度等方面比喻为'上层建筑',上层建筑由基础决定并反作用于它。事实上,这样的基础和上层建筑从来是不存在的。它只是一个比喻,用以帮助我们去理解一种存在——行动、体验、思考、再行动的人。结果证明它是一个坏而危险的模型。"② 另外,他还写道:"尽管马克思和恩格斯一贯认为社会意识和社会存在之间是一种辩证的相互作用的关系,但是经济基础-上层建筑的模式却

---

① [英]霍布斯鲍姆:《马克思与历史认识》,载《国外社会科学动态》,1984(9)。
② E. P. Thompson, "Socialist Humanism", in *The New Reasoner*, No. 1, 1957, p. 113.

把这种过程的概念改变成一种愚蠢的静止的模型。"[1]汤普森认为,斯大林主义正是利用这一模型把人的能动意识完全抹杀掉了,而成为一个能够半自动运转的机械模型。

在汤普森看来,由于"经济基础-上层建筑"模型存在先天不足,很容易让人误解,认为经济因素处于绝对的优势地位,其他因素绝对服从于经济因素,这就形成了模型内各要素之间超级稳定的结构关系。这种稳定性结构关系必然使模型变得僵化静止,缺少运动活力,失去了变化的能力。因此,"经济基础-上层建筑"模型是结构主义思维方式的发源地。阿尔都塞、安德森等人的结构主义思维不能说与这一模型毫无关系。与此相反,汤普森要求对模型进行彻底改造,或干脆弃之不用,从而从根本上取消经济的绝对优势地位,突出文化和意识形态的作用,在社会构成的各大要素之间形成了良性互动关系。在坚持对立统一的辩证法原则的基础上,汤普森更强调矛盾的对立面,这就使得系统自身具有了变化和发展的动力。在这种观点之下,汤普森主张文化是"整体的斗争方式",而不是"整体的生活方式",从而世界在汤普森眼里就变为了具有内在活动能力的不断发展变化的过程性存在。内部要素之间相互作用,系统整体是一个发展变化的过程,这是汤普森历史主义思维的主要表现形式。

汤普森之所以对"经济基础-上层建筑"模型展开批判,主要动因还在于这一模型与汤普森要强调的人的主观意识及其能动性发生冲突。由

---

[1] E. P. Thompson, "Socialist Humanism", in *The New Reasoner*, No. 1, 1957, p. 113.

于对模型的误解，人们所理解的社会发展完全顺从了经济因素决定之下的客观规律。人在强大的结构体系中呈现出完全的被动状态，无法左右社会的发展方向，甚至不能决定自己的命运。因此，在《理论的贫困及其他文章》一书中，汤普森以批判"经济基础-上层建筑"模型为着力点，全面展开对阿尔都塞结构主义的批判。汤普森认为，阿尔都塞是用一些非马克思主义的思维方式来审视马克思主义，比如把胡塞尔的现象学封装进自己的思想中，因此，"阿尔都塞实际上产生了一种认识，它排除了概念和经验之间的基本对话，构建了一个完整封闭的认识论理论体系，排除了经验对理论进行批判的可能性。任何此类的批判都被斥责为'经验主义'或'历史主义'。我想我可以这样讲，对于马克思主义传统来说，这是一个非常危险和非理性的时刻"①。

在汤普森看来，阿尔都塞对经验主义、历史主义和人道主义的攻击充分暴露了其专制和霸道的本性。但是汤普森又认为，阿尔都塞所犯的错误可以追溯到马克思和恩格斯的原罪，因为在《资本论》，尤其是在《政治经济学批判大纲》中，马克思和恩格斯从政治经济学的概念出发，进行了一系列的逻辑推演，偏向于静态的唯心主义批判，偏离了历史唯物主义的基本原则和方法。而阿尔都塞则把此理论中的这一瑕疵奉为圭臬，并进行了无限放大，试图将其概括为宏大的科学理论体系。

汤普森发动攻击的火力点之一便是阿尔都塞对"经济基础-上层建筑"这一模型毫无保留地接纳。汤普森认为，"经济基础-上层建筑"是惰

---

① E. P. Thompson, "Interview With Thompson", in Henry Abelove, Besty Blackmar, et al., eds., *Visions of History*, New York: Pantheon Books, 1976, p. 18.

性的比喻，存在着一个静态的、忽视人的能动性要素和反人道的理论架构，是对历史过程和辩证法的否定。汤普森批评阿尔都塞犯了一个致命错误，即把一个仅仅用来帮助理解的比喻当作了历史进程当中一个真实存在的要素和范畴。"我很遗憾地让那些实践者感到失望了，他们认为所有需要了解的历史知识都可以通过概念机制来构建。"①

阿尔都塞认为历史没有主体，社会的运转完全由结构掌控。结构主义理论虽然避免了主观唯心主义的错误，却落入了客观唯心主义的窠臼。虽然他们没有把历史发展的大权交由某个英雄或统治者个人掌握，但是却交给了结构这一无形的上帝。历史命运虽然不是由个人随心所欲地安排，却受结构所决定的客观规律控制，人的主观能动性就这样被完全抹杀掉了。因此，把社会发展的必然性和客观规律绝对化表面上是在坚持唯物主义，实际上已经走向了它的反面，变成了唯心主义的宿命论。正如琼斯对阿尔都塞理论来源的分析，阿尔都塞是欧洲大陆唯理论传统的直接继承者。"阿尔都塞在《读〈资本论〉》中的原则源于斯宾诺莎，与17世纪的其他唯理论者一样，数学提供了知识的范式形式。在此基础上，可以根据纯粹的逻辑序列构造一种严格的内在证明方法。阿尔都塞对实证主义的定义可以用来反对他自己，即从一种形式的人类知识衍生出来的知识理论被非法地投射到另一种形式的知识上。数学的过程即使与自然科学相联系，也是独特的，更不用说在历史和社会领域了。理论（或者用一个简单的术语）解释，与它声称要解释的对象是不一样的，

---

① E. P. Thompson, *The Poverty of Theory and Other Essays*, London: Merlin Press, 1978, p. 359.

即使这个对象只能以它的各种表现形式被思维理解。的确,我们从来没有得到一个纯粹的真实,但我们总是在处理那个真实的表象——就像陪审团从来没有立即接触到所发生的事情,而只能处理关于所声称发生的事情的相互矛盾的证据。但是因为这个证据,这些表象在定义上与事件本身并不相同,这并不意味着它们会因此被一个用来解释它们的理论所湮灭。"①

汤普森在《英国工人阶级的形成》中,不惜笔墨,以大量事实材料来证明,工人阶级在被客观条件形成的同时,也是在主观地自我形成,历史发展不仅有客观的规律,而且也包含了人的能动创造。汤普森认为,"经济基础-上层建筑"模型的直接后果是导致了人们对文化和意识形态作用的忽视。因为这一模型直接规定了经济基础对上层建筑所占据的绝对的优势地位,文化等因素只是盲目地被动地跟随在经济因素之后,这就自然而然地形成了经济决定论的错误思想。由模型本身造成的这种误解在马克思和恩格斯在世时就显现出来,以至于恩格斯在晚年花费了许多力气对事实予以澄清,来消除模型所造成的不良影响。但这一努力并未达到预期效果。马克思、恩格斯逝世之后,错误不但未被纠正,而且谬种流传,散布的范围更广,所造成的影响更大。

汤普森从文化视角切入对社会历史的批判并不是偶然的突发之想,而是延续了恩格斯对经济决定论的批判。值得注意的是,汤普森对文化的强调并不意味着对经济作用的否定,而是坚持了一种经济、政治、文化对社会发展的共同决定论,每一种因素都可以作为某种结果的原因存

---

① Gareth Stedman Jones, "History and Theory", in *History Workshop*, Vol. 8, 1979, pp. 198-199.

在。经济在社会发展中所发挥的只是基础性作用,而不是直接作用。在谈到他与安德森在这一问题上的分歧时,汤普森认为安德森仍然属于传统意义上的马克思主义者,对马克思主义理论中的个别概念和范畴的理解过于僵化和教条,缺少了整体视域和发展理念。他说:"我认为佩里所推崇的马克思主义的暂时范畴——阶级、意识形态和生产方式——是困难的,但仍然是创造性的概念。但是,特别是,关于社会存在与社会意识之间辩证关系的历史概念——尽管有时我希望将其颠倒为辩证的相互关系——是非常强大和重要的。然而,我也在传统中发现了还原论的压力,将'经济'置于'文化'之上,并由'基础'和'上层建筑'的权宜性隐喻引发了根本性的混乱。我在马克思主义传统中发现了很多东西——现在有很多马克思主义都以资本主义对人类需求的最终定义为标志,尽管这是对这一定义的革命性颠覆。这种需要的定义,从经济和物质的角度来看,倾向于执行一种因果关系的等级制度,这种制度对其他需要给予不够优先的考虑:身份的需要、性别身份的需要、劳动人民之间对尊重和地位的需要。我确实同意这里所有发言者的观点,即有必要试着把历史看作一块完整的布,看作相互关联的活动的客观记录,同时也同意佩里的观点,因果范畴是非常困难的,我们总是只能在现有的条件下达到近似。"①

通过以上讨论我们可知,与英国新马克思主义大多数成员一样,汤普森觉得文化在马克思主义理论中出现了空场,没有得到应有的重视。

---

① E. P. Thompson, "Agenda for Radical History", in *Critical Inquiry*, Vol. 21, No. 2, 1995, p. 302.

而导致这一结果的根源在于马克思所提出来的"经济基础-上层建筑"模型。在汤普森眼中,"经济基础-上层建筑"是"愚蠢的静止的模型",是完全"坏的"和"危险的"比喻,其负面作用大于正面影响。因为它很容易被当作一种独立于人类有意识、有目的的活动之外的模型。这一模型自身存在许多无法修补的缺陷,主要包括以下几个方面。

第一,基础与上层建筑在地位上处于绝对的不平衡状态。基础之于上层建筑占有绝对的优势,已经预先进行了前者决定后者,后者被动追随的假定。"阶级是经济的,同时也是'文化'的形式;不可能在理论上将一个方面置于另一个方面之上。由此可见,'最后'起作用的决定因素既在文化形式中,也在经济形式中。"[1]汤普森反对这一模型最主要的原因是它过于偏重"经济"。他要把上层建筑中的道德、文化和意识形态等要素提高到应有地位,不能总是被动地跟随于经济之后。他认为,在某种细致的变动中,社会和文化现象并不追随经济,追根溯源,它们处于同样的联系中。在这里,社会和文化对于经济来说表现出自主性和独立性。汤普森"强调的是生产关系在所有系统和生活领域中的同时表达,而非一种将'经济'置于首位,而将道德和文化置于次要位置的表述。我所质疑的不是对任何唯物主义者理解历史过程而言都具有重要性的生产方式,我所质疑的是一种将生产方式描述为'经济'方式,而将道德与文化置于次要地位的概念"[2]。

---

[1] E. P. Thompson, "Folklore, Anthropology, and Social History", in *Indian Historical Review*, Vol. 2, No. 2, 1978, p. 265.

[2] Harvey J. Kaye and Keith McClelland, *E. P. Thompson Critical Perspectives*, Cambridge: Polity Press, 1990, p. 138.

汤普森认为，社会是由经济、政治与文化组成的综合的整体社会，是复杂的、多元的，不能仅仅用经济范畴来概括和说明社会。"整个社会包括了许多活动和关系，这些权力和关系涉及权力的、意识形态的、两性的、文化的和行为规范的方面，它们与政治经济学无关，不受政治经济学所规定，政治经济学中也没有这方面的名词术语。"①因此，"政治经济学不能作为资本各方面关系的整体来表现资本主义"，"只有历史唯物主义才能使各种活动和关系处于一种互相关联的状态"。② 阿尔都塞"把生产方式等同于社会结构，是使历史唯物主义重新返回到政治经济学范畴的牢笼中去"③。

汤普森曾明确指出："历史变革的最后结局不是因为特定的基础必然产生相应的'上层建筑'，而是因为生产关系的变革是通过社会和文化生活来实现的。从一种更全面的系统和更全面的社会生活领域来共同表达生产关系的特性，要比任何单纯强调经济是第一性的概念更好一些。"④根据汤普森的理解，现在需要纠正的是"经济决定论"的观点，即把阶级视为一个纯经济的范畴。因此，需要为阶级补充注入包含传统习惯、价值观念、组织形式等文化方面的内容，从而使"经济基础-上层建筑"不再处于完全的失衡状态，而使得它们形成相互依赖、相互影响的辩证关系。

---

① E. P. Thompson, *The Poverty of Theory and Other Essays*, London: Merlin Press, 1978, p. 62.

② Ibid., p. 163.

③ Ibid., p. 68.

④ [英]E. P. 汤普森：《民俗学、人类学与社会史》，见蔡少卿主编：《再现过去：社会史的理论视野》，206页，杭州，浙江人民出版社，1988。

第二,"经济基础-上层建筑"把整体性的社会人为分割为独立存在的两块区域。汤普森说:"我质疑的不是任何唯物主义者历史理解中生产方式(以及随之而来的权力和所有制关系)的中心地位。我所质疑的(马克思主义者,如果他们想要与人类学家进行诚实的对话,就必须提出质疑)是可以用'经济'的术语来描述一种生产方式,抛开次要的(不太真实的)规范、文化,围绕生产方式的主要概念是有序排列的。一种武断的理论将社会划分为经济基础和文化上层建筑,这一结构可能是在头脑中形成的,在纸上看上去可能还不错。但这只是头脑中的一个论点,当转向对任何现实社会的考察时,我们很快就会发现,企图实施这种分割是徒劳无益的。"①"基础和上层建筑的类推基本上是不完全的。把人类的活动和属性进行分类,把一些归于上层建筑,如法律、艺术、宗教、道德;一些放在经济基础,如技术、经济、实用科学等;而将另一些在两者之间游动,如语言、工作纪律等。这势必陷入简化论和粗俗的经济决定论中去。"②最为重要的是,社会应该是人的社会活动的结果,它是物质性活动和精神性活动的统一体,不能够清晰地把人的活动分为两个独立的部分。"斯大林主义者忘记了'经济基础'是一个比喻性描述,它不仅仅包括人的物质经济活动的存在,也包括人的精神和理性的存在。生产、分配和消费,不仅是挖掘、搬运和吃饭,而且也是筹划、组织和享受。创造能力和智能不应该被限定于'基础'(包括与人相关的事情)和竖立其上的'上层建筑'中,它们都隐含在人的劳动的创造性活动

---

① E. P. Thompson, "Folklore, Anthropology, and Social History", in *Indian Historical Review*, Vol. 2, No. 2, 1978, p. 262.

② Ibid..

当中，这一活动使人成为人。"①为此，他对经济基础和生产关系的外延进行了扩大处理："即使'基础'不是一个坏的比喻，无论如何它也不只是经济的，而是包括人——一种特定的不知不觉进入生产过程的人的关系。"②

第三，汤普森认为，"经济基础-上层建筑"模型能够有效地说明统治阶级的制度与意识形态，能够说明支撑统治阶级维持其统治的政治架构模式。但是，被统治阶级的文化、风俗习惯、思想和价值体系却在这一模型中被忽视了。它并不是直接与经济基础趋于同步，达到完全的匹配。它更多地受历史的文化传承与民众自身的现实日常生活支配，而非直接由经济基础所决定。所以，它是历史性的精神遗产和现实性的物质生活交融的产物，是客观的"经历"经过主观的"体验"加工的结果，是在与统治阶级的意识形态相斗争的过程中发展起来的。被统治阶级的文化并不能严格地存在于统治阶级所主导的上层建筑之中。

第四，这一模型"把运动过程的观念简化为一种笨拙的静态模式"③。汤普森强调："我们决不能认为经济增长的动力与社会或文化生活的动力之间存在着某种自动的或过分直接的因果关系。"④这一模型完

---

① E. P. Thompson, "Socialist Humanism", in *The New Reasoner*, No. 1, 1957, p. 131.

② E. P. Thompson, *The Poverty of Theory and Other Essays*, London: Merlin Press, 1978, p. 294.

③ E. P. Thompson, "Socialist Humanism", in *The New Reasoner*, No. 1, 1957, p. 113.

④ [英]E. P. 汤普森：《英国工人阶级的形成》(上)，钱乘旦等译，209页，南京，译林出版社，2001。

全不能表现"冲突的流动性、不断变化的社会进程的辩证性。如果存在于社会存在和社会意识之间的辩证关系被移置,那么我们会完全抛弃马克思主义传统"①。由于"经济基础-上层建筑"模型并不能概括社会生活的全貌,它所容纳的内容是单一的统治阶级所主导的生产方式和意识形态。因而,在被统治阶级所反映的内容缺失的情况下,它就失去了矛盾的对立面,失去了变化和发展的动力,模型就成了孤立的、静态的僵物。这也是汤普森反对使用"经济基础-上层建筑"模型来说明社会存在状态的一个重要原因。汤普森反对威廉斯把文化定义为共同文化,定义为一种"整体生活方式"。他把文化视为不同生活方式间的斗争,是利益与力量相对抗的结果,是"整体斗争方式"。这一观点在这里也可以得到说明。

在汤普森的理解中,"经济基础-上层建筑"模型更多是从形而上学思维出发来理解社会的,即把社会当中的要素当作孤立的、静止的、缺少联系的状态。它只能作为对社会形态的一种比喻,而不能作为一种描述。所以,"如果有人不是把'基础'与'上层建筑'看作一种启发性的类比用言,而是把它当作现实的描绘,那么谬误自然也跟随而来"②。

因而,汤普森对威廉斯和伊格尔顿的修改方案都进行了否决。他不赞同对"经济基础-上层建筑"模型进行修补改造。既然它有如此之多的缺陷,再对它进行改造也已经于事无补。所以,对于这一模型的处理最

---

① E. P. Thompson, *The Poverty of Theory and Other Essays*, London: Merlin Press, 1978, p.289.
② [英]雷蒙德·威廉斯:《文化与社会》,吴松江、张文定译,359页,北京,北京大学出版社,1991。

好就是放弃，寻找更好的代用品。经过一番寻找，汤普森找到了马克思曾经使用过的另一组范畴"社会存在-社会意识"。威廉斯也认为，"社会存在-社会意识"范畴要比"经济基础-上层建筑"更为贴切，但它更倾向于葛兰西的霸权概念，认为它比"社会存在-社会意识"更胜一筹。

马克思在《〈政治经济学批判〉序言》中指出："物质生活的生产方式制约着整个社会生活、政治生活和精神生活的过程。不是人们的意识决定人们的存在，相反，是人们的社会存在决定人们的意识。"[1]这一表述表明社会存在所包含的主要内容是物质生活的生产方式。但它是属于人的动态的活动过程。基于这一点，汤普森倾向于使用这一对范畴，但他对这一范畴的界定并不完全等同于马克思所做的界定。汤普森的"社会存在"包括广泛的社会组织、政治制度、社会活动及其发展过程，而非仅仅只限定为物质生活的生产方式。因此，社会生活形态的改变不仅仅是经济结构和生产关系的改变，社会生活状态的考量绝不应该仅仅用物质性的生活水平标准，而应该是包括文化和精神层面在内的生活方式的整体。

马克思在《〈政治经济学批判〉导言》中曾对生产关系的决定作用做过另一种比喻，即把它比喻为一种普照的光，给其他一切事物都笼罩上了一层色彩："在一切社会形式中都有一种一定的生产决定其他一切生产的地位和影响，因而它的关系也决定其他一切关系的地位和影响。这是一种普照的光，它掩盖了一切其他色彩，改变着它们的特点。这是一种

---

[1] 《马克思恩格斯选集》第 2 卷，32 页，北京，人民出版社，1995。

特殊的以太，它决定着它里面显露出来的一切存在的比重。"[1]在《民俗学、人类学与社会史》一文中，汤普森分析了马克思的这一比喻，他认为，马克思强调社会各要素影响的同时性，并非强调经济是第一性的，而文化和意识作为第二性是对第一性的反映。汤普森对社会存在决定社会意识仍然是肯定的，但是他强调，必须丢弃那种狭义的"经济"范畴，应该回到完全意义的"生产方式"上去。因为生产方式包含了现实的人的关系。这种存在也提供了一种普照的光，它掩盖了一切其他色彩，改变着它们的特点。

对社会意识之于社会存在独立性的强调使汤普森备受质疑。一些学者认为他从根本上忽视了经济基础的作用，是对唯物史观的背离，甚至倒向了唯心主义。诚然，汤普森在《英国工人阶级的形成》中，为了恢复人的历史主体性地位，着重对主观"意识"进行了论述。但这并不代表汤普森放弃了唯物史观的基本原则，在历史观上已经和唯心主义站在一起，因为他"始终未忽视经济结构对工人阶级生活的决定性影响。虽然汤普森着重探讨了工人如何应付这些经济变化以及工人们的积极抵抗，我们并不能因此而认为他反对在经济发展框架中研究人的主观能动性"[2]。

值得注意的是，汤普森在提出阶级意识范畴的同时，也提出阶级经历这一概念。他对二者进行了界定和区分："阶级经历主要由生产关系所决定，人们在出生时就进入某种生产关系，或在以后被迫进入。阶级

---

[1] 《马克思恩格斯选集》第2卷，24页，北京，人民出版社，1995。
[2] 赵世玲：《当代西方史学思想的困惑》，327页，北京，中国社会科学出版社，1991。

觉悟是把阶级经历用文化的方式加以处理，它体现在传统习惯、价值体系、思想观念和组织形式中。"[1]在汤普森看来，阶级经历是阶级形成的必备条件，是由当下人们在经济结构中所处的地位决定的。人们在经济结构中所处的地位是与生俱来的，只能被动接受。相同的经济地位决定了相似的阶级经历，但具有相似阶级经历的群体还不能简单地划归为同一个阶级。只有当"一批人从共同的经历中得出结论（不管这种经历是从前辈那里得来还是亲身体验），感到并明确说出他们之间有共同利益，他们的利益与他人不同（而且常常对立）时，阶级就产生了"[2]。由此可见，由生产关系所决定的"共同的经历"是阶级形成的必备条件和前提。

汤普森在强调阶级是一种处于发生状态的历史现象时，同时也指出，"阶级是一种文化的和社会的形成"[3]。文化是意识形式的概括，社会是生产关系的总和。阶级是文化意识和社会生产共同作用而形成的产物，天然地处于一定的、必然的不以其意志为转移的生产关系之中，受到物质生活的生产方式的制约。虽然生产关系是由人创造的，但它一被创造出来，就成为既有的、现实的客观存在物，它也会反过来制约和改造人。在此意义上，我们说，社会存在决定社会意识，而不是社会意识决定社会存在。这正是历史唯物主义的立足点。以此为前提，唯物史观才强调社会意识对社会存在的反作用，从而使二者之间形成了互动关

---

[1] ［英］E. P. 汤普森：《英国工人阶级的形成》（上），钱乘旦等译，"前言"2页，南京，译林出版社，2001。

[2] 同上书，"前言"1—2页。

[3] E. P. Thompson, *The Poverty of Theory and Other Essays*, London: Merlin Press, 1978, p. 295.

系，社会历史也变成了整体的历史。

虽然"社会存在-社会意识"模式避免了"经济基础-上层建筑"模型的诸多缺点，但它还是缺少一种能动机制。社会存在与社会意识之间如何互动？如何相互作用？马克思主义经典作家并没有进行详细解答。社会存在与社会意识之间不能相融无间，不能相互作用而产生运动过程。汤普森认为："社会存在与社会意识之间（或'文化'与'非文化'之间）的辩证互动关系是在马克思主义传统内理解历史过程的核心。如果它被移置，就会使我们完全丢弃传统。"[1]为了使社会存在与社会意识之间更好地衔接，汤普森需要为二者之间找到黏合剂——经验。他在社会存在和社会意识二者之间加入了经验这一中介，"社会存在-社会意识"就变成了"社会存在-经验-社会意识"模式。经验如何能够担当这一重任？主要是因为它具有客观和主观双层身份。正如约翰逊所说："经验被他用来说明客观决定性的全部内容，而且用以表达经济和文化的替换作用或是相互关系。"[2]经验在社会存在和社会意识中间进行中介与调和，不是作为一个简单的交互点，而是社会存在之于社会意识之上的可能性。从而，汤普森表示，存在之于意识之上的意义代表它本身不再是"经济基础-上层建筑"关系的模式，而是通过经验在调和矛盾的过程中得以不自觉的改变。

---

[1] E. P. Thompson, "The Peculiarities of the English", in *Socialist Register*, Vol. 2, 1965, p. 351.

[2] Richard Johnson, *Three Problematics: Elements of a Theory of Working-class Culture*, Birmingham: Centre for Contemporarary Cultural Studies, University of Birmingham, 1979, p. 222.

马克思把社会看成一个有机整体，在这个整体中，不同要素之间存在着互相作用的关系。汤普森在强调社会意识的同时，并未放弃对社会存在决定作用的肯定。"经验产生于物质生活，经验被阶级的方式所构成，因此社会存在决定了社会意识。"①因此，汤普森反对的是经济决定论，是社会存在对社会意识的单向的决定关系。他的历史观是一种社会整体历史观。

在资本主义社会中，工人阶级并不是被动地接受命运安排。他们会以各种方式发挥能动作用来影响历史进程。但是这种作用的发挥不能脱离社会存在的客观条件。在资本主义社会中，工人阶级的能动意识必然要受到资本主义生产关系这一客观条件的约束。因此，"工人阶级对任何一个资产阶级民主国家机关要发挥影响，它同时必须作为一个合作者（甚至是一个敌对的合作者）参与驱动这部机器"②。总之，一方面，不能把社会存在对社会意识的决定作用绝对化。比如像费边社和某些经济史学家那样，只是把工人作为被动的牺牲品，或者只把他们看成劳动力、移民或者一系列统计数字。他们（费边社和经济史学家）"很容易忽视工人群众的主观能动性，忽视他们在创造历史的过程中自觉作出的贡献"③。另一方面，也不能把社会意识对社会存在的作用绝对化，认为人的能动性是无限的，不受任何条件的约束。这种观念是唯心主义在这

---

① E. P. Thompson, *The Poverty of Theory and Other Essays*, London: Merlin Press, 1978, p.171.

② Ibid., p.281.

③ ［英］E. P. 汤普森：《英国工人阶级的形成》，钱乘旦等译，5页，南京，译林出版社，2001。

一问题上的表现。

二、对"道德经济学"范畴的阐释

"道德经济学"概念的提出与英国的新社会史学的兴起密不可分。"二战"后,英国新马克思主义历史学派在马克思主义的影响下,把研究重点从社会精英和统治者身上转移到了下层民众这些被统治者和被剥削者身上,这一转变被称为新社会史学的兴起。

(一)粮食骚乱与"前工业"社会

在对英国下层民众社会历史的研究过程中,18世纪和19世纪初在英国频繁爆发的粮食骚乱引起汤普森的关注。据资料统计显示,英国这一时期所发生的骚乱有三分之二起因于粮食问题。影响较大的几次粮食骚乱发生在1709—1710年、1727—1729年、1739—1740年、1756—1757年、1766—1768年、1772—1773年、1783年、1795—1796年、1799—1801年、1810—1813年、1816—1818年。[1] 在完成了《英国工人阶级的形成》这部著作的写作之后,汤普森的工作方向转向了研究18世纪英国的平民意识和抗议形式。粮食骚乱是这一时期平民抗议的主要形式。汤普森放弃了以前所从事的对英国工业革命社会的研究,转而去研

---

[1] John Stevenson, *Popular Disturbance in England*, *1700-1870*, New York: Longman, 1979, p.91.

究英国的"前工业"社会。

与快速变化的工业社会不同,英国的"前工业"社会主要还是以手工业为主体的社会,在很大程度上仍然受乡规民约和风俗习惯所支配。在这一社会中,"有习惯的农业劳作、习惯的技艺传授方式(学徒)、对角色的习惯追求(包括家庭的和社会的)、习惯的工作模式、习惯的期待、'欲望'或'需要'"①。在工业社会研究中,绝大多数问题都可以从经济史角度寻找到答案;但对于"前工业"社会,由于风俗习惯在社会发展中的主导作用,单一的经济史研究视角总会遇到许多无法处理的问题。汤普森认为:"经济范畴的解释可以运用于工业化社会,却不那么适合于理解早期社会。当然,这并不是说前工业社会或前资本主义社会不可能存在有效的经济史,而是提醒我们,生活在那个时代的人们的期望和动机不能用与该时代不相属的经济学术范畴来理解。"②"当今最普遍的错误就是把不恰当的对比法(工业/前工业、现代/传统、'成熟'/'原始'工人阶级)应用到18世纪的大众文化中,因为这种方法用一个预先存在的社会类别框架来解读社会历史,而这个社会没有资源可分门别类,文化也没有术语可归类。"③在手工业时代,依靠口传心授而代代相传的行业规范和习惯很多时候都没有落到纸面上形成文字记忆,也很难在社会思想史中寻觅到踪迹。因此,对于汤普森来说,要想对18世纪的英国"前

---

① E. P. Thompson, "Folklore, Anthropology, and Social History", in *Indian Historical Review*, Vol. 2, No. 2, 1978, p. 248.

② Ibid., p. 263.

③ E. P. Thompson, "Eighteenth-century English Society: Class Struggle Without Class?", in *Social History*, Vol. 3, 1978, p. 152.

工业"社会进行全面深入研究，风俗习惯及其意义是不可或缺的研究内容。汤普森最终在民俗学家所提供的资料汇编中找到了相关内容，为他的研究工作提供了支持和帮助。

(二)粮食骚乱与道德经济学

在对粮食骚乱事件的研究中，许多研究者都看到了骚乱爆发的客观经济原因，如农业歉收、粮食供给不足、粮价过高等因素。但在这些经济因素之外，汤普森却发现了道德伦理层面的风俗习惯、乡规民约等非经济因素。汤普森发现，粮食骚乱的发生除了粮食短缺、粮价上涨等必备条件之外，还包括了民众从传统中继承而来的道德认知和评价。粮食价格上涨一旦超出了正常波动的界限，威胁到民众的基本生活，甚至其基本生存权也受到了挑战，这些下层民众就会认定是个别乡绅和粮商为了牟取暴利，囤积居奇，破坏了传统的道德规范，使粮价出现暴涨，抗议和骚乱便随之发生。因此，因粮价暴涨而引发的抗议和骚乱是贫民道德经济学的表现形式，是维护其自身权益的必要手段。

早在1963年出版的《英国工人阶级的形成》一书中，汤普森就注意到了发生在18世纪末19世纪初英国的粮食骚乱。汤普森认为在绝大多数的骚乱行动中，抗议者的行为都是有节制的，不受约束的抢劫行为只是极少数。这些抗议者的行动基本上遵循了古老的道德法则，是针对士绅们为了牟取暴利哄抬粮食价格而做出的正当反应。《英国工人阶级的形成》完成后，汤普森则把主要精力投入到对18世纪英国粮食骚乱的研究中。在对历史材料和数据进行充分研究和深入分析后，汤普森于1971年发表了《18世纪英国民众中的道德经济学》("The Moral Economy of the English Crowd in the 18th Century")一文。为了说明粮食骚乱中上层士绅和下层民众之间的复杂关系，汤普森使用了"道德经济学"这一概念。在汤普森看来，道德经济学是一种政治文化，是"最经常卷入市场活动的劳动人民的期望、传统，而且确实还有迷信，以及民众与统治者之间的种种关系"①。"传统上关于社会的准则和义务，及关于共同体内几种人员特有的经济功能的一贯见解，把这些加在一起，可以说就构成了穷人的道德经济学。"②汤普森所采用的独特观察视角使我们对英国粮食骚乱这一历史事件的理解更加丰富和全面。

在汤普森看来，阶级关系是经济、政治与文化的综合关系，不只体现在经济关系上，同样它也体现在文化与道德上。"只有在一个日常存在似乎被耗尽价值的社会里，'文化'才能够排除物质的再生产。"③所以，汤普森认为，经济危机不能仅仅从经济层面来考察，还应该从文化和政治层面进行解读。当统治阶级的经济压迫触碰到了民众道德经济学的底线，即超过人们道德承受的阈值，暴动的导火索就会被点燃。在《道德经济学的再考察》一文中，汤普森论述了经济与政治的直接关系。他写道："面包的高价格对富人几乎没什么关系，给中等人家带来了不便，使长期从事雇佣劳动的人感到痛苦，但会威胁穷人的生存。这就是为什么高价格马上就成了一个'政治'问题。正是为了反对靠钱包来'分

---

① [英]爱德华·汤普森：《共有的习惯》，沈汉、王加丰译，279—280页，上海，上海人民出版社，2002。
② 同上书，289页。
③ [英]特瑞·伊格尔顿：《文化的观念》，方杰译，24页，南京，南京大学出版社，2003。

配'的社会不平等,粮食骚乱成为一种抗议手段,及一种可能的救治方法。"①所以,道德经济学是下层民众调节与统治阶级关系,维持其基本生存权利和生活保障的工具。

道德经济学是由下层民众根据长期以来在经济活动中形成的习俗惯例约定而成的道德规范和行为规则,要求自己和上层统治者共同遵守。如果这一规范和规则遭到破坏,民众就会聚众抗议甚至爆发骚乱对规则破坏者进行惩戒,并对其行为进行纠正,使其行为重新回归到规则之内,以维护传统道德规范的正当性和有效性。主观上,道德经济学是下层民众为了维护自身权益而制定的;但客观上,道德经济学也在某种程度上保护了上层统治者的权益,只不过这种权益受到一定的限制,必须得到下层民众的认可,在上层统治者可以接受的范围内,因此也是相对合理的。

(三)法律制度与道德经济学

下层民众有自己的道德经济学,与之相对应,上层统治阶级也有自己的法律条文。按照传统马克思主义的理解,法律制度属于上层建筑,体现统治阶级意志,是统治阶级为了维护自身利益而制定,由国家强制力保证执行的行为准则。汤普森并不否认法律的这一主要作用。汤普森承认:"一方面,法律确实向着有利于统治阶级的方向调节着现存阶级关系;不仅如此,而且随着时间的推移,法律便成了一种绝好的工具,

---

① [英]爱德华·汤普森:《共有的习惯》,沈汉、王加丰译,301页,上海,上海人民出版社,2002。

统治阶级利用该工具朝更有利于他们的方向对新定义的各种财产征税，就像废除模糊不清的耕地使用权法以及圈地法一样。"[①]但是汤普森并没有简单地将法律等同于阶级权力，它是一种复杂而又矛盾的存在。汤普森指出："另一方面，法律也通过合法形式调节了阶级关系，一次又一次地限制了统治者的行动……在严格意义上来说，统治者不论他们愿意与否，都是被他们自己言语囚禁的囚徒；他们根据对自己有利的规则来玩权力游戏，但他们不可以破坏规则，否则游戏就会被废弃。最后，这些统治阶级的言语非但没有摆脱伪善的面孔，而且其中部分言语还被作为平民言语的一部分，也被作为具有神圣隐私权、人身保护权以及法律面前人人平等的'自由民'言语的一部分。"[②]由此看来，从主观上讲，法律制度是统治阶级为了维护自身利益而制定的，但在客观上，它也限制了统治阶级自身，使其不能够为所欲为地损害下层民众的利益。

总之，法律制度与道德经济学有相类似的地方。它们的主观目的都是为了维护各自阶级的权益，但在客观上也同时维护了对立阶级的利益，保障了社会的基本秩序和运行规则。道德经济学与法律制度一样，从本质上说归属于社会结构中的政治-文化这一基本领域，是社会上层建筑的基本内容，是建立在经济基础上并受其支配和制约的。而道德经济学与法律制度又在积极地为自己的经济基础服务，是两种不同的积极的能动的力量，促进各自的经济利益的形成、巩固和发展。同时向阻碍威胁自己经济利益的其他经济关系、政治势力和意识形态进行斗争。从

[①] E. P. Thompson, *Whigs and Hunters*, New York: Pantheon Books, 1976, p. 163.

[②] Ibid., pp. 163-164.

大体上来看，法律制度是属于统治阶级的政治上层建筑，而道德经济学则属于被统治阶级的观念上层建筑。

道德经济学这一概念是汤普森最初用来分析 18 世纪英国粮食骚乱这一历史现象的。这一新的理论框架后来被许多学者应用到其他领域，用来分析类似的问题。例如，兰德尔在分析格洛斯特郡的纺织工人抗议时就运用了工业中的道德经济学这一概念[①]；斯内尔在分析民众对居住权和济贫法的态度时也引入了道德经济学这一范畴[②]；斯科特则用道德经济学范畴分析了在市场资本主义冲击下东南亚农民的反叛与起义[③]。自从汤普森在历史研究中赋予道德经济学范畴特殊的地位和作用，把它当作一种全新的文化解释范式，就为人们深刻理解社会转型时期下层民众的生存困境提供了有效的理论分析工具，其理论解释力在其他研究者的研究中也一次次得到验证。

三、对"斗争文化"理论的诠释

马克思和恩格斯在《共产党宣言》中指出："至今一切社会的历史都

---

① Adrian Randall, Andrew Charlesworth, eds., *Moral Economy and Popular Protest*, London: Macmillan Press Ltd, 2000, pp. 21-22.
② K. D. M. Snell, *Annals of the Labouring Poor*, Cambridge University Press, 1987, p. 100.
③ [美]詹姆斯·C. 斯科特：《农民的道义经济学：东南亚的反叛与生存》，程立显、刘建等译，南京，译林出版社，2001。

是阶级斗争的历史。"①自原始社会末期开始，阶级和国家产生以后，人类社会进入阶级社会，阶级斗争就一直伴随人类社会的发展直到现在。汤普森继承了马克思、恩格斯的这一观点，认为阶级斗争是阶级社会的基本存在方式，它已经渗透到日常生活的各个方面。汤普森指出："在任何特定社会，社会关系均以阶级方式来划定，存在着一种生活的认知结构，它与生产方式以及历史上形成的阶级结构相一致。"②相对于马克思主义理论中的其他范畴，汤普森对阶级以及阶级斗争等概念更为重视，他说："在《英国工人阶级的形成》中，我一直使用阶级和阶级斗争这些重要范畴。与从剩余价值推导（一种经济方面的推导）出来的那些概念相比，我把它们放在更优先的位置。"③

(一) 葛兰西的文化霸权与英国文化理论

在文化探讨中，汤普森、安德森与威廉斯三人都借用了葛兰西的文化霸权概念。但在对文化的理解上，安德森、威廉斯看重文化的共同性，汤普森则侧重于文化的斗争性。

在考察18世纪英国社会的阶级斗争，并对这一斗争态势进行具体描述时，汤普森借鉴了葛兰西的文化霸权思想和"剧场"概念。汤普森指出："权力的'公共意识'渗透到日常生活中，或多或少有意识地表现为

---

① 《马克思恩格斯选集》第1卷，272页，北京，人民出版社，1995。

② E. P. Thompson, "Folklore, Anthropology, and Social History", in *Indian Historical Review*, Vol. 2, No. 2, 1978, p. 265.

③ E. P. Thompson, "Interview With Thompson", in Henry Abelove, Besty Blackmar, et al., eds., *Visions of History*, New York: Pantheon Books, 1976, p. 20.

统治阶级的意识形态霸权和控制。"①"在所有社会里，剧场都是政治控制、反抗，甚至叛乱的重要组成部分。统治者扮演着威严、迷信、权力、财富和崇高正义的角色，穷人则扮演着反面角色，他们占领着市场的街道舞台，使用嘲笑或抗议的象征主义。"②

在《文化与社会》一书中，威廉斯提出了"整体的生活方式"这一概念，用以表明社会各阶级共同处于共同文化之中。威廉斯指出："既然马克思主义者强调社会现实的所有因素彼此依存，既然在分析中强调运动及其变化，马克思主义者应当合乎逻辑地在'整体生活方式'——一种总体的社会过程——的意义上，使用'文化'概念。"③文化是统治阶级与被统治阶级共同拥有的作为整体性的存在，是社会存在的必备条件。"我们需要一个共同的文化，这不是为了一种抽象的东西，而是因为没有共同的文化，我们将不能生存下去。"④

在意识形态和文化霸权问题上，安德森与威廉斯所持观点有共同之处，但也有所区别。共同之处在于：二人都认为统治阶级与被统治阶级能够共处于一个文化圈中，属于一种整体的生活方式；不同之处在于：威廉斯强调文化圈是由统治阶级和被统治阶级共同创造的，而安德森更强调这一文化圈是由统治阶级主导的，被统治阶级只是被动的参与者。因此，同样受到葛兰西霸权理论的影响，安德森比威廉斯更为强调统治

---

① E. P. Thompson, "Folklore, Anthropology, and Social History", in *Indian Historical Review*, Vol. 2, No. 2, 1978, p. 265.

② Ibid., p. 254.

③ [英]雷蒙德·威廉斯：《文化与社会》，吴松江、张文定译，359 页，北京，北京大学出版社，1991。

④ 同上书，395 页。

阶级文化相对于被统治阶级文化来说处于绝对支配和霸主地位。

接受葛兰西文化霸权理论后，安德森首先以此来解读独特的英国政治现象。他认为，在英国这一老牌资本主义社会，资产阶级革命率先展开，资产阶级的统治由来已久，其势力根深蒂固。武力和财富固然是统治阶级手中的两把利器，但最具杀伤力的却是文化这一隐形武器，也就是马克思所称的意识形态。统治阶级的文化占据了绝对的统治地位，渗入到社会生活的方方面面，这才是资本主义社会能够"长治久安"的关键所在。英国当前统治阶级文化的强势使其稳定地维持着它绝对的霸权态势。它扩展到了社会的每个角落，也渗透到了社会的每个细胞。强大的资产阶级文化几乎没有给其他阶级留下多少活动余地。在《当代危机的起源》一文中，安德森对此进行了分析和总结："当今英国社会的权力体制能够被确切地描述为一个具有极大弹性，涵盖一切的霸权秩序。葛兰西把霸权定义为一个社会集团对另一个集团的控制，不只是借由武力或者财富，还可以经由社会总权力，它的终极制裁和表达方式就是十足的文化霸权。统治阶级是整个社会的意识、特征和习俗的主要决定因素。相对而言，这种稳定的绝对的霸权是罕见的历史现象。然而在英国，统治阶级当政空前的持续性也成了突出典范。这种阶级的异常形态虽然显得如此怪诞和荒谬，但实际上却能够通过霸权形式得到有效说明。"[①]在《西方马克思主义探讨》一书中，安德森指出："所有意识形态的形态上的结构毫无例外地都是对社会形态和其中的个人之间真正关系的颠倒：

---

① Perry Anderson，"Origins of the Present Crisis"，in *New Left Review*，Vol. 23，1964，p. 39.

因为任何一种意识形态的关键性机制，总是要把个人当作社会的想象的'臣民'——自由首创精神的中心——，以此来保证他们作为社会的盲目支持者或牺牲品而真正隶属于这个社会秩序。"[1]从以上论述中，我们可以看出，安德森借用霸权理论求解英国问题时，阉割了葛兰西思想中的重要部分，即统治阶级与被统治阶级对文化霸权的持续争夺，文化是阶级力量对抗和斗争的角力场。在这一点上，汤普森却与葛兰西意外地站到了一起。

对于安德森的观点，汤普森认为它只是对传统马克思主义的普遍原理的简单陈述，没有把它与具体的历史事实结合起来考察，没有考虑到它的条件性和适用性，不能用理论来校正历史事实；相反，理论需要用实践来进行不断修正和完善。对于威廉斯的观点，汤普森批评威廉斯忽视了统治阶级文化与被统治阶级文化的差异和对立性。汤普森指出："历史记载不是一种中性的和必然发生的技术变革的简单记录，它也是剥削和抵抗剥削的过程，在于价值观在得到一些东西的同时又失去了一些东西。"[2]汤普森所主张的文化并不是相容的共同体，而是相互对立的斗争体。

对于汤普森的批判，威廉斯一方面坚持自己的论点，另一方面也承认汤普森观点的合理性。威廉斯坦承："理论分歧的目的是相互澄清，以便能够继续前进。爱德华所说的一些东西是必要的和正确的。他（汤

---

[1] [英]佩里·安德森：《西方马克思主义探讨》，高铦等译，108页，北京，人民出版社，1981。

[2] [英]爱德华·汤普森：《共有的习惯》，沈汉、王加丰译，421页，上海，上海人民出版社，2002。

普森)的文章的中心主题是作为'一种生活方式'和'一种斗争方式'的社会意识的对立。这指出了一个非常关键的问题。事实上,这个问题仍然没有从他自己的工作中消失,当然也没有从我的工作中消失。"[1]在遭受汤普森批评后,威廉斯后来修正了自己原来的观点,改变了对文化的看法,开始倾向于以斗争思维思考文化,进行从"共同文化"向"斗争文化"的转向,在理论中加入了"反霸权"(counter-hegemony)和"非正统霸权"(alternative hegemony)两个新概念作为"霸权"的对立面。这就为霸权的动态变化提供了动力,它"总是不断地被更新、被再造,得到辩护,受到修饰;同时它也总是不断地受到那些完全不是来自它自身的压力的抵制、限制、改变和挑战"[2]。正是由于"霸权文化"和"反霸权文化"的对立性与同一性存在,文化不再是不变的单质体,而是对立统一的矛盾体,这也为社会发展提供了文化层面的动力之源。

(二)汤普森的斗争文化理论

汤普森对威廉斯的批判主要集中于1961年发表在《新左派评论》上的长文《漫长的革命》("Long Revolution")中,对威廉斯的《文化与社会》和《漫长的革命》两本著作进行了分析和评判。汤普森首先对威廉斯坚定的共产主义信念表示了赞赏。但是他又不认同威廉斯所提出的"整体的生活方式"范畴。因为这一概念没有表现出社会文化的矛盾冲突和发展

---

[1] Raymond Williams, *Politics and Letters Interview With New Left Review*, London: New Left Books, 2015, p.133.

[2] [英]雷蒙德·威廉斯:《马克思主义与文学》,王尔勃、周莉译,121页,开封,河南大学出版社,2008。

变化过程，它忽视了不平等、剥削、权力关系等要素。"在威廉斯先生的历史中根本不存在好人与坏人，而只有处于统治地位的和附属地位的'情感结构'。我们最终将永远处于喜气洋洋的'进步'过程中。"[1]而对于威廉斯在《漫长的革命》一书的表现，汤普森同样认为，威廉斯过于温和，把资本主义文化描绘得一团和气，缺少斗争和对抗的基调，造成革命理论的哑然失声，这是对马克思主义基本立场的违背。

对于威廉斯的"整体生活方式"，汤普森提出了改造方案。他认为，如果将"生活方式"改为"成长方式"就会使文化变成动态的发展过程；如果再抽走"成长方式"中的进步含义，就剩下了冲突含义。如此一来，文化就表现了一个动态发展过程，并且其内部也有了发展和变化的动力，即造成冲突的矛盾。经过这一番改造，文化由威廉斯的"整体生活方式"就摇身变为汤普森的"整体斗争方式"。

在文化观上，基尔南与汤普森保持了相同的立场，他曾提出过与汤普森相类似的观点。他说："如果说传统不仅仅意味着自我陶醉，这是因为英国有这样一种历史，它没有长期阻碍人民对社会的抵抗，没有长期阻碍作家将人民的情感表现在语言中。"[2]由此可以看出，基尔南也强调文化的斗争性。

对于文化的理解，霍尔不仅认为汤普森的观点是独特的，而且他还为文化研究做出了开创性贡献。霍尔分析说："汤普森主张文化具有历史特殊性。对于文化的界定，它是复数'cultures'，而不是单数'cul-

---

[1] E. P. Thompson, "Long Revolution Ⅰ", in *New Left Review*, Vol. 9, 1961, p. 28.

[2] Victor Kiernan, "Culture and Society", in *New Reasoner*, Vol. 9, 1959, p. 79.

ture'。更为重要的是，在文化以及与之关联的阶级文化间，是必然的斗争、紧张和冲突。"①

对于汤普森的批评，直到1979年，威廉斯才在《政治与书信》中有了回应：作为"整体斗争方式"的社会过程是对英勇反抗时期的恰当描述，但不能代表所有时期。在一些时期，冲突会被其他方式调和，当然这只是暂时的缓和。比如19世纪50年代就属于这样一个典型时期，社会的斗争机制消泯于中立化。② 并且将阶级斗争与阶级冲突进行了区分。阶级斗争更多是从主观意识层面讲，阶级冲突则是资本主义生产关系结构性对立。他认为汤普森更多是在讲阶级斗争，而不是阶级冲突。

但是，应该看到，威廉斯已经部分地接受了汤普森的观点，他自己也承认这一点。从20世纪70年代开始，他重新调整了对社会文化的看法，逐渐把斗争观点融入他的文化理论，即把资本主义当代文化看作统治阶级没落文化与工人阶级新兴文化的竞技场。他开始承认文化、政治意识形态内的霸权争夺。正是文化和意识形态内的这种矛盾斗争性才使得霸权有了动态变化。被压迫的新兴文化与主导文化的斗争推动社会的发展，预示着新的社会形式。

尽管汤普森与威廉斯对文化的理解有差异，但是他们的共同点也是非常明显的。汤普森对简单的经济决定论和传统的"基础-上层建筑"模

---

① Stuart Hall, "Cultural Studies and the Centre: Some Problematics and Problems", in Stuart Hall, Dorothy Hobson, et al., eds., *Culture, Media, Language: Working Papers in Cultural Studies, 1972-1979*, London: Routledge, 2005, p. 7.

② Raymond Williams, *Politics and Letters: Interview With New Left Review*, London: New Left Books, 1979, p. 135.

型的批判，从一定意义上来说是为了恢复文化在这一公式中所占的比重。他强调人的主体能动性和生活体验，坚持人道主义立场。对于两人来说，文化构成了日常生活实践的网络，并且文化并不是静止的，而是动态发展的。与汤普森一样，威廉斯也认为马克思的"基础-上层建筑"模型不利于理解马克思的真正理论精神。它经常被人以静态和客观化的方式思考。在《马克思主义文化理论中的基础与上层建筑》一文中，他认为："当这些力量如马克思一直认为的那样被认为是现实的人的特殊活动与关系时，它们意味着一些东西，这些东西比起成熟的隐喻性的'基础'观念可能允许我们认识到的东西来说，要更加积极、更加复杂、更加矛盾。"[1]而在《漫长的革命》一书中，他强调文化整体内各要素之间的复杂关系，强调文化发展的过程性。"紧紧抓住作为一个整体的（文化发展的）过程，并以一种漫长的革命这样的新的方式去看待这一过程。"[2]

汤普森与威廉斯之间虽然有理论差异，但不是根本性的，他们需要携手共同应对的是结构主义的马克思主义者的进攻。在结构主义者看来，汤普森和威廉斯的文化主义对个人经验和行为的关注既是典型的浪漫主义，也是倒退的人道主义。但汤普森和威廉斯则认为，结构主义者玩弄的是理论概念，它的机械和僵化完全无法胜任对生动复杂的文化过程的诠释。

---

[1] [美]丹尼斯·德沃金：《文化马克思主义在战后的英国》，李凤丹译，207页，北京，人民出版社，2008。

[2] Raymond Williams, *The Long Revolution*, London: Chatto & Windus, 1961, p. XIII.

(三)汤普森的文化对立统一理论

在《18世纪的英国社会：没有阶级的阶级斗争》一文中，通过对英国18世纪社会历史材料仔细分析，汤普森得出一个结论，贵族和平民处于相互对立的文化体系中，两者之间并不是时时处于一种激烈战斗状态，而是处于一种紧张的对峙状态。"当分析贵族-平民关系的时候，你会发现，与其说是势不两立的敌对双方之间的互不相让的激烈斗争，不如说他们所体现的是一种社会的'力场'。"①他以物理实验作比喻来形容贵族与平民之间存在的这种紧张对峙关系。当一个铺满铁屑的盘子被电流磁化，盘子里的铁屑就会分成两部分分别围绕电磁的两极呈均匀分布状态。虽然他们相互分离对峙处于各自位置，但两者之间又相互依存。这正是18世纪社会的生动体现，平民处于一极，贵族处于另一极。中间则是专职人员和商人，因受统治者的磁力线支配，中间的专职人员和商人偶尔会遮起他们的本来面目与民众共同行动。② 依此可知，文化表现为一个体系，在体系中存在着斗争和同一，对立双方相互依存，又相互斗争，但斗争是绝对的，同一是相对的，这与威廉斯所主张的整体内部的同一性有根本区别。正是由于斗争性的存在使文化表现为一个不断运动发展的过程，而并非一个稳定的具有结构和层次的静态体系。

汤普森的历史研究显然借鉴了结构主义的整体性思维，但与结构主义不同的是，他强调文化的内在异质性，不仅重视文化的地域差异和阶级差异，而且更为强调不同文化之间的斗争性。在使用"文化"这一范畴

---

① E. P. Thompson, "Eighteenth-century English Society: Class Struggle Without Class?", in *Social History*, No. 3, 1978, p. 151.

② Ibid..

时，汤普森一直保持着审慎的态度，极力避免形成传统意义上的习惯性的解读方式，即把它作为无内在差别的同一性存在。在《共有的习惯》中，汤普森写道："我早年曾批评使用'文化'一词，因为它具有促使我们倾向于完全为双方同意的整体性概念。但当我努力对'平民文化'做出说明时，它可能遭到同样的批评。如果我们把'文化'作为一个松散的描述性的词汇来使用，可能没有大的问题。毕竟还有其他通用的描述性的词汇，如'社会''政治'和'经济'，毫无疑问，值得时时对这些词进行审视。即便如此，我们还是不应该忘记，'文化'是一个笨拙的词汇，它把如此多的属性纳入一个共同的包裹中，实际上可能混淆或掩饰了应该在它们之间加以辨别的东西。我们需要打开这个包裹，更加仔细地考察其组成部分：仪式、符号模式、霸权的文化属性、习俗的代际传递以及习俗在历史特定的工作方式和社会关系中的演变。"[1]

在汤普森看来，理论容易把事实简单化和抽象化，忽略了社会和人的复杂性和多样性。汤普森指出："许多劳动人民的社会身份也并非没有歧义，我们常常可以在同一个人的不同身份中发现，一种是恭顺的，另一种却是叛逆的。这个问题葛兰西也曾关注过，他使用了不同的术语来描述。他指出了民间传统的'民众道德'与'官方道德'之间的反差。他的'群众中的个体'可能拥有两种理论意识（或一种矛盾意识），一种来自实践，另一种则'从过去继承而来，不加批判地加以吸收'。葛兰西在《狱中札记》中讨论意识形态时，将它视作为基于'适用于每个人的无意

---

[1] E. P. Thompson, *Custom in Common*, London: Penguin Books, 1993, p. 13.

识哲学'。"①因此，在现实中，统治者和被统治者是多面的和复杂的，他们既相互斗争又被迫合作，就好像生态系统中的猎食者和被猎食者，在斗争的表象下是相互依存的关系，双方都在保持着彼此之间的某种底线不被突破，小心维持着既有的平衡。

在《共有的习惯》中，汤普森着重论述了 18 世纪英国平民的文化，可以算作《英国工人阶级的形成》的前篇。与 17 世纪和 19 世纪相比，英国的社会矛盾不是非常尖锐，当时的平民不是无助的失败者，他们以集体行动维护习惯赋予他们的权利以保障他们的利益不被侵犯。在荒年，他们推倒面包师和磨坊主的房屋，提倡博爱和仁慈的精神，要求扩大都铎王朝(1485—1603)制定的济贫法的适用范围，从而使饥荒不至于升级为生存危机。他们还享有其他一些自行其是的自由，汤普森在书中列举了许多事例，其中两例如下：

（1）伦敦的王室园林圣詹姆斯公园历史悠久，长期对民众开放，英王乔治二世(1727—1760 年在位)的王后卡罗琳试图将其收归王室独用。为此她问首相罗伯特·沃尔浦尔，安抚民众需要多少费用。沃尔浦尔冷冷地回答："只要一顶王冠。"（"朕即国家"在英国是不可想象的。）

（2）伦敦西南的里奇蒙猎园（先由首相沃尔浦尔监管，后由公主阿米莉亚监管）有几条公共步行道存在已久，王室一度把这个猎园围起来，造成步行道无法使用。公众感到很不方便，就屡屡发泄情绪，在猎园围墙上砸出缺口。猎园附近的百姓要求恢复穿越权的呼声越来越高。1755年，一位叫约翰·刘易斯的酿酒人强行进园未果，就起诉看门人，理由

---

① E. P. Thompson, *Custom in Common*, London: Penguin Books, 1993, p.10.

是猎园的围墙阻断了公共通道，法庭判决刘易斯胜诉。刘易斯也进行了妥协，选择要求管理方在围墙上搭建梯子以便穿越。梯子建好后，居民又抱怨梯子格间距太宽不利于老人和儿童攀爬，法官又下令进行改建。

所以，"存在着一种统治者和民众彼此需要，互相监督，为相互的观众席提供戏台和反戏台，调节彼此的政治行为的意念。这是一种比通常使人想到'家长制和服从'的公式更为活跃的相互关系"[1]。我们可以看到，统治者和被统治者之间是一种既对立又统一的关系。他们之间维持着微妙的平衡。

在《辉格党与猎手》中，汤普森持有相同的观点。他认为法律并不能被简单地定义为统治阶级的统治工具，而是统治阶级与被统治阶级利益冲突后取得的暂时平衡，是双方斗争后达成的妥协。法律并不总是用以维护统治阶级的利益，它常常也能够保护被统治阶级的权利。法律至少在表面上能够给人以公平的印象，有时实际上是相对公平和公正的。而被统治者也不会把法律当作绝对的伪善加以拒绝，他们常常能够从自己的利益出发利用法律的辞令来维护自己的权利。所以，法律是平民和贵族双方经过冲突对抗过程后形成的文化产物。法律虽然是由统治者来制定的，但"统治者是他们自己辞令的囚犯；他们根据适合于他们的制度来玩弄权力游戏，但是他们不能够违背这些制度，否则整个游戏将被废弃"[2]。

---

[1] [英]爱德华·汤普森：《共有的习惯》，沈汉、王加丰译，51页，上海，上海人民出版社，2002。

[2] E. P. Thompson, *Whigs and Hunters: The Origins of the Black Act*, London: Allen Lane, 1975, p. 263.

汤普森主张："工人阶级对任何一个资产阶级民主国家机关要发挥影响，它同时必须作为一个合作者（甚至是一个敌对的合作者）参与驱动这部机器。"①同样，工人阶级与资产阶级的关系也是一对矛盾的统一体，既存在相互对立的关系，又存在同一关系，既相互斗争，又相互依存。所以，汤普森主张工人阶级不应该独立于资本主义社会之外，而要在系统内部发挥作用，推动社会向前发展。

马克思把人的本质归结为一切社会关系的总和。但他同时又认为，这些社会关系"不是个人和个人的关系，而是工人和资本家、农民和地主的关系"②，并且提出在阶级社会中阶级斗争是历史发展的直接动力。阿尔都塞也积极支持这一观点。但汤普森认为，这一比喻很不充分，历史的动力存在着，但不是存在于阶级之中，而是存在于人们中间。汤普森把阶级看作一种历史现象，属于社会历史当中的一个局部。而社会是复杂关系的总和，不仅仅是阶级与阶级之间的关系，它还包括阶级内部人与人之间的关系。因为，阶级是由不同的有差异的人组成的，并不是由同质的人组成的。工人阶级内部存在种族、性别、地域、工种等差异，有差异就会有对立和矛盾，有矛盾才会有发展。因此，在汤普森看来，阶级关系只是社会关系的局部，并不能为社会有机整体提供充足的动力，个人关系是社会整体中普遍存在的关系，社会发展的动力应该存在于每个从事生产活动的人身上。艾伦·伍德曾这样评价汤普森和他的理论："汤普森从不认为资本主义是理所当然的。他从不像其他许多马

---

① E. P. Thompson, *The Poverty of Theory and Other Essays*, London: Merlin Press, 1978, p. 281.
② 《马克思恩格斯全集》第 4 卷，135 页，北京，人民出版社，1958。

克思主义者那样,仅仅服从于对它的预想或假设。在他的著作中,资本主义生产方式,生产力和生产关系,总是强调其独特性和差异性。它们作为真正的历史产物,真正的社会实践总是处在过程中,总是处于斗争中。"①

四、对"经验"概念的分析

"经验"(experience)是汤普森著作中反复出现的一个词语,是其理论体系中的核心范畴之一。对经验范畴的分析,有助于我们理解和把握汤普森思想的本质。

(一)阶级形成过程中的经验

汤普森认为,在阶级形成过程中,不仅要有客观条件,还必须有主观因素。"阶级是社会与文化的形成。"②在汤普森看来,"社会"是阶级得以形成的客观条件,"文化"则是主体对客体的解读方式。

在《英国工人阶级的形成》中,汤普森以经验作为阶级形成过程中的媒介和工具。experience 一词在英语中本身有两层含义,一是客观"经历";二是主观"体验"。这两层含义正好被汤普森用来表达存在与意识

---

① Ellen Meiksins Wood, "E. P. Thompson: Historian and Socialist", in *Monthly Review*, Vol. 45, No. 8, 1994, p. 10.
② [英]E. P. 汤普森:《英国工人阶级的形成》(上),钱乘旦等译,"前言"4页,南京,译林出版社,2001。

的这种区别。"当一批人从共同的经历中得出结论(不管这种经历是从前辈那里得来还是亲身体验),感到并明确说出他们之间有共同利益,他们的利益与其他人不同(而且常常对立)时,阶级就产生了。"①"阶级是一种历史现象,它把一批各各相异、看来完全不相干的事结合在一起,它既包括在原始的经历中,又包括在思想觉悟里。"②从这一论述中我们得知,在阶级形成过程中,共同的经历是客观的存在,体验和感受是对作为客观存在的经历的反映。如果经历相似的一群人表达了共同的感受即构成了阶级意识形成的条件,阶级意识的出现就意味着阶级的形成。

在汤普森的另外一本重要著作《理论的贫困及其他文章》中,他再次以 experience 的双层含义来建构阶级的形成过程。"阶级和阶级意识不能分离,不能认为它们是两个分开的实体,也不能认为阶级意识是在阶级出现以后产生的,必须把确定的经验和在观念上处理这种经验看成是同一的过程。"③在这里,"确定的经验"是阶级群体的客观经历,"在观念上处理这种经验"则是阶级主体对这种客观经历的体验和感受,经过这一处理过程,阶级意识得以形成。所以,这一处理过程在阶级形成中起着关键性作用,没有形成阶级意识,阶级就不会形成。

反观传统观点,他们认为,阶级是客观条件的必然产物,只要客观条件存在,阶级就能够形成。工人阶级是工业革命的产物,是既定生成

---

① [英]E. P. 汤普森:《英国工人阶级的形成》(上),钱乘旦等译,"前言"1—2 页,南京,译林出版社,2001。
② 同上书,"前言"1 页。
③ E. P. Thompson, *The Poverty of Theory and Other Essays*, London: Merlin Press, 1978, p. 109.

的东西。汤普森要改变这种传统观点，他认为："工人阶级并不像太阳那样在预定的时间升起，它出现在自己的形成中。"①所以，阶级的形成既有客观因素的作用，又离不开自己的主观选择，这正是阶级在形成过程中能动性的体现。

借助经验范畴，汤普森对阶级进行了整体性的动态分析，并且确定了阶级形成的新标准，从而把阶级还原为由现实生活中有思想和情感，能够创造历史并且创造自身的人组成的群体。

（二）"社会存在-社会意识"中的经验

"经济基础-上层建筑"模型是马克思、恩格斯在《德意志意识形态》中首先提出的。但长期以来它却被以经济决定论的方式进行解读。虽然恩格斯生前对此进行了多次纠正，但仍未消除人们对这一模型的误解。汤普森主张这一模型应该弃之不用，代之以社会存在与社会意识。

为了避免"经济基础-上层建筑"模型的弊病重现，他在社会存在与社会意识之间加入了经验这一中介进行衔接，试图使二者形成交流互动，形成动态发展过程。经验范畴如何能够完成这一重任？汤普森还是看重了 experience 的双层含义：客观的"经历"与主观的"体验"。经验"一半在社会存在中，一半在社会意识中，我们或许可以称这些经验为：

---

① ［英］E. P. 汤普森：《英国工人阶级的形成》（上），钱乘旦等译，"前言"1页，南京，译林出版社，2001。

经验一——活动的经验；经验二——理解的经验"①。这样，经验既是客体存在，又是主观意识，成为存在与意识之间联系的纽带也就顺理成章了。在社会存在与社会关系中，社会存在仍处于支配地位。"经验产生于物质生活，经验被阶级的方式所构成，因此社会存在决定了社会意识。"②通过经验的中介作用，社会存在对社会意识的作用机制被描绘出来。"社会存在的变化带来经验的变化；经验的变化影响现存的社会意识，提出新的问题，为进一步的意识活动提供素材，在这种意义上，经验是决定性的。'经验'在最终意义上是从'物质生活'中产生的，以阶级方式积累而成。既然'社会存在'决定'社会意识'，（社会）结构仍决定着经验，只是从这一层面看，它的决定性影响有所减弱。"③正是由于经验的中介作用，才使社会存在与社会意识之间形成了互动。这一模式便是汤普森创造的"社会存在-经验-社会意识"模式。

在"社会存在-经验-社会意识"模式中，经验作为中介，既包含死的经验，又包含活的经验。主体的实践活动经历是死的经验，对实践活动经历的理解和体验则是活的经验。如此一来，经验既是客观又是主观，既属于存在，又属于意识。这正是经验能够在社会存在与社会意识之间充当媒介的主要原因。首先，经验本身具有主体活动历程的含义，社会存在又是主体实践活动结果的累积形成，经验与社会存在之间就不会存

---

① E. P. "Thompson, The Politics of Theory", in Raphael Samuel, ed., *People's History and Socialist Theory*, London: Routledge & Kegan Paul, 1981, p. 405.

② E. P. Thompson, *The Poverty of Theory and Other Essays*, London: Merlin Press, 1978, p. 171.

③ Ibid..

在隔阂；其次，经验本身还有体验实践活动过程的含义，社会意识是对实践活动过程及结果的映现，这就使经验和社会意识相互交融。由于经验的中介，社会存在和社会意识成为统一的系统内两大要素，要素之间的互动推动着系统的变化和发展。这也是对社会发展过程的精细化解读。

经验源于社会存在，同时离不开人的理性。当人思考着环境与人自身的关系及其变化时，也就是对社会存在的主观体验过程。当人按照这一体验指导进行活动时，就产生了人与环境交互作用的结果，形成了客观经历。客观经历融入不断变化的现实存在构成了新的社会存在，它作为新一轮的经验对象被纳入人的理性考察范围，形成新的主观体验。在这一过程中，人既是环境的产物，又在不断地改变着环境和人自己，人的能动意识在其中起了关键性作用。在这一过程中，经验以经历和体验为表现形式，把社会存在与社会意识连接和统一起来，不再是一种孤立、静止状态，而是作为一个有机联系的整体而存在的连续发展、不断变化的过程。社会存在为社会意识提供了经验材料并设定了经验范围，任何社会意识都是在社会存在的基础上即人的物质活动及其过程中生发出来的。从这种意义上说，社会存在之于社会意识具有基础性的决定作用。社会意识则为人的实践活动提供方向，指向未来可能性，它不断要求突破现实存在状况，借以人的实践活动来创造出更加合意的生存环境。以此来看，社会意识之于社会存在具有强大的引领和塑型作用。而且，正是人类的这种能动意识把人与其他动物区别开来。

由于经验的介入，社会存在和社会意识之间消除了僵化和对立，不再有明确的界限。社会存在中包含了社会意识的细胞，社会意识中也渗透着社会存在的要素。日常生活以及社会生活的所有元素"构成了整个历史进程的遗传学,在某一点上汇聚成了人类共同的经验,每一部分都在总体中发挥着自己的作用"[1]。由于经验从中作用,社会存在与社会意识组成的社会系统就不再是一个静止的物,而可以理解为一个不断变化和发展的过程。

(三)历史主体的经验

在处理社会存在与社会意识之间的关系时,汤普森运用了唯物辩证方法,他虽坚持了前者对后者的决定性作用,但更为强调意识的相对独立性地位以及社会意识对社会存在的反作用,因为这正是传统观点常常忽视的地方。

汤普森强调了经验并不是社会存在事先决定的规律性存在,由于经验主体的主观能动性导致了经验的偶然性。"经验可以不敲门就径自而入,宣布死亡、生存危机、阵地战、失业、通货膨胀、种族灭绝……旧的观念体系中的一般经验可能已经崩溃,而新的疑问必然会出现。"[2]由于经验在社会存在与社会意识之间的中介作用,使得作为主体的人自然地与社会融为一体,不再是历史舞台下的看客,而是历史大戏的剧中人。"正是通过经验,结构变成了过程,主体重新进入历史。"[3]这样,在存在和意识、主体与结构之间,由于经验的联结,具有主观意识和目

---

[1] E. P. Thompson, *The Poverty of Theory and Other Essays*, London: Merlin Press, 1978, pp. 170-171.

[2] Ibid., p. 9.

[3] Ibid., p. 362.

的的人不仅是社会关系被动的承受者，同时也是这一关系积极主动的创造者。

每个人的经验范围和程度决定了他对历史进程的影响。"经验是正当而有效的，但必须在确定的范围内：农夫'了解'他的季节，水手'了解'他的大海，但他们可能却对王权和宇宙学一无所知。"[①]因而，历史主体必须在经验过程中发挥其作用。人的主观能动性必须以客观条件为前提，必须在客观规律的作用下起作用。马克思指出："人们自己创造自己的历史……是在直接碰到的、既定的、从过去承继下来的条件下创造。"[②]这就为主体规定了主观能动性的作用范围，这既是一个限定条件，同时也是一个工具条件。人的能动性就好像一只风筝，只有当风筝线牵制和约束它时才能够飞上天空。

[①] E. P. Thompson，*The Poverty of Theory and Other Essays*，London：Merlin Press，1978，p. 7.
[②] 《马克思恩格斯选集》第1卷，585页，北京，人民出版社，1995。

第四章 汤普森历史哲学的历史建构

作为历史学家,汤普森对历史有自己独到的见解。在《秉烛而书》中,汤普森这样描述历史:历史是过去人类活动的记录,从表面上看已经失去活性完全死去,只能静静地躺在那里,但它却是一种储存文化能量的载体,不经意间会释放出巨大的能量。因此,就像煤炭石油一样,历史材料也是一种资源。历史学所要做的工作就是通过不断地发掘历史材料,得到它所储存的文化能量。

虽然汤普森主张从经验出发,反对用理论裁剪历史,他甚至说历史学家没有理论,但他并不反对用理论概念来进行历史研究。在他的历史研究中,处处能够看到运用马克思主义的基本观点和方法的痕迹。他主张用马克思主义为指导来研究历史,公开声称自己是马克思主义历史学家。但是他反对以马克思等经典作家的著作作为出发点，让历史为其做注脚。在他看来马克思的某些现成结论并不重要，重要的是他所倡导的基本原则和方法。只有结合当代社会实践进行不断创新，同时汲取各种理论中的精华，才是对马克思主义最好的坚持，才能够不断丰富和发展马克思主义。

综观汤普森的历史哲学，理论与实践同步，批判与建构并行。它发端于对经济决定论的全面批判，以此为起点展开理论体系的建构过程。这一过程是通过文化切入主体意识问题，在经验主义基础上，以历史主义思维做引导，以人的自由和全面发展为理论探讨与政治实践的目标，遵循一定的建构原则，最终发展成为一个较为完备的理论体系，从整体上完成对历史的哲学思考。

汤普森的整个历史理论基本上是在文化层面展开对人的主观意识的讨论，但他并没有否认客观物质条件起决定性作用的唯物主义前提。在历史审视中，汤普森同样坚持了历史主义的辩证思维方法。最重要的是，汤普森历史研究的出发点是人，落脚点也是人。他所研究的人不是单个的抽象的人，而是社会历史当中具体的现实的人，是处于一定生产关系当中从事物质生产活动的人。他把历史研究定位于解决现实问题，通过批判不合理的现实达到理想的未来社会，实现人的全面解放。这些思想和观念都是马克思主义哲学基本特征的体现。马克思从来不把自己的哲学当作只是用来"解释世界"的完美理论体系，在批判性的实践中"改变世界""使现存世界革命化"才是马克思主义实践哲学的本质精神。

在唯物主义与辩证法的基础上，在对人的终极关怀的预设目标下，在理论批判与政治实践的过程中，经过历史的探讨与现实的分析，汤普森历史哲学得以构建和形成。在历史存在的样式、历史的生成机制、历史的动力根源以及前进方向等问题上，汤普森基本上做出了正确的说明和判断。但不可否认，在汤普森的历史解读中，难免发生对马克思主义理论和思想的曲解和误读，但大多数情况下还是坚持了马克思主义的基本立场和原则方法，在某些方面也有对马克思主义的发展和补充。面对建构中国马克思主义哲学当代形态这一艰巨任务，汤普森在学术研究中的许多思路和方法可以为我们所用，某些成果和结论也可以供我们参考和借鉴。

一、经验论与唯理论两种历史传统

在西方近代哲学史上，以培根为代表的英国经验论和以笛卡儿为代表的欧洲大陆唯理论曾经长期对立，相互论战。这两种对立的理论传统的争论为近代西方哲学的发展奠定了丰厚的基础，也为许多后来的哲学家提供了理论借鉴。这两种理论传统对学术研究的影响不仅持续时间长，而且影响范围广，不仅仅限于哲学领域，在历史学领域同样也影响巨大。

英国素来有经验主义的传统。从 16 世纪末到 18 世纪中期，培根、霍布斯、洛克、贝克莱、休谟等经验主义哲学家为英国学术奠定了深厚的经验主义基础，形成了与欧洲大陆的唯理论相对立的经验论派系。经验主义是近代西方哲学重要的逻辑起点之一，对于后来的哲学发展，尤其是唯物主义的发展具有决定性影响。马克思主义哲学也从中汲取了宝贵的养料。由于英国新马克思主义在英国独特的学术氛围中成长起来，自身带有浓郁的经验主义气质，这影响了其学术研究的路径与方法。英国新马克思主义通常以经验观察为基础进行理论探讨。

作为英国新马克思主义重要代表人物的汤普森是经验主义路线最彻底最坚定的执行者。因为其父亲曾经长年在国外工作生活，所以他的家庭自然带有国际背景，但在这种家庭环境中成长起来的汤普森却不是开放的国际主义者。他极为重视民族自身的思维习惯与文化传统，英国本土产生的经验主义理论观念在他思想形成的过程中起到了决定性作用。在汤普森思想孕育的过程中，从母体当中继承而来的经验主义与他的历史研究交融在一起，成为不可分离的基质。

在访谈中，汤普森曾经谈到了英国史学界存在的经验论和唯理论这两种对立的理论传统。汤普森说："在这里我要谈到培根与笛卡儿两种理论传统，它们被当作过去历史上曾经发生的，但这两种传统仍然存在，甚至在马克思主义中发挥着作用。在某种程度上，这听起来很滑稽，却又是严肃的。"[1]事实上，在20世纪后半叶，在英国历史学界，以汤普森为代表的历史主义学派和以安德森为代表的结构主义学派分别继承了培根和笛卡儿的学术传统，在历史研究中形成了经验论和唯理论的分野和对峙，即英国历史学的"事实"与"理论"之争。

(一)历史学以经验事实为基础

汤普森与安德森的"事实"与"理论"之争首先体现在对历史学的认识

---

[1] E. P. Thompson, "Interview With Thompson", in Henry Abelove, Besty Blackmar, et al., eds., *Visions of History*, New York: Pantheon Books, 1976, p. 17.

上。历史学是应该直接以经验事实为基础而排除理论干扰,还是应该以理论为先导进行理论预设？这些问题成为汤普森和安德森争论的焦点。

在汤普森看来,历史学就是挖掘整理历史材料和事实,而不是用这些材料和事实去论证或产生理论。他说："历史学并不是一个生产'伟大理论'的工场。历史学的任务是要发现、解释和理解它的客体,即真实的历史。"①汤普森甚至把历史等同于过去,把它当成过去所发生的全部事情的记录,从而反对把历史学当作一门科学,因为"把历史称为一门'科学'的企图总是无益的并且容易引起混乱的"②。汤普森看到了历史本身的流变性与理论概念的牢固性不相适应的一面。他认为历史演进中诸多的偶然性决定了不可能出现相同的历史事件,也不可能产生造就历史事件的相同历史条件和环境。在汤普森看来,在特定的历史时期、特定的历史条件下,再根据特定的历史事实制造出来的理论只适合于说明当时的历史,绝不能把这些理论模式加于其他历史事实之上。汤普森认为,历史的这种特点决定了历史学永远只能用事实说话。因此在汤普森的历史研究中,理论总是被刻意地排除在外。在去世的前一年,汤普森对他一生的学术写作进行了总结。他说："在我的史学著作当中并没有很大的理论篇幅。我有意避免这一点。一方面这是个怎样与读者对话的问题,另一方面也表明了我的整个立足点和思维方式。"③汤普森的这一

---

① E. P. Thompson, *The Poverty of Theory and Other Essays*, London: Merlin Press, 1978, p. 46.

② Ibid., p. 231.

③ 刘为：《有立必有破——访英国著名史学家 E. P. 汤普森》,载《史学理论研究》,1992(3)。

总结也恰当地说明了在他的学术中重事实、轻理论的特点。

汤普森从经验主义原则出发，展开对"经济基础-上层建筑"模型的批判。在汤普森看来，斯大林主义正是以"经济基础-上层建筑"模型为基点，把马克思主义彻底变为抽象的范畴体系。他认为，这一模型经过后人的歪曲解读已经不再符合马克思当初要表达的原意，已经脱离具体客观的现实，变为了虚幻的空中楼阁。阿尔都塞、安德森等人的结构主义的马克思主义都是斯大林主义的化身，都犯了共同的唯心主义的错误，即用抽象的理论体系来裁剪活生生的现实，不是从客观事实出发说明理论，而是从抽象原则出发演绎事实。汤普森则严格遵守经验的唯物主义原则，从具体的历史材料出发，以历史事实来校验和发展理论。在这种意义上，汤普森喊出了"历史学家没有理论，马克思主义的历史学家也没有理论"[1]之口号。如此一来，就形成了一个奇怪的现象：虽然汤普森强调主观的能动意识，安德森等人则强调客观的经济结构，但是汤普森所走的经验主义路线，较之安德森等人走的理性主义路线更为靠近唯物主义。

虽然汤普森常常把理论看作历史研究的障碍，在与安德森的争论中，他不断抬高经验方法，而贬抑理论方法。但事实上，汤普森也不得不承认在他的历史研究中已经用到了"理论"。他说："我深受马克思主义理论的影响，极大地得益于马克思主义史学传统，我的理论语汇相当

---

[1] E. P. Thompson, *The Poverty of Theory and Other Essays*, London: Merlin Press, 1978, p. 12.

大的一部分来自这一传统，比方说'阶级觉悟'。"[1]汤普森虽然反对把马克思在特定时期和特定条件下得出的那些现成的结论拿来套用，拒绝用理论和原则来裁剪事实，但他却强调只能用马克思主义的方法来进行历史研究，并且他认为作为方法论的历史唯物主义和辩证法是马克思主义者"共同实践的场所"[2]。值得注意的是，汤普森并不承认马克思主义的方法是抽象出来的理论，他认为它们只是具体的"思想习惯"，要在学术实践中通过培养才能获得。为了捍卫经验主义原则，汤普森仍然拒绝把历史研究中应用的方法上升到理论的高度，拒绝把它当成理论来看待。此外，汤普森并不完全排斥在历史学中运用一些概念与范畴。他多次承认马克思主义的理论与概念在他研究工作中具有重要作用。但是汤普森又认为在历史中运用的概念是"期待而非规律"，这些概念具有"特殊的适应性"和"应有的弹性"，是一个"机动系数"。[3]汤普森在这里已经把理论缩小化为概念，而且他所说的概念也并不完全是我们所理解的概念。他所说的概念能够随着经验事实的改变而快速做出反应，能够在瞬息之间改变自身以追随不断流变的经验事实。也就是说，他把概念引入历史只是为了方便地谈论经验事实的流变性，而概念最终却要消溶于经验事实之中。正是由于汤普森所理解的历史事实与理论概念的不相容，他才怀疑历史学作为科学的正当性。

---

[1] 刘为：《有立必有破——访英国著名史学家 E. P. 汤普森》，载《史学理论研究》，1992(3)。

[2] E. P. Thompson, *The Poverty of Theory and Other Essays*, London: Merlin Press, 1978, p. 44.

[3] Perry Anderson, *Arguments Within English Marxism*, London: Verso Books, 1980, p. 9.

毫无疑问，出于对历史学学科特点的理解，汤普森批评安德森在历史研究中忽视历史事实，这点毫无疑问是正确的。汤普森重视历史的细节，把自己的历史研究限于发掘整理事实材料，由于个人的精力和时间等条件的限制，这样做也是合理的。而且仅仅把这些工作做好也已经使汤普森成为一个杰出的历史学家。可惜的是，汤普森把作为个体的历史学家的工作与整体的历史学的使命相等同。他反对从搜集来的历史材料和经验事实当中去抽象出理论，更不能容忍把理论加于历史事实之上。对于理论体系，他始终抱着强烈的排斥态度。这样就不仅把历史学家的工作限制在搜集事实材料上，而且把历史学错误地当成了堆积事实与材料的学科。由于把理论排除在历史学之外，汤普森很自然地就拒绝给历史学冠以科学之名。在《理论的贫困及其他文章》中，汤普森写道："历史学家没有理论，马克思主义的历史学家也没有理论，历史理论必然是有别于马克思主义历史理论的其他东西。"[1]出于保护目的，为了使历史学免受"理论"的污染，汤普森采取的是一种极端的方式，把理论拒于历史学门外，其结果必然是对历史学自身的伤害。

在这场争论中，汤普森从历史学家的角度出发，基于历史学的特点，再加上受英国经验主义传统的熏陶，所以过多地强调事实，信奉单一的经验事实原则，这样势必造成他对理论的过分贬抑。显然，这种认识对于历史唯物主义和历史学本身的发展都是不利的。安德森则更多从哲学理论的角度来进行社会发展总体和长时段的考察。在这种总观中，

---

[1] E. P. Thompson, *The Poverty of Theory and Other Essays*, London: Merlin Press, 1978, p. 12.

在肯定英国历史研究成果的同时,他也指出了其存在的问题。所以他认为:"应把迄今为止在整个马克思主义文化中'编史工作'与'理论'之间不恰当地被忽略关系的——实际的和潜在的——问题提出来。"[①]在对问题的矫治过程中,安德森难免过多地强调理论的作用。但他要求在历史研究中进行理论介入的主张无疑是正确的,我们应该肯定他在"事实"和"理论"之间寻找平衡的努力。

汤普森对历史事实的过多强调与安德森对理论的过多强调都带有思维的片面性。因此,在经验主义和理性主义之间,在"事实"和"理论"之间寻找平衡至关重要。历史学的出发点应该是汤普森所坚持的经验主义原则,应该面对特殊和具体的历史事实,但是搜集和分析历史事实的目的不仅仅是解释和说明过去的历史,更重要的是能够用从过去历史的分析中所得出的结论对未来的社会发展趋势做出尽可能准确的预测。历史学作为一门特殊领域的社会学科,首先要从经验原则出发,从特殊性中总结和抽象出普遍性,再以理性原则做指导,用普遍性来说明特殊性。因此,历史学家的任务不仅限于寻找并核实历史证据,最富有意义的工作是寻找历史证据背后的意义。历史学一方面要积累事实材料,并把这些材料加工成能够解读的理论和范畴,然后运用这些理论范畴去说明社会发展的未来,这是历史学的必然要求。众所周知,唯物史观的创立正是马克思对资本主义社会大量数据材料整理分析的基础上再进行抽象获得的理论和范畴体系,是对历史发展的本质总结和规律性说明,是理论

[①] [英]佩里·安德森:《西方马克思主义探讨》,高铦等译,138页,北京,人民出版社,1981。

与方法的统一。但这并不妨碍它成为众多历史学家进行历史研究的理论工具和方法指导。不过,唯物史观建立起来后并不意味着可以一劳永逸,不用修正和完善。唯物史观并不是封闭的完美系统,它是开放的并且经常处于不断发展完善过程中的理论体系。在这一过程中,它仍然需要凭借大量的事实材料,尤其是用不断变化的现实来进行论证与修订。唯物史观的形成和运用正是从具体上升到抽象,再由抽象跃升到具体的辩证过程,这一过程也表现为经验主义的感性认识与理性主义的理性认识在理论实践过程中的统一。

不可否认,社会历史本身存在着客观结构。搜集和分析历史事实的目的就在于去发现这种结构,并用它对曾经发生的具体的历史事件做出合理的说明,而且更重要的是能够用它对未来的社会发展趋势做出尽可能准确的预测。也就是说作为一个特殊领域的社会学科,虽然历史学必须面对历史事实,要解决特殊性的问题,但是它同样要关注人类社会的整个历史进程这一普遍性问题。历史学最终要从特殊性中总结和抽象出普遍性,并用普遍性来说明特殊性。所以历史学家们的工作不仅是找到并核实历史事实和证据,而且应该做的并且最富有意义的工作是找到积累起来的事实背后的意义。事实上,作为一个群体,在马克思主义影响下,英国马克思主义的历史学派已经把这些碎片恢复为整体。

(二)经验主义与唯物主义的一致性

以汤普森为代表的英国新马克思主义天然地带有经验主义的特征。在一系列著作中,汤普森始终以经验为基础展开阶级分析,经验观察是理论的前提,理论基于经验。马克思和恩格斯曾经把从理论出发解释实践界定为唯心主义，而把从物质实践出发来解释观念界定为唯物主义，所以，汤普森坚持的正是唯物主义的基本立场与观点。从汤普森发掘历史材料的过程来看，他遵循的是英国传统的经验主义原则，更是马克思主义所倡导的求实求真原则。他不是从概念范畴出发，而是从客观事实出发，也不是用理论来裁剪事实，而是用事实来匡正理论。而对于把他指责为主观主义和唯意志主义者的批评者来说，恰恰是他们自己从现成的概念和理论出发来评判事实，表现出主观主义倾向。汤普森所运用的经验主义原则与马克思主义所坚守的唯物主义基本观点在本质上是一致的，都要求以客观事实作为研究的出发点。

汤普森的《英国工人阶级的形成》一书与恩格斯的著作《英国工人阶级状况》的写作思路极为相似。其区别在于：汤普森是对客观历史材料进行分析，而恩格斯是在实地调查取证的基础上进行的研究。但是，两人都主张从客观事实出发得出结论，都反对从抽象理论出发而进行演绎，这就说明他们所遵循的原则是一致的。在《英国工人阶级状况》一书的"序言"中，恩格斯说明了在英国工人中进行实地走访调查以及写作此书的意义。他写道："描述不列颠帝国无产阶级状况的典型形式，特别是在目前，对德国来说尤其具有重大的意义。德国的社会主义和共产主义比任何其他国家的社会主义和共产主义都更多地是从理论前提出发的。我们德国的理论家们对现实世界了解得太少，以致现实的关系还不能直接推动我们去对这个'丑恶的现实'进行改革。"[1]从中我们可以看到，恩格斯对德国理论家们的批判与汤普森对安德森等人的批判是何等

---

[1] 《马克思恩格斯文集》第 1 卷，386 页，北京，人民出版社，2009。

相似。再看看恩格斯的其他论述，我们会有一个更加清楚的认识。恩格斯在《反杜林论》中指出："原则不是研究的出发点，而是它的最终结果；这些原则不是被应用于自然界和人类历史，而是从它们中抽象出来的；不是自然界和人类去适应原则，而是原则只有在符合自然界和历史的情况下才是正确的。"①在《自然辩证法》中，恩格斯同样强调了经验原则的重要性："在自然界和历史的每一科学领域中，都必须从既有的事实出发，因而在自然科学中要从物质的各种实实在在形式和运动形式出发；因此，在理论自然科学中也不是设计种种联系塞到事实中去，而是从事实中发现这些联系，而且一经发现，就要尽可能从经验上加以证明。"②

汤普森思想中的经验主义还表现在他对历史事件特殊性与偶然性的强调，而对历史发展的规律和必然性的贬低。在他看来，不能只看到社会发展过程的必然性，还应该看到人在历史当中的作用，因为历史毕竟是由具有主观能动性的人创造的。因而，在他的历史研究中，常常以历史事实为出发点，在分析的基础上得出历史结论；从原则、理论和抽象概念出发对历史事实进行说明，并让历史事实为理论做注脚的路径是他强烈反对的。在他看来，这种路径方法和唯心主义的做法没什么本质区别。他对福斯特的研究模式提出批判，认为他是唯心主义的马克思主义者。汤普森指出："福斯特是一位柏拉图式的马克思主义者。阶级组织、阶级意识、阶级策略和目标的'真正'或'正确'的构成模式先于证据，而

---

① 《马克思恩格斯选集》第3卷，374页，北京，人民出版社，1995。
② 《马克思恩格斯选集》第4卷，288页，北京，人民出版社，1995。

证据又是以与模式一致的方式组织的。"①此外，他也反对不顾及历史事件的条件性和特殊性，而用一些万能的理论公式来诠释历史。汤普森批评说："当今最普遍的错误就是把不恰当的对比法（工业-前工业、现代-传统、'成熟'-'原始'工人阶级）应用到 18 世纪的大众文化中，因为这种方法用一个预先存在的社会类别框架来解读社会历史。"②从这里可以看到，他反对把理论带入历史研究中去，反对一种先于历史证据而存在的固定模式。所以经验主义的研究方法是从事实出发，而不是相反。正如马克思和恩格斯所说："只要这样按照事物的真实面目及其产生情况来理解事物，任何深奥的哲学问题……都可以十分简单地归结为某种经验的事实。"③

汤普森虽然强调历史的客观性和特殊性，表现出强烈的经验主义倾向，但他并不是狭隘的经验主义者，他也承认历史不可能是纯客观的，必然渗入了解读者的主体价值和观念。所以，他主张历史研究者与历史材料之间进行对话。在对话中实现主体与客体、历史与现实的统一。应该说，汤普森看到了历史本身的流变性、特殊性与理论概念的稳固性、普遍性不相适应的一面。在他看来，历史中的诸多偶然性意味着绝不可能出现完全相同的历史事件，也不会产生相同的历史条件和环境。"历

---

① E. P. Thompson, "Testing Class Struggle, Review of John Foster, Class Struggle and the Industrial Revolution", in *Times Higher Education Supplement*, April 8, 1974, p. 1.

② E. P. Thompson, "Eighteenth-century English Society: Class Struggle Without Class?", in *Social History*, No. 3, 1978, p. 152.

③ 《马克思恩格斯选集》第 1 卷，76 页，北京，人民出版社，1995。

史永远不可能提供同一经验的条件。"①因而,历史的特殊性决定了历史学永远只能用证据和事实说话。因此,我们在汤普森著作中可以看到大量篇幅的事实叙述,而理论总是被刻意地排除在外。汤普森这样总结他的学术研究特点:"在我的史学著作当中并没有很大的理论篇幅。我有意避免这一点。"②汤普森的这种思维方式正是单纯的经验主义思维方式的具体表现。

汤普森虽然反对从理论和概念出发进行研究,但他并不是要完全取消理论和概念。他认为理论更应该作为一种分析工具,而不应该是现成的固定结论。"哲学对于每一种科学文化的新领域来说,不应该像一个沿街叫卖的推销员,向人们提供虚假的、似乎在各地可以普遍通行的银行券,它应该像一个清醒的兑换机构那样来行使职权。"③虽然,汤普森把理论当作历史研究的障碍,在与安德森等人的争论中,刻意贬抑理论而抬高经验。但事实上,他常常把马克思主义的分析方法运用于他的历史研究中,并且也常常用马克思主义的范畴来分析历史。他也承认是在用马克思主义的理论和范畴进行分析和研究。汤普森只是要反对用理论和原则随意裁剪事实,他并不拒绝正确的理论和方法的指导。并且他认为,唯物史观与辩证法是马克思主义者"共同实践的场所"④。甚至汤普

---

① E. P. Thompson, *The Poverty of Theory and Other Essays*, London: Merlin Press, 1978, p. 47.
② 刘为:《有立必有破——访英国著名史学家 E. P. 汤普森》,载《史学理论研究》,1992(3)。
③ E. P. Thompson, *The Poverty of Theory and Other Essays*, London: Merlin Press, 1978, p. 47.
④ Ibid., p. 44.

森还认为:"真正的历史的重要性不仅仅是验证理论,它还能重构理论。"①但是,他认为马克思主义的理论和方法并不是通过抽象得来的,它只是"思想习惯",在学术实践中通过培养获得。这里可以看出,在经验主义思维中,汤普森认为所谓的理论和方法也是经验基础上的思维习惯。它不是抽象的、僵硬的、教条的,而是能够跟随事实随机应变的。

二、历史主义与结构主义两种思维方式

在汤普森的历史研究中,除了经验原则外,最突出的就是历史主义思维方法,它与安德森等人主张的结构主义思维方法相对立。历史主义思维方法多表现为把社会看作历史过程,强调个体的主观能动性和历史发展的偶然因素。但这种思维方式拒绝宏大叙事方式,拒绝历史当中的一般模式和普遍规律。

(一)历史主义与结构主义思维方式的碰撞

历史主义是汤普森在历史研究中倚重的思维方式。在这种思维方法指导下,汤普森把阶级看作一种关系、一个事件、一种流动的历史现象,而不是一个静止的物,所以不能让它静止下来分析它的结构组成,而必须在过程中,在与周围环境不断变化的关系中研究。他说:"我强

---

① E. P. Thompson, "Interview With E. P. Thompson", in *Radical History Review*, Vol. 3, 1976, p. 16.

调阶级是一种历史现象,而不是把它看成一种'结构',更不是一个'范畴'……历史关系是一股流,若企图让它在任何一个特定的时刻静止下来分析它的结构,那它就根本不可分析。"①依此看来,汤普森反对对阶级的结构定位和共时性分析,而强调用历史主义的历时性分析方法。

同时,汤普森着重强调了阶级意识在阶级形成过程中所发挥的重要作用。阶级意识当中有对阶级经历的体验和感悟,也有前辈的文化传承,并非像传统观点所认为的是外部灌输的结果。阶级意识的形成是一个漫长的历史过程,它在阶级斗争的历程中不断得以自我完善。阶级意识的形成标志着阶级的形成。在阶级问题理解上,汤普森强调历史性与历史继承性,注重主体意识的能动性,这是历史主义的思维方法在历史研究中运用的结果和表现。

他批评阿尔都塞、安德森等人把社会历史理解为抽象的范畴体系的演绎。在他看来,历史研究的出发点应该是历史事实和证据材料,而不是抽象理论。他主张研究历史的细节,注意历史事件的特殊性和偶然性;同时反对对历史进行长时段考察,并从中得出所谓的一般原则和普遍规律,更不能容忍把这些原则和规律强加于历史事实之上。对于理论体系,他始终抱着强烈的排斥态度。他指责阿尔都塞的理论体系就像经院哲学,是纯粹的思维练习,与实践严重脱离。因此,历史学与其他自然科学以及人文科学不同,没有普遍适用的规律,只有具体的历史事件,所以不能给它冠以科学之名。

---

① [英]E. P. 汤普森:《英国工人阶级的形成》(上),钱乘旦等译,"前言"1页,南京,译林出版社,2001。

在历史研究中，汤普森有意地避免使用一些静态的理论框架，而刻意去选择使用一些动态的概念。在接受采访时，汤普森谈到了如何在马克思理论中去甄选这些概念和范畴："剩余价值这一基础建筑模块构筑起了整个资本图景。用这种建筑模块方法构筑起来的资本主义模型是一种静态结构，与我从马克思那里得到的并将继续从中得到的东西是格格不入的。我阅读马克思的方式可能与今天的读者略有不同。例如：《政治经济学批判大纲》对我们来说是不可用的。我们从马克思那里学到的很多东西都来自马克思和恩格斯的书信往来，观察他们在写信件的工作室中从事历史研究会给人一种过程的感觉。我认为现在《资本论》研究队伍的壮大是很好的。但我有时也会产生这样一种感觉，一些 T 形构件堆砌在一个静态的结构框架中形成了理论。然而，最重要的是，马克思的认识论是历史的。即使是马克思主义者也有可能认识不到阶级、意识形态、资本主义这些概念本身是历史的概念，也就是说，它们不是来自静态结构分析，而是来自对在时间推移中反复出现模式的考察。"①从以上分析中可以看出，汤普森更倾向于历史主义思维方式，它表现为：强调事物的流动变化，缺乏整体性和结构性的深层分析；注重历时性研究而忽视共时性分析。

与汤普森的研究方法相区别，安德森主张把阶级置于社会结构的整体框架中进行分析。虽然安德森不排除对阶级的历史考察，但在考察过程中则是结构分析方法的应用，强调共时性。从这种思维方法出发，安

---

① E. P. Thompson, "Interview With Thompson", in Henry Abelove, Besty Blackmar, et al., eds., *Visions of History*, New York: Pantheon Books, 1976, p. 20.

德森把阶级当成生产关系结构当中的组件。在《专制主义国家的谱系》一书中，安德森写道："一种生产方式内结构性危机的解决一直依赖于阶级斗争的直接参与，危机把所有来自不同社会层面的社会阶级纳入历史总体内。"①在《当代西方马克思主义》一书中，安德森认为，工人阶级要发挥其力量必须在当代资本主义社会中确定其结构位置。他认为："科学社会主义的重大进步就在于打破这种僵局，确定根植于历史的具体的经济生产形式之中特定社会力量的地位，作为能使旧制度得以推翻的'阿基米德点'——由资本主义的产生所造就的产业工人阶级的结构地位。"②由此可知，安德森强调在社会结构的整体框架中对历史事实和材料进行共时性分析。这是结构主义思维方法应用于历史研究的主要表现形式。

以结构主义思维方法为指导，安德森对汤普森的历史研究结论提出了许多质疑。他认为，工人阶级的形成并不像汤普森描述得那样轻松简单。汤普森虽然关注了阶级意识这一主观因素，却忽略了其他更重要的东西。比方说，汤普森的分析中缺少工人阶级的成分构成，以及他们在英国的空间分布地图。汤普森甚至没有提到英国工人阶级整体上在形成过程中的大体规模以及在整个人口中所占的比例。这一失察"多少有点令人震惊"③。这里可以看出，安德森显然是在强调资本主义整体生产

---

① Perry Anderson, *The Lineages of Absolutist State*, London：New Left Books, 1974, p. 198.

② ［英］佩里·安德森:《当代西方马克思主义》，余文烈译，133 页，北京，东方出版社，1989。

③ Perry Anderson, *Arguments Within English Marxism*, London：Verso Books, 1980, p. 33.

关系的重要性，工人阶级作为其中的结构组件是由这一关系决定的，如果把工人阶级从这一关系背景中抽出来考察就会造成解读的失真，无法评估它在整体当中的地位和作用。"产业化的速度和范围肯定应该被编织进任何对工人阶级的唯物主义研究的适当结构中。"①另外，汤普森只从英国工人阶级自身内部寻找阶级意识的起源是片面的，也是徒劳的。在安德森看来，英国工人阶级由软弱的英国资产阶级造就，先天缺少反抗和斗争意识，即使有一点激进意识也是美国和法国革命深刻影响的结果。"西方整个意识形态被这两个伟大的激变所改变。它们的意义——特别是法国革命的意义——与那些把它们看作暴乱的通常看法相比，对英国工人阶级政治建构的影响要大得多。"②从安德森的分析中，我们可以看出他更多是在整体横向视域中运用共时性方法分析，这必然与汤普森在纵向历史视域中运用历时性方法考察英国工人阶级所得出的结论相悖。

从结构主义的思维方式出发，安德森非常重视理论在各门学科中的作用。在一次访谈中，他说："历史研究对任何严肃的马克思主义者或者左翼都是极为重要的，但这并不够，英国马克思主义所缺乏的恰恰是系统的批判理论。整个英国传统——不仅是马克思主义学派，而且包括许多其他非马克思主义学派——在许多领域都是非常经验主义的。在英国，需要哲学理论、社会学理论、美学理论，而且需要更为政治的，不

---

① Perry Anderson, *Arguments Within English Marxism*, London: Verso Books, 1980, p. 34.
② Ibid., pp. 36-37.

仅仅是经济的理论。"①在强调理论时，安德森不但没有否认汤普森等人的工作，而且对他们的杰出贡献极为肯定。在《西方马克思主义探讨》一书中，安德森写道："理应一清二楚的是，马克思主义编史工作中的进展，对马克思主义理论的发展有着潜在的极端重要性。"②但安德森认为，重视历史事实和经验材料是历史学家的权利，也无可厚非，然而历史学却不应该把理论排除在外，否则历史学家搜集考证历史事实的工作也会变得毫无意义。在安德森看来，汤普森等人的工作虽然出色，但也只是对历史事实进行了编纂，而更为重要的工作却在后头。安德森觉得仅仅靠堆砌历史事实和材料并不能产生有意义的结果，也不是历史研究的根本目的，而对这些搜集起来的并经过考证的历史事实和经验材料进行系统的总结和理论抽象才是至关重要的。因此，安德森一直主张用结构主义的方法对通过历史编纂得来的材料进行重新考察，以求得这些材料背后所包含的"历史的全部法则和意义，在现有的水平上使思想体系完全适应于现在和未来"③。

在安德森看来，汤普森对结构主义方法的拒绝是毫无道理的，历史研究离不开结构主义方法。这是由于，历史研究必然要用抽象思维工具，以便在杂乱的历史材料当中消除不必要的具体性和复杂性，使一种清晰而简洁的结构与关系呈现在我们面前，从而形成历史理论和历史范

---

① 汪晖：《新左翼、自由主义与社会主义——P.安德森访谈》，https：//ptext.nju.edu.cn/ba/19/c13446a244249/page.htm，2020-11-10。

② [英]佩里·安德森：《西方马克思主义探讨》，高铦等译，138页，北京，人民出版社，1981。

③ [英]佩里·安德森：《当代西方马克思主义》，余文烈译，18页，北京，东方出版社，1989。

畴。虽然经过抽象，但这并不妨碍这些理论和范畴的真实性，因为它是历史本质和规律的真实映现，与历史材料一样具有真实性。马克思主义对社会历史的探讨形成了唯物史观理论体系以及许多概念范畴。这一科学理论和范畴体系正是在对大量历史事实的谨慎分析的基础上经过抽象思维得出来的。结构主义的思维方法是解读社会历史的一把钥匙，它使凌乱的历史材料显现出了秩序。所以安德森说："马克思主义主要地而且是出类拔萃地属于那种探讨整个社会的本质和发展方向的思想体系的范畴。"[①]安德森又用气象学与历史学进行类比。与历史材料相比较，虽然天气更显得变化无常，但它要求气象学家在这一堆零乱的气象数据当中进行仔细分析，进行抽象和概括，从看似毫无规律的变化中找出一般规律并概括出普遍适用的范畴，最后形成相对稳固的气象学理论体系。然后再利用建立起来的理论体系去准确有效地预测未来天气变化。[②] 同理，结构主义思维方法对于历史学也具有同样重要的作用，在偶然多变的历史事件中抽象出一般理论和范畴，形成历史学理论体系，再用它来预测未来社会走向。由此可见，安德森的历史研究更多是用结构主义的思维方式对社会历史进行总体和长时段考察。

在英国新马克思主义者当中，除了安德森代表的结构主义学派，威廉斯、霍尔、霍加特等人代表的文化学派在历史研究的思维方式上与汤普森也表现出差异性。

---

① [英]佩里·安德森：《当代西方马克思主义》，余文烈译，2页，北京，东方出版社，1989。

② Perry Anderson, *Arguments Within English Marxism*, London: Verso Books, 1980, pp. 9-10.

在历史研究中，霍尔和安德森一样反对汤普森的经验原则，强调结构分析。他指出，经验"不能作为我们的历史证据真实性的认定证据"①。继而，他又强调理论的重要性，对汤普森拒绝理论的强硬态度提出了批评。"（汤普森）存在着理论主义的贫困，但对于社会主义者和马克思主义者来讲却不允许存在理论的贫困。当然，从来没有脱离实践的理论，但是没有理论的指导也不会有正确的实践。马克思教导我们对不同种类的工作进行不同层次上的抽象是完全必要的。"②霍尔对安德森的结构主义思维方法非常赞同。他说："一种生活方式必须在一定的关系模式以及一定的物质的、经济的和环境的制约下才能够维持下来。"③

像反对安德森一样，汤普森同样反对霍加特和霍尔等人研究文化时的社会学路径，认为他们只注意了静止的结构分析，而缺少对工人阶级历史和阶级斗争历史背景的考察。他说："当代大众文化是一个重要母体，也是不断发展的社会结构的最新母体。同时，这种社会结构具有隐藏资本主义社会关系的真实功能的作用。因此，必须从文化和历史角度提出对文化形式的最终解释。"④此外，汤普森也反对用其他社会科学的研究方法来研究历史，因为它们偏向于共时性静态分析，而缺少历时性动态把握。"一般来说，人类学、社会学和犯罪学都是作为非历史学科

---

① Stuart Hall, "In Defence of Theory", in Raphael Samuel, ed., *People's History and Socialist Theory*, London: Routledge & Kegan Paul, 1981, pp. 378-385.

② Ibid..

③ S. Hall, "A Sense of Classlessness", in *Universities & Left Review*, Vol.5, 1958, p.27.

④ [英]迈克尔·肯尼：《第一代英国新左派》，李永新、陈剑译，74页，南京，凤凰出版传媒集团、江苏人民出版社，2010。

发展起来的。或者有不充分的历史成分，或者有积极反历史的偏见，它们无法提供一种'历史类型学'。"①

总的来看，威廉斯等人的思维方法介于汤普森的历史主义和安德森的结构主义之间。他们以日常生活经验为关注对象，既注重对文化的过程分析，又强调理论的逻辑建构。威廉斯指出："结构作为一套体系，有着特定的内在性关系，既是相互联系的同时又是处于冲突之中，也可以定义为一种处于过程之中的社会体验。"②从这里可以看到，与汤普森和安德森相比较，以威廉斯为代表的文化学派坚持了一种更全面的整体动态历史观。

(二)历史主义与结构主义思维方式分析

根据汤普森和安德森的上述争论，我们可以看到两种思维方法的碰撞。但汤普森并不完全如安德森加在其身上的指摘。首先，汤普森并没有完全拒绝理论和范畴在历史研究中的应用，比如他对马克思主义理论和方法的推崇；其次，汤普森主要反对在历史研究中仅仅运用社会学中单纯的结构定位方法，应该以历史主义思维方式为主导，而不是要完全拒绝；最后，汤普森反对从别国的历史或现实当中总结出来的所谓普遍适用的一般理论和模式，他强调这些理论和模式必须经受英国的历史和现实的验证，而不是不加分析辨别地随意套用。

---

① E. P. Thompson, "Anthropology and the Discipline of Historical Context", in *Midland History*, Vol. 1, 1972, p. 45.

② Raymond Williams, *Marxism and Literature*, Oxford: Oxford University Press, 1977, p. 132.

总的看来，在社会历史的研究中，在思维方式和研究方法的运用上，汤普森过多地贯穿了历史主义，很少使用结构主义；而安德森则相反，他过多地采纳了结构主义，却相对忽视了历史主义。从两人的激烈争论中，我们可以总结出双方争论的实质，即他们所坚持的历史主义和结构主义思维方法存在着根本区别，具有各自明显的特征。

汤普森的研究基本上贯穿了历史主义的思维方式和研究方法，所以表现出如下特征：(1)他强调历史事实、阶级和国家的特殊性和个性，不注重研究存在于历史当中的一般模式和普遍规律，轻视理论的作用；(2)在叙述式的事件和史例的罗列中，强调事物的流动变化和继承性，缺乏整体性和结构性的分析，注重了历时性研究而忽视了共时性分析；(3)表现出强烈的经验主义色彩，多采用归纳和实证方法，很少用理论去判断或解释历史事实；(4)缺乏对历史哲学的宏观认识，认为历史学的唯一目的是再现和理解过去，为研究过去而研究过去；(5)强调主体意识的能动性。然而，安德森则受到了结构主义思维方式的强烈影响，大体表现出以下学术特征：(1)在事件背后寻找在中长时段内起决定作用的稳定的社会结构，注重把事例和材料置于社会结构的整体框架中进行分析，重视共时性分析而缺乏历时性研究；(2)强调国家、经济和政治制度在社会进程中的重要作用，不重视个体、主体的作用；(3)推崇社会历史进程的理想的统一标准模式，忽略了个体的特殊性；(4)强调社会结构对主体人的制约作用，却忽视了主体人对社会结构的创造和改造功能；(5)对社会历史具有宏观把握，能够平衡看待社会结构中各要素作用的权重。正是由于历史主义与结构主义方法之间存在根本区别和对立才导致了汤普森与安德森两人理论观点的对立，并导致激烈争论。①

结构主义与历史主义方法并无必然的好坏之分，但都有各自的优缺点。相对于历史主义，结构主义强调社会的结构整体性，在整体性当中必然具有复杂的结构和层次关系，它更能表现出整体与部分相互之间的辩证关系，强调把部分置于整体当中进行把握。这种思维方法能够看到整体对于部分的制约作用，同时能够看到部分对于整体的影响。部分的自主性必然以整体的制约为前提。实际上，在这一思维中，个体的实践活动并没有完全的自主性，而是系统赋予的功能活动，是与体系内相互关联的处于不同层次的个体的共同实践。所以，共同实践力量通过与更大系统内的相关群体相互较量而产生结果。它始终都要求在系统整体中把握个体和个体的能动性。整体对于个体是首要的真实的存在，每个个体都在担当系统分配好的角色，发挥着各自应当发挥的作用。个体在系统中的偶然脱轨可以由系统分配其他个体来填补空缺，对系统整体结构和活动进程不会造成太大影响。结构主义思维方法强调作为历史创造者的人是被定位于他人所创造的复杂结构关系中，它是每个个体所必须接受的现实，人的能动性被限定在狭小的范围之内。

历史主义思维方式则把个体作为首要的和真实的存在，每个个体的自由发展和能动性是其主要特征。如果有一个整体存在的话，那么它以及当中的规则与秩序都在为个体的生存和发展服务。历史主义的思维弥

---

① 乔瑞金、师文兵：《历史主义与结构主义——英国新马克思主义哲学探索的主导意识》，载《哲学研究》，2005(2)。

补了结构主义思维的固有缺陷，即它所忽视的个体意识的能动性和相对独立性，以及各个要素发展的历史延续性与继承性。

历史主义思维方法的优点在于：在强调发展的连贯性的同时，突出事物与事物、人与人之间在具体时空之下的差异性，承认生命的非理性和能动性因素，强调他们都是变化过程中的不可缺少的环节，从而都具有独特的价值和意义。而结构主义思维方法的优点在于：强调社会历史是一个既有多个层次，又有主导结构，并且各要素是互为条件的辩证结构和整体，从而打破了"原子论"式的研究模式，不是就部分来认识部分，而是从整体出发来认识部分。然而，另一方面，历史主义和结构主义的思维方法都有各自的致命弱点。历史主义思维的缺点在于：忽视理论的作用，缺少演绎方法的应用，缺乏对社会的整体把握，看不到社会结构关系对人的制约作用等。这些缺点容易使其走向主观主义和相对主义。结构主义的缺点在于：过分强调社会的整体结构性和秩序性，忽视个体的特殊性和能动性，这些缺点容易使其走向宿命论。而如果过分强调结构的复杂性，又会给社会历史发展增加偶然性和不确定性，也会使其走向相对主义。[①]

(三)历史主义与结构主义思维方式的结合

在社会历史发展过程中，过程与结构是统一的，不存在没有结构关系的过程，同样不存在没有构造过程的结构。马克思曾在批判蒲鲁东的

[①] 乔瑞金、师文兵：《历史主义与结构主义——英国新马克思主义哲学探索的主导意识》，载《哲学研究》，2005(2)。

社会历史观时反问说："其实，单凭运动、顺序和时间的唯一逻辑公式怎能向我们说明一切关系都在其中同时存在而又互相依存的社会机体呢？"①动态历史的研究与静态结构的分析如果互相割裂，就会造成我们要么把社会理解成只有过程的单纯的线性型，要么理解成只有结构的单纯的平面型，无法反映真实历史的动态和立体感。"最一般的抽象总只是产生在最丰富的具体发展的场合。"②如此看来，在社会历史研究中，动态的历史发展观与静态的社会结构分析两者互相依存、互为条件、互相渗透。历史哲学是一门现实科学，在研究中必须保持它的开放性，应当采用适宜它的一切科学方法和分析工具。

历史主义和结构主义是我们研究社会历史的必备方法，都是不可或缺的。法国历史学家布罗代尔认为："对我们历史学家来说，结构无疑是建筑和构架，但更是十分耐久的实在。有些结构因长期存在而成为世代相传、连绵不绝的恒在因素：它们左右着历史长河的流速。另有一些结构较快地分化瓦解。但所有的结构全都具有促进和阻碍社会发展的作用。"③而在吉登斯看来，所有关于社会历史的分析研究，"都需要通过复杂微妙的方式，将时间因素和空间因素协调在一起"④。皮亚杰在评论法国结构主义时，指出其忽视历史主义方法的片面性。他认为，以列维-斯特劳斯为代表的结构主义者"专心致志于结构的研究而贬低了发

---

① 《马克思恩格斯选集》第1卷，143页，北京，人民出版社，1995。
② 《马克思恩格斯选集》第2卷，22页，北京，人民出版社，1995。
③ [法]费尔南·布罗代尔：《资本主义论丛》，顾良、张慧君译，180页，北京，中央编译出版社，1997。
④ [英]安东尼·吉登斯：《社会的构成》，李康、李猛译，504页，北京，生活·读书·新知三联书店，1998。

生、历史和功能",因而排斥"历史发展、对立面的对立和'矛盾解决'等"辩证性质。或者说,"列维-斯特劳斯把辩证过程多少有些低估了,这是由于他的结构主义是相对静止的或反历史主义的"。① 在皮亚杰看来,结构是在不断生成的、开放的和自我调整的过程中不断实现转换。因此,应"重新建立起结构与发生构造论即历史构造论之间不可分割的紧密关系,和与主体的种种活动之间的不可分割的紧密关系"②。因而,要达成对社会历史的整体性认识,就必须把历史主义方法和结构主义方法融为一体,达成二者真正的统一。

事实上,英国新马克思主义者在历史研究中,往往不是单纯地使用历史主义方法或仅仅使用结构主义方法,常常是把二者结合起来使用,却各有所偏。

以历史学派为例,从整个群体看,"马克思主义让他们留意在一连串的事件中寻找结构,在一个特定的社会中探索经济、社会组织、政治、宗教和艺术的相互关系,理论和马克思本人的所作所为鼓舞着他们大胆进行一个宏大的计划:在一篇论文中把握时代的精神,用长远的眼光看待经济-社会-思想的变化,努力对英国历史上各个时代共同运动的个人、事件、因素进行大胆的综合。马克思主义理论对于大多数马克思主义史学家来说,也是一种自觉的、现实的参考"③。霍布斯鲍姆曾说

---

① [瑞士]皮亚杰:《结构主义》,倪连生、王琳译,84—85页,北京,商务印书馆,1984。
② 同上书,103页。
③ [美]哈罗德·T.帕克:《英国》,见[美]伊格尔斯主编:《历史研究国际手册》,陈海宏等译,263页,北京,华夏出版社,1989。

他的研究方法特别受到三种因素的熏陶：一是马克思主义的影响，尤其是从马克思那里认识到历史是理解世界的工具，而历史研究可以依据结构与模式，从总体上观察与分析人类社会长期演变的过程；二是战后十余年共产主义史学小组的史学研究训练；三是与来自其他国家史学家们的论辩，特别是年鉴学派的影响。① 年鉴学派擅长于结构主义社会史本体论、认识论与方法论的应用。在其看来，作为科学理论和方法论的唯物史观，主要是探究长时段的历史发展模式，即社会发展的结构关系模式。因而，为了全面客观地了解历史，历史学派的一些学者在历史研究中也并没有把历史主义和结构主义方法截然分开。

安德森在研究中虽然更为注重结构主义方法，但并没有把历史主义方法拒之门外。在《当代西方马克思主义》一书中，安德森认为："如果结构单独在一个超越所有主体的世界中得到公认，那么什么能确保它们的客观性呢？极端的结构主义也决不会比所宣告的人类的毁灭再刺耳了。"②由此看来，安德森是反对单纯地使用结构主义方法，而排除其他方法的。在《从古代到封建主义的过渡》与《专制主义国家的谱系》两本著作中，我们也看到了安德森把结构主义方法与历史主义方法结合起来使用。在结构主义分析的基础上，他试图把国家、社会制度以及各种社会结构关系放入历史演进的过程中进行考察。

而汤普森在强调历史主义方法的同时，也并没有排除结构主义方

---

① ［英］艾瑞克·霍布斯鲍姆、［意］安东尼奥·波立陶：《霍布斯鲍姆：新千年访谈录》，殷雄、田培义译，7—8页，北京，新华出版社，2001。
② ［英］佩里·安德森：《当代西方马克思主义》，余文烈译，68页，北京，东方出版社，1989。

法。在进行阶级分析时,他虽然反对把阶级当作一件物体停止下来分析其结构,却强调应该把阶级置于历史关系和社会关系的背景中进行考察。前提是汤普森所强调这种关系是处于变化发展之中的。"阶级是一种关系,而不是一个东西。"①只有在动态过程中,才能看到人们之间的"相互关系及思想与建制的模式"②。从这里可以看出,汤普森的历史研究并不是单纯的历史主义方法的应用,结构主义方法也渗入其中。

总之,历史主义与结构主义思维方法都是人们从处于普遍联系和永恒发展的客观世界中抽象出来反映到头脑当中的客观规律,也是我们理解自然和社会必不可少的方法工具,它们在马克思主义中占有同等重要的地位。只有把两种方法结合起来,在应用中达成统一,才能够克服各自的片面性,使我们对世界的理解更加准确,更为全面和客观。

三、"从下看"与"从上看"两种历史视角

在英国马克思主义历史学家们的历史研究中,需要重点发掘的历史材料来自下层,而不是上层。英国以往的正统历史只记录王公贵族和个别英雄人物,普通民众在历史典籍中难觅踪迹,几乎一片空白。汤普森、霍布斯鲍姆、希尔等马克思主义历史学家想要书写一种不同于正统历史,打破精英史学神话,解构当权者话语霸权的历史。汤普森等历史

---

① [英]E. P. 汤普森:《英国工人阶级的形成》(上),钱乘旦等译,"前言"3页,南京,译林出版社,2001。

② 同上。

学家继承了马克思主义的基本观点和基本立场,认为人民群众才是历史的真正创造者,他们以解救历史中那些被长期忽视或遭受歧视的下层民众,挖掘他们身上的激进传统为己任,从而创立了"从下看"的新社会史学,并在学术领域以及公众当中产生了巨大的影响。

(一)"从下看"的历史视角

1993年年末,汤普森的追悼会在纽约道德文化中心举行,在追悼会上,多萝西这样评价丈夫:"汤普森并没有发明'从下往上的历史',在这方面他只是最好的实践者之一。"[1]"作为'实践者'的汤普森,不仅仅是工人阶级历史的书写者,他还以老师、邻居、朋友、同志的身份与工人生活在一起,向他们学习,正是这一点使他的作品独一无二,经久不衰。"[2]汤普森最大的贡献就在于从历史当中找到了被统治者有意或无意隐藏的东西,驳斥了官方历史的谎言,书写了一部真实的历史,把人民放到了历史舞台的中央,还原了人民作为历史创造者和决定者的身份。

"二战"后,英国共产党历史学家小组成立。英国马克思主义历史学派的主要成员大都来自历史学家小组。与传统史学不同,他们把注意力从帝王将相和社会精英身上移开,放到了下层民众身上,注意发掘他们身上具有的优秀文化传统和革命意志。希尔顿对英国马克思主义史学进行了概括,他说:"英国马克思主义史学家得到了非马克思主义史学家

---

[1] Recording, *Dorothy Thompson at E. P. Thompson Memorial*, New York, December 12, 1993, in Cal Winslow's possession.

[2] Cal Winslow, ed., *E. P. Thompson and the Making of the New Left: Essays & Polemics*, New York: Monthly Review Press, 2014, p. 21.

承认的主要成果的特征在于我们写作了'从下层着眼'的历史,也就是说,我们把历史研究的侧重点从封建的和资本主义的统治阶级及其制度转向劳动大众,无论是农民、工匠还是无产阶级。"①马特·佩里也对英国马克思主义历史学家的学术特点进行了概括:"马克思主义历史学家们不仅从历史的高度审视杰出人物的历史,而且对传统历史进行颠覆,为普通民众发声。马克思主义史学家除了在宏观和微观层面研究历史外,还研究了长期和短期的历史。正如进行了开拓性的实证研究一样,他们对历史学作为一门学科的理论和概念发展也做出了贡献。这种多样性不仅仅是随机选择研究项目的结果,而是源于马克思主义的本质,强调人类历史竞争要素的相互影响和联系。"②

汤普森的一些重要著作和论文体现了历史学派的这一特点,《英国工人阶级的形成》(1963年)、《时间、劳动纪律与工业资本主义》(1967年)、《18世纪英国民众的道德经济学》(1971年)、《贵族的社会、平民的文化》(1974年)、《民俗学、人类学与社会史》(1978年)、《18世纪的英国社会:没有阶级的阶级斗争?》(1978年)以及《共有的习惯》(1991年)等主要著作都着力揭示下层民众的生活方式及思想意识,并且对他们在历史发展中所起的重要作用进行了肯定。

汤普森和他所代表的英国马克思主义史学之所以采用这种自下而上观察社会和研究历史的视角,是因为他们不满意于只写上层社会的传统史学,也不满意于那些虽然写下层社会,却不把下层民众当作历史进步

---

① 庞卓恒:《访英国马克思主义史学家希尔顿》,载《史学理论》,1987(3)。
② Matt Perry, *Marxism and History*, New York:Palgrave, 2002, p.5.

的主体和动力的历史学。他们认为如果把下层人民始终当成可有可无的陪衬或消极沉默的力量就很难反映历史的真实。

在历史研究中,汤普森对下层民众始终充满了同情和尊重,尤其尊重那些从下层民众中脱颖而出的平民英雄,汤姆·马奎尔就是其中一位。在《向汤姆·马奎尔致敬》一文中,汤普森通过马奎尔看到了下层民众身上无穷的潜力,他认为新左派中还有千千万万这样的年轻人。汤普森通过马奎尔诠释了"自下而上的"社会主义运动的可能性,并通过这一历史事例给社会主义政治运动加上了注解和说明,同时也预测了社会主义运动的未来方向。

(二)"从上看"的历史视角

以安德森为代表的结构主义学派则把关注的目光投向社会的"上层",把政治、国家等上层建筑的实体作为主要的研究对象。但他们并没有简单地把政治、国家等同于统治阶级的统治工具,而是把它们始终放在社会的整体结构当中来考察,试图通过分析国家机器的建构与解构过程来把握整个生产关系结构的变化规律。他们认为从上往下看也是社会发展研究一个不可缺少的视角。

安德森等人主张从上往下看的观察视角,其中一个重要的原因是受葛兰西的文化霸权理论的直接影响。他们认为下层民众的文化传统和思想意识不可能单纯地来源于他们这一阶层并且只属于他们自己所有,事实上它们在很大程度上已经被统治阶级的文化传统和思想意识所渗透和支配。所以这种文化往往是统治者与被统治者的文化混合而成的产物。在《文明及其内涵》一文中,安德森强调了上层文化对下层文化的深刻影响。他说:"马克思主义者坚持认为,被视作一个整体的民族文化无法逃避或超越社会的阶级。它不是居于各阶级之上的一套共同价值,而是——正如列宁正确地指出的——体现着特定社会中所有阶级的生活经验,否则它就不是民族的。但是这种体现是不平等的,也就是说,民族文化在一个或若干个统治阶级的控制之下,这(些)阶级对权力和交往的控制最终将在记载文化的石碑竹简上打下决定性的烙印。国家暴力和精英势力使得那些地位较低者逐渐驯服,体现了地位较高者的支配权的习惯做法和其中所包含的残忍。"①但安德森并不机械地认为统治阶级的文化必然会在当时的社会中起主导作用。他认为,一个民族文化中这些成分的特殊混合方式将取决于从相关社会的阶级斗争中抽取出来的各种力量的特有的平衡。他要求人们应该"用不带感情色彩的眼光"去考察具体的民族文化,来判断某一民族文化是进步的还是退步的。他认为葛兰西对意大利和法国民族文化的分析是正确的,葛兰西认为意大利统治阶级和下层民众的文化是分离的,缺乏法国式的"民族-大众"传统。而在法国情况却不相同,雅各宾主义把它那个时代最先进的文化(包括政治和哲学思想)加于民众的激情和利益之上,两者已经牢牢地焊接在一起。在安德森看来,下层民众的文化传统和思想意识并非时时处处都是进步的,要具体情况具体分析。某些民族的下层民众在某一时期也可能需要来自上层社会的思想精英进行发动和引导。

安德森不同意汤普森对英国情况的判断。他反驳道:"如果认为今天的民众运动必须总是优先运用它们的民族文化中从下层经验派生出来

---

① [英]佩里·安德森:《文明及其内涵》(续),叶彤译,载《读书》,1997(12)。

的资源,那将是错误的。"①在安德森看来,同法国等一些欧洲国家相比,在英国的革命历史经验当中"有可能沉淀着太多的失败,或者消极忍耐的记录太长,从而不能为今天情绪高昂的动员所利用。在某种情况下,倒可能是需要把武士或学者的而不是农耕者的传统从它们阶级的衰落中挽救出来,并使其为今天的民众运动服务。马克思传统从未与只在过去的残渣中寻求同盟军的庸俗的民粹主义有过关联"②。这里,在考察英国下层民众的文化传统和思想意识时,安德森显然缺少汤普森那样的细致工作,所以他对英国情况的把握不如汤普森确切。但是,从总体上来看,安德森对英国与法国的这种文化差异的分析还是准确的,他要求在英国下层民众革命意志衰弱的情况下对其进行正确的思想引导和革命的理论教育也是合情合理的。

值得肯定的是,以安德森为代表的结构主义学派在实践从上往下看社会的方法时并没有排斥其他方法。他们认为要想获得关于社会的真实而完整的图景,至少不能从一个角度来观察,用一种模式来研究。在《绝对主义国家的谱系》一书中,安德森写道:"今天,当'自下而上'写历史已成为区别马克思主义者和非马克思主义派别的一个口号,并且在我们理解过去中获得很大进展之时,无论如何必须记起历史唯物主义的一个基本自明之理,阶级之间的现实斗争最终通过社会政治领域的斗争——而不是经济和文化领域——来最终解决。换句话说,只要阶级继续存在,只有建设国家或破坏国家才能确立生产关系的根本转变。一部

---

① [英]佩里·安德森:《文明及其内涵》(续),叶彤译,载《读书》,1997(12)。
② 同上。

'自上而下的历史'即关于阶级统治的历史一点也不比'自下而上的历史'逊色：没有它，后者最终只是单面的历史。"①

(三)两种历史视角的结合

汤普森与安德森在观察视角上的争论表面看起来是不相容的。不同的观察视角决定了两人所关注社会层面的差异。尽管他们都试图证明自己的观察角度能够全面准确地反映历史与社会的真实图景，但事实上，历史学派在从下层向上层进行透视时，必然更多地强调下层，而对上层造成了忽视。结构主义学派则相反，由于过多地关注上层，却对下层造成了遗漏。毫无疑问，任何个人包括学派，由于其知识背景、时间、精力等主客观条件的限制，即使在一门学科中，不可能穷尽所有的研究领域，也不可能应用所有的研究方法，更不可能做出完美无缺的终极解释或找到一劳永逸的解决方案。唯一的可能就是保持开放的心态，尽可能从多个角度、运用多种方法来分析和研究事物，以求不断逼近真理。每一学科体系都应该是开放的不断发展的体系，其研究方法也应该有更多的包容性。在这种意义上，"从下看"与"从上看"并非不可调和。而且只有从多个视角研究问题，才能避免盲人摸象、各执一词的尴尬与错误。

---

① Perry Anderson, *The Lineages of Absolutist State*, London: New Left Books, 1974, p.11.

四、马克思主义理论与历史学

以汤普森为代表的英国马克思主义历史学家以历史唯物主义为指导开展历史研究,为马克思主义找到了合适的经验环境,在历史研究的具体实践中校验马克思主义的科学性。在这一过程中,由于理论与实践相结合,历史研究实践得到正确的引导,取得了非凡的成就,马克思主义理论也得以丰富和发展,理论体系日趋完善。

在《致列泽克·科拉科夫斯基的一封公开信》中,汤普森写道:"在英国,作为一个马克思主义历史学家,意味着要在马克思所创立的传统中工作,这一传统因威廉·莫里斯具有独立性和补益性的洞见而更为丰富,也因为近来一批人的专业工作而扩大。"[①]汤普森所说的这一批人正是开创英国新社会史学的一批马克思主义历史学家,包括莫里斯·多布、唐娜·托尔、乔治·汤姆森、克里斯托弗·希尔、罗德尼·希尔顿、艾瑞克·霍布斯鲍姆、维克多·基尔南等人,当然也包括汤普森本人。因为认同马克思主义的基本观点,立足于马克思主义的阶级立场,运用马克思主义的基本方法,英国马克思主义历史学家们的历史研究工作取得了极大的成绩,成为当今史坛一支具有国际影响力的学术团队。

(一)汤普森与马克思主义

汤普森始终坚持自己是一个马克思主义者,汤普森曾经多次谈到了他与马克思主义的不解之缘,强调了马克思主义理论对于他的研究工作

---

① Edward Thompson, "An Open Letter to Leszek Kolakowski", in E. P. Thompson, *The Poverty of Theory*, New York: Monthly Review Press, 1978, p. 333.

的重要作用。他说:"我深受马克思主义理论影响,极大地得益于马克思主义史学传统,我的理论语汇相当大的一部分来自这一传统。"①汤普森是坚定的马克思主义信仰者,他对马克思和他的理论给予了充分信任,马克思主义的立场、观点和方法常常在汤普森的学术研究中贯穿始终。

让我们再次回到 20 世纪 50 年代,那段属于汤普森和他的同事们的激情燃烧的岁月,来追溯他与马克思主义结下的不解之缘。1956 年 4 月 4 日,汤普森在给约翰·萨维尔的信中写道:"如果有必要,我们将不得不离开党,建立一个小型的马克思主义教育联盟。我希望永远不会发生这种情况,但更重要的是,作为马克思主义者,我们应该保持对知识完整性的忠诚,而不是在任何情况下都忠于党。作为诚实的知识分子,对于我们来说,相比较而言,对因为一系列历史事件而变得扭曲的党的盲目服从,和对英国工人阶级的负责,后者则更为重要。但我希望我们永远不会去选择这样的极端立场。"②这封信写作的时间背景是赫鲁晓夫的秘密报告刚发表不久。在这封信中,我们可以感受到汤普森当时内心的痛苦与挣扎。最终,在英国共产党和马克思主义之间,汤普森选择离开英国共产党,却依然坚持他的马克思主义信仰。

尽管已经脱离了共产党组织,汤普森却没有因此停下对资本主义现实世界的批判,更为重要的是,他不再盲目相信任何理论,开始用自己

---

① 刘为:《有立必有破——访英国著名史学家 E. P. 汤普森》,载《史学理论研究》,1992(3)。

② John Saville, "Edward Thompson, The Communist Party and 1956", in *Socialist Register*, Vol. 30, 1994, pp. 20-31.

的理性来审视和判断一切可疑的理论。当然，马克思主义理论也在汤普森的考察对象当中。汤普森发现，尽管马克思主义从整体上能够诠释资本主义社会发展的现状，并且在很大程度上能够成功地预知未来人类社会发展的基本趋向，但在经过仔细地审视后，他发现马克思主义也有许多地方显得不合理，需要进行调整和完善。

汤普森曾经对马克思主义的许多正统观点提出过挑战。例如：他主张应该重新发现工人阶级的自我意识和觉知能力，应该摒弃马克思的"经济基础-上层建筑"模型，放弃马克思主义的暴力革命论，代之以渐进改良的社会主义革命策略等。这一系列观点主张在马克思主义理论圈内都引起了广泛而热烈的讨论。"以汤普森和吉诺维斯的方式书写历史，必然会激起正统马克思主义捍卫者的反击。他们的工作在两方面威胁到了这一正统观念。首先，他们都声称，人们创造了他们自己的历史，尽管他们是在并非自己选择的条件下创造历史的。其次，他们都对马克思主义的核心思想提出了挑战，即人类的行为，至少在政治、法律和意识形态方面，归根结底是由经济基础决定的。"[①]由于汤普森敢于怀疑和挑战一切理论权威，甚至马克思主义的一些正统理论和观点都在他的批判之列，汤普森因此被推向了学术争论的旋涡，成为一个"最广为人知"，却又"最具争议"的焦点人物。但也正是由于汤普森对传统马克思主义基本观点和立场的坚持，才使他成为英国新马克思主义的杰出代表。

在马克思主义发展史上，马克思在对蒲鲁东的唯心主义批判过程中

---

① Gavin Williams, "In Defence of History", in *History Workshop*, No. 7, 1979, p. 116.

阐明了唯物史观的基本观点。蒲鲁东把历史看成理论发展的历史、经济范畴运动的历史。由于他无法探索历史的真实进程，无法解释历史自身的运动，所以最终求助于"上帝""理性"，求助于"无人身的理性"，把现实的历史归结为经济范畴的系列。马克思认为，这一经济范畴体系完全是蒲鲁东借助于黑格尔的思辨唯心主义建立起来的。由于少了人的活动的参与，历史的发展就成了抽象的经济范畴体系的运行。这显然是一种经济宿命论。

汤普森要破除的正是这种经济宿命论。而这种被马克思早就批判过的观点在马克思和恩格斯生前死后都时常泛滥。在20世纪五六十年代它又在英国变得非常流行。汤普森所要完成的任务就是对当时这两种僵化模式的突破。"这两种模式一是传统的政治经济学，即资本主义政治经济学模式，这在当时的英国学术界，在经济史领域非常盛行"；"另一模式刚好是它的对立面，即'马克思主义经济主义'。这一模式同样包含了一种简单化的对人类行为动机的解释，它完全从经济原因出发，而把人类行为的其他各个方面都忽视了，譬如民族主义、性别、文化因素等等就都不在视野之内"。[①] 汤普森的目的就是要还原马克思的观点，即把历史看成是人的主观能动性和主观意识参与其中的发展过程。在若干年后的一次访谈中，他说："我反对经济主义和简单化的经济决定论，反对那种认为历史必然经过某些前定的发展阶段的目的论观念，我希望把更为丰富的文化范畴引进历史学。但是，我仍然坚持历史唯物主义，

[①] 刘为：《有立必有破——访英国著名史学家 E. P. 汤普森》，载《史学理论研究》，1992(3)。

这就是说我并不认为事物的发展是随心所欲的。历史的发展要受到物质因素的限定，尽管这些限定并不是绝对的，人的媒介会起作用，这种作用时大时小。我所反对的是绝对的决定论。"[1]从这里我们可以看出，汤普森虽然强调人的主观能动性和主体意识，但他仍然坚持这种主观性的发挥必须建立在遵循和利用客观的经济规律和其他社会发展规律的基础之上。

面对汤普森被指责为唯心主义者的指控，艾伦·伍德为他进行了维护和辩解："汤普森之所以被指责为唯意志论和主观主义，并不是因为他忽视了阶级客观的、结构的规定，恰恰相反，是因为他拒绝将阶级形成的过程（这是他主要关注的事情）归为从'客观'的物质决定领域中分离出来的偶然性和主观性的领域……汤普森坚持了历史唯物主义的原理及其关于历史进程为物质结构制约的观念，将阶级形成的过程作为物质规定的'逻辑'所形成的历史过程来研究。"[2]事实上，那些只从经济范畴出发演绎历史的人是真正的唯心主义者；而从历史事实出发，用经验证据说明历史的人才是货真价实的唯物主义者。

(二)历史研究的对象是现实的人

汤普森和安德森都认为，历史唯物主义是马克思主义传统中最大的知识遗产，但是他们对于历史唯物主义却各有不同的理解。安德森认

---

[1] 刘为：《有立必有破——访英国著名史学家 E. P. 汤普森》，载《史学理论研究》，1992(3)。

[2] [加]艾伦·梅克森斯·伍德：《民主反对资本主义——重建历史唯物主义》，吕薇洲、刘海霞、邢文增译，81页，重庆，重庆出版社，2007。

为，历史唯物主义是一门科学，它能够预测社会发展的未来走向，它也将阐明从资本主义到社会主义运动发展的轨迹。汤普森则反对这种看法。他认为，历史唯物主义所产生的知识必须是有条件的、近似的、探索性的，科学并不能告诉我们的需要和渴望是什么，这些需要和渴望是如何发生的。并且，科学也很容易把人排除在观察和分析之外，从而发生可怕的后果，即把人类丰富的个性与主张简化为单纯的经济需要，只需用经济发展的小数点来满足。这一主张反映出汤普森对历史唯物主义的理解采用了人道主义的价值取向。他不断地强调人的独特性和存在的意义，在对社会历史的考量中始终关注着那些不被重视的小人物为人类社会的发展和进步所做出的贡献，他们的人生价值不仅仅只存在于他们生活过的久远的历史中，这种价值和贡献并没有随着时间的流逝而消弭或终止，而是在人类社会发展的过程中不断地累加和递增，以至于影响到我们现在的生活。我们习以为常地享受着社会的文明与便利，却未曾关注过它的来源和出处。就像我们只是品尝眼前的鸡蛋，却不关心它是哪只鸡生的一样。这已经成为一种普遍存在的理所当然的历史健忘症。

20世纪初，以哈蒙德夫妇为代表的自由派历史学家也开始关注下层人民的历史，其代表作就是"劳工三部曲"：《乡村工人》《城市工人》和《技术工人》。在这三部著作中，处于社会下层的工人阶级被他们从历史的黑暗角落里挖掘出来。虽然工人阶级不再被忽视，他们的苦难也得到述说，但这一群体却是沉默的，他们不能主宰自己的命运，历史是由统治阶级主导的。虽然工人阶级也会起来进行暴力反抗，但这些活动都是统治者自导自演的，工人阶级只是一群会说话的道具。这些暴力活动都是由托利党政府所雇佣的奸细"挑唆"的，以此故意制造"暴力革命"的假象，为镇压合法的改革运动寻找一种借口。汤普森认为这一观点就像编造故事一样杜撰历史。

真实的历史是下层人民为了自己的切身利益不断与统治阶级进行抗争，最重要的是，他们是物质财富的创造者，直接推动了生产力的发展。所以他们主导了历史的发展方向，是真正的历史的创造者。同样都是写下层民众，汤普森的《英国工人阶级的形成》与以哈蒙德夫妇为代表的自由派历史学家相区别，不但坚持了英国新马克思主义历史学派所坚持"从下看"的观察视角，最重要的是证明了人民大众是历史的创造者，同时也是自身的创造者，在被形成的过程中也形成了自己。这就是马克思主义所坚守的群众史观并且凸显了人在历史当中的能动作用。

汤普森虽然强调意识的重要性，但并没有否定社会存在对社会意识的决定作用。比如他在探讨工人阶级的形成过程中，提出的"经验"范畴包含了"经历"与"体验"两层含义，在强调体验和意识的重要性时，同时也强调客观经历对主观体验的决定作用。这是客观存在对主观意识的决定作用，也是规律对人的能动性发挥的制约和限制。客观物质条件及规律与人的主观意识及能动性之间的平衡常常体现在马克思主义的一些基本概念当中，如历史唯物主义这一概念。汤普森看到了这一概念所承载的丰富的内涵，他说："我更喜欢历史唯物主义这个词。同时，我们也意识到，思想和价值观是在物质环境中产生的，而婚姻的需求是在规范和期望的环境中产生的，要从不同角度审视这个多面的社会客体对象。从一个侧面看，它是一种生产方式，从另一个侧面看，它是另一种生活方式。"①

马克思在《资本论》的序言中曾经指出:"一个社会即使探索到了本身运动的自然规律,——本书的最终目的就是揭示现代社会的经济运动规律,——它还是既不能跳过也不能用法令取消自然的发展阶段。但是它能缩短和减轻分娩的痛苦。"②人的作用就是要认识社会发展规律并利用这一规律来改变历史发展的轨迹,完成"缩短和减轻分娩的痛苦"的历史任务。

(三)马克思主义是方法不是公式

虽然汤普森相信马克思主义,却并不是全部无条件接受,尤其是他反对使用马克思主义当中一些现成的结论。汤普森更注重马克思主义的基本精神,他更多是在用马克思主义的方法去分析历史。汤普森指出:"马克思主义史学不是一个作为实体而出现的马克思主义理论的伴随物,或者说它是处于理论的某种附属状态;相反,如果对于所有的马克思主义者来说存在着共同实践的场的话,那必然只能是马克思本人分析问题时赖以存在的场,即唯物史观(方法论),这是所有马克思主义理论的起点,也是归宿。"③由此可见,汤普森坚持认为把马克思主义作为研究方法比把它作为现实的结论和观点更为重要。

---

① E. P. Thompson, "Agenda for Radical History", in *Critical Inquiry*, Vol. 21, No. 2, 1995, p. 302.

② 《马克思恩格斯选集》第 2 卷,101 页,北京,人民出版社,1995。

③ E. P. Thompson, *The Poverty of Theory and Other Essays*, London: Merlin Press, 1978, p. 44.

汤普森认为，不能把《资本论》当作历史著作来读，尽管马克思的描述与18—19世纪资本主义的实际发展最接近。马克思并不想通过《资本论》来写资本主义的历史，他只是想向人们提供理解资本主义社会以及整个人类社会历史发展的钥匙。汤普森主张用马克思主义为指导来研究历史，公开声称自己是马克思主义历史学家。但是他反对那种从马克思的著作出发，用历史知识为马克思的语录做注脚，又回到马克思的某些结论的做法。"历史唯物主义也从来没有企求说明一切，而只企求指出'唯一科学的'（用马克思在《资本论》中的话来说）说明历史的方法。"[①]所以，"如果不把唯物主义方法当作研究历史的指南，而把它当作现成的公式，按照它来剪裁各种历史事实，那末它就会转变为自己的对立物"[②]。

依此看来，汤普森与传统马克思主义诸多观点的对立并不是他对马克思主义精神的背叛。反而，他比那些口口声声遵照马克思教导的人更与马克思主义相契合。因为，他不但坚持了马克思主义的基本立场和基本原则，没有把它当作静止的、封闭的、抽象的理论体系与变动不居的历史和现实相对照，而是把它作为分析社会历史和解决现实问题的方法与工具。在接受采访时，汤普森指出："在我看来，把马克思主义当作一种已经完成的，包容一切的，自证自明的思想体系这样一种观念已经被证明是无益的……过去在苏联存在的那种自称的马克思主义实际上是

---

① 《列宁选集》第1卷，13—14页，北京，人民出版社，1995。
② 《马克思恩格斯全集》第37卷，410页，北京，人民出版社，1971。

一种完全死亡的语言,一种实利主义。"①如果把马克思主义神圣化,用它来解释一切,就是对马克思主义的最大背叛。马克思主义并不是一个业已完成的完美体系,它是开放的,需要在实践中不断发展的理论。"适合于调查历史的范畴是历史范畴,历史唯物主义由于在详细说明这些范畴时所表现出的和谐一致和在说明它们处于一个总体概念中表现出的相互关联,因而同其他解释系统区分开来。""这个总体概念不是已经完成的理论体系,也不是一个虚构的模式;它是一种发展着的知识……这种知识的发展既发生在理论上,也发生在实践中。"②历史研究中的诸多范畴,诸如阶级、剥削和意识等不是先验的理论抽象物,这些范畴只有与过去真实的历史事件相结合才具有意义。加拿大学者艾伦·伍德这样评价汤普森的理论:"经常有人说,我把自己对理论的理解加到了汤普森的历史文本之上,但是我仍然得意于我对他的一些见解,在我看来,不管他自己的理论声明是多么含蓄(和虚幻),据我所知,他仍然是我们当中最接近于历史唯物主义的理论家。"③

汤普森虽然反对用理论来裁剪历史事实,但他也认为,历史写作当然应该运用理论,但理论不应该是封闭的、静止的,而应该是具有延展性的。这种对理论的运用被汤普森称为"经验模式"(empirical mode)。汤普森以达尔文的研究方法为例来说明:在《物种起源》中,达尔文"以

---

① 刘为:《有立必有破——访英国著名史学家 E. P. 汤普森》,载《史学理论研究》,1992(3)。

② E. P. Thompson, *The Poverty of Theory and Other Essays*, London: Merlin Press, 1978, p. 50.

③ Ellen Meiksins Wood, *Democracy Against Capitalism: Renewing Historical Materialism*, Cambridge: Cambridge University Press, 1995, p. 13.

一种经验主义的方式，严谨地论证了进化的逻辑，这不是一种目的论，其结论并不包含在前提中，但仍需经过理论的阐释"①。

(四)马克思主义与历史研究相互促进

马克思主义理论和历史研究本为一体，二者相互包含，相互促进，须臾不可分离。马克思主义理论是开放和发展的理论，需要与历史研究的具体实践相结合。马克思主义的理论观点并非必然正确，也并非具有永恒价值，它必须找到合适的经验环境加以应用并得到验证。唯物史观本质上是一系列关于历史的命题，它需要在被经验的历史研究中不断地证实或得到修正。唯物史观是一种全新的历史观，是马克思主义理论的核心内容和主体部分。从某种意义上说，马克思主义就是唯物史观，是马克思主义在历史发展问题上的根本观点和看法。正如马特·佩里所说："马克思和恩格斯并不认为历史是他们思想的一个明显的分支，他们的世界观本质上是历史观。也就是说，他们试图从历史的意义上概括和解释整个人类的发展历程，因此，历史唯物主义已经成为马克思主义的同义词。"②马克思主义不能脱离历史研究的实践活动，否则就会失去生命力，成为封闭僵化的理论。

历史研究离不开马克思主义理论的指导，只有以唯物史观为理论指导，历史研究才能够摆脱形而上学思维的困扰，代之以唯物辩证法的正确思维。

---

① E. P. Thompson, *The Poverty of Theory and Other Essays*, London: Merlin Press, 1978, p. 63.

② Matt Perry, *Marxism and History*, New York: Palgrave, 2002, p. 5.

第一，以唯物史观为指导，历史研究可以避免走上只是简单地堆砌事实材料的歧路。历史研究不能只是纠缠于历史事件的细节和零碎，导致只见树木不见森林，或是管中窥豹，难见全貌。正如哈贝马斯所说："用一种经验科学的方法把自己局限于对个体事件做出因果解释的历史研究只有回顾的价值；这种知识不适用于现实生活。"[①]汤普森把能否找到社会历史内在的联系性和一致性作为历史研究是否成功的重要标准。他这样评价坎贝尔的工作："坎贝尔的工作之所以成功，并不是因为他孤立了牧羊人社区的这个或那个方面，而是因为他展示了在一个连贯的、内在一致的文化和社会体系中，各个部分是如何相互关联的。"[②]

第二，以唯物史观为指导，历史研究可以避免陷入不讲历史语境和条件的窘境，在历史评判中不能用今天的眼光来要求和苛责古人。汤普森指出："历史学科首先是关于语境的学科。每一个事实只能在其他意义的集合中被赋予意义。我们可以说，社会学可能就历史资料提出许多历史学家从未想过的问题，但几乎不可能有任何'社会学概念'能够原封不变地从 20 世纪的城郊居民(或从美拉尼西亚群岛)一直应用到 17 世纪的英国。因为这个概念本身必须经过修改和完善，才能使其适用于 17 世纪的价值体系。"[③]"只有在整个历史语境中研究证据(继承的规范和期望、影响和利益的作用，不是'社会'的规范和期望，而是不同社会群体

---

① Jürgen Habermas, "The Analytic Theory of Science and Dialectics", in Theodore Adorno et al., eds., *The Positivist Disputes in German Sociology*, London: Heienmann, 1976, p. 141.

② E. P. Thompson, "Anthropology and the Discipline of Historical Context", in *Midland History*, Vol. 1, 1972, p. 43.

③ Ibid., pp. 45-46.

的规范和期望)才能带来丰硕的成果。"①在汤普森看来,历史学和人类学虽然是社会科学中联系紧密的两个学科,却有着不同的研究方法和研究理念,人类学强调共同性和一般性,历史学强调条件性和特殊性,二者存在本质上的差别。汤普森指出:"当我们将社会史与人类学联系起来时,我们显然面临着更大的理论困难。有时人们认为人类学能够提供某些发现,不是关于特定社会的而是关于一般社会:它们的基本功能或结构被揭示出来,不管它们多么复杂或被掩盖,但它们仍然是现代形式的基础。但历史是一门语境和过程的学科:每一种意义都和历史语境密切相关。随着结构在变化,旧形式可以表达新功能,旧功能也可以用新形式来表达。"②

第三,以唯物史观为指导,历史研究可以避免落入固定的模式和预设的结论,避免坠入历史唯心主义的窠臼。历史研究不能只是一味地用历史事实和材料来填充看似完美的理论框架,只是为某一理论预设做一些可有可无的注脚,只是有意识地在社会上层中去搜寻历史长河中的高光人物,或者把历史归结于神创论或宿命论,难以发现历史的真正推动者和创造者是下层广大的普通民众。因此,历史研究不能以史论史,也不能就事论事,需以历史事实和材料为基础,用整体性视域和发展性眼光来探究历史表象背后社会发展的本质和规律。历史学是研究特殊事实和材料的科学,其研究虽然需要遵守某些共同的理论方法和思维理念,

---

① E. P. Thompson, "Anthropology and the Discipline of Historical Context", in *Midland History*, Vol. 1, 1972, p. 45.

② E. P. Thompson, "Folklore, Anthropology, and Social History", in *Indian Historical Review*, Vol. 2, No. 2, 1978, p. 256.

但具体到每一个历史材料上，再具体到每一个历史学家身上，都会有不尽相同的呈现方式，也自然会有不尽相同的研究结果，会呈现出不同的研究特色。汤普森告诫一些年轻的历史学家，在历史研究中，要做一个独立的思想者，要保持自己的研究理念和风格。"我不想告诉任何人如何书写历史。他们必须用自己的方式去发现。在这个平台上，我们和其他人一样，也受到自己时代的形成和决定的影响。如果我们的工作被其他人延续，它将以不同的方式继续下去。"[1]正如赫尔德所说："每个人都有自己的独特天性，有以独特方式表现自己的独特禀性，说出自己如何感受、如何生活，以及当他的眼睛看到万物，他的灵魂衡量万物，他的心灵感受万物时，它们如何立刻变得互不相同、彼此各异的能力，所有这一切都是完全无法言喻的；每个民族都有深刻的民族特性，即便你经常观察和赞赏这种特性，你对它的一切描述较它本身仍要贫乏得多。在那些为使人能够理解和感受这种真正的特性而写的历史著作中，也极少能看出这种特性。知道了这一切，我们就会明白，想洞见这些事物，恰似想在一瞥之下，用一种情感和一句话就一览无遗地把握一切民族、一切时代和一切国家！字句所传达的反映是何等的苍白、模糊！"[2]在《启蒙哲学》一书中，卡西勒对赫尔德的历史哲学思想进行了分析，认为他打破了分析性思维和同一性原理的硬壳，驱逐了同一性幻觉，赋予历史的每一新创造物以独特的形象和独立的存在方式。因此，"与历史相

---

[1] E. P. Thompson, "Agenda for Radical History", in *Critical Inquiry*, Vol. 21, No. 2, 1995, p. 304.

[2] [德]E. 卡西勒：《启蒙哲学》，顾伟铭等译，224—225页，济南，山东人民出版社，1988。

比较，所有抽象概括都是苍白无力的，任何一般的、普遍的规范都不能包容历史的丰富性。每一种人生状况都有其特有的价值，历史的每一个别阶段都有其内在效用和必然性。这些阶段互不分离，它们仅仅在整体中并由于整体而存在。但每一阶段又都是同等地不可或缺的。真正的统一性正是在这种彻头彻尾的差异性中显现，它只有作为过程的统一性，而不是作为现存事物中的同一，才是可以想象的。因此，历史学家的首要任务，是使他的标准符合他的主题，而不是反过来使他的主题符合统一的、既定的模式"①。因此，当代并不是历史最终要达到的一个目标，其他各个时代并不是作为达到最终目标存在的阶梯，也并不是康德所说的那样只是实现至善目标的单纯工具，而是每一个时代以及个人都具有独立的价值和意义。

在黑格尔哲学中，世界历史是绝对精神在时间中的发展。虽然黑格尔的这一思想观念是颠倒的、虚幻的，其外在形式是唯心主义的躯壳，但它的内容却充满了唯物主义要素，是对社会历史客观真实存在状态的准确描述。黑格尔说："世界历史在一般上说来，便是'精神'在时间里的发展，这好比'自然'便是'观念'在空间里的发展一样。因此，我们假如把世界历史翻开来，我们便看到了一幅巨大的图画，充满了变化和行动，以及在永无宁息的推移交替之中的形形色色的民族、国家、个人，凡是人类心灵所能想到的和发生兴趣的任何东西——我们对于善、美和伟大的一切感觉——都表现出来了。"②马克思所开创的历史唯物主义是

---

① [德]E.卡西勒：《启蒙哲学》，顾伟铭等译，224页，济南，山东人民出版社，1988。
② [德]黑格尔：《历史哲学》，王造时译，72页，上海，上海书店出版社，1999。

对黑格尔主义的颠覆，将黑格尔的历史哲学进行了彻底改造，抛却了它的唯心主义的躯壳，让社会历史第一次站在了唯物主义的坚实基础之上，并且保留了黑格尔哲学中历史内容的联系性、丰富性、差异性和变化性。汤普森的历史哲学抓住了马克思唯物史观的思想核心，一是唯物主义，二是辩证法。唯物主义要求历史研究不能脱离历史事实和材料，不能用理论裁剪事实；辩证法要求历史研究要注重历史语境和历史条件，注重关系性和变化性。因此，汤普森的历史哲学思想是马克思主义唯物史观基本精神的回归。

没有一个普遍的、非历史的概念，也没有一个纯粹的理论解释。每一种范畴和形式都是在它的形成过程中产生的，这个过程中掺杂了不可分割的历史经验、传统和情感等因素。从这个意义上来说，没有纯粹的先验的概念存在。

我们要强调不能够分割马克思主义范畴的普遍性与特殊性的辩证关系。如果过度强调普遍性，就会陷入唯心主义唯理论的泥淖；如果过度强调特殊性，则会有倒向旧唯物主义经验论的危险。历史唯物主义是马克思主义的重要组成部分，不应该进行简单分割，片面地强调一方面而压制另一方面。现实社会与社会生产生活实践是马克思主义的根本立足点，不能够须臾脱离，否则马克思主义就会变为教条主义，失去对现实世界的洞察力、解释力和改变能力。现实世界是不断变化和发展的，马克思主义也不能止步不前。因此，要把汤普森的理论放在马克思主义的重建中，需要对他的思想和理论进行批判性分析，这项工作远远没有完成。在他的巨著《英国工人阶级的形成》出版 50 多年后，对他的思想的全面准确把握仍然没有完成，还需要进行不断挖掘，不断地去寻找新的应用方式以及应用之地,不论在学科领域,还是在地理空间上都还有很大的扩张潜力。

五、历史哲学的建构原则

在历史研究中,汤普森并没有把自己的工作仅仅定位于历史编纂,而是注重考察历史背后的意义,形成了历史理论的一系列建构原则,体现了他对社会历史发展的总体认识和价值观念,是关于历史的一种哲学思考。在对汤普森历史哲学进行探讨和分析的过程中,所遵循的这些原则体现了汤普森对历史唯物主义的准确把握和不懈坚持。

(一)历史理论中的事实原则

汤普森的许多著作大都有一个共同的特点:理论叙述很少,但罗列的事实材料很多。《英国工人阶级的形成》是汤普森的代表作。在这本著作中,汤普森搜集整理了大量的事实材料,完成了对工业革命时期英国工人阶级形成历史的考察。正如汤普森自己所说:"在我的史学著作当中并没有很大的理论篇幅。我有意避免这一点。"[1]汤普森认为,历史学不是用来产生理论的科学,而是解释和理解历史。"历史不是生产宏大理论的工厂,如同生产一架协和式飞机一样;它也不是微型理论的生产

---

[1] 刘为:《有立必有破——访英国著名史学家 E. P. 汤普森》,载《史学理论研究》,1992(3)。

线；同样不是一个巨大的试验站——用来进行外来理论的'应用''测试'和'评定'。这些根本不是它的职责。它的职责就是重新获取'解释'和'理解'其对象：真实的历史。"①

因此，汤普森认为，阿尔都塞的结构主义和斯大林主义一样都是抽象的理论范畴体系，是与现实分离的虚幻结构。"阿尔都塞的结构主义是还原为理论范式的斯大林主义。最终，斯大林主义被理论化为意识形态。"②"当幻象最终在1956年被驱逐时，阿尔都塞的事情是使人们闭上眼睛，堵上耳朵，以更老练的方式，恢复整个腐坏的虚幻结构。"③阿尔都塞的结构主义"恰恰就是通常马克思主义传统中被叫作唯心主义的东西"，即"一个自己产生的并把自身本体强加于物质和社会存在现象之上的观念世界，这个观念世界并不与物质和社会存在现象进行的持续的交流与对话"。④如果用概念的方式调查社会，乃是我们所强加于对象的，并不是对象本身所固有的。阿尔都塞的荒谬在于他建立了一个理想的理论模式，这个模式是封闭的、循环的。他把它看成是一个永久的、一劳永逸的模式，这样做的结果就是把理想的范畴、结构置于物质和社会之上，而不是让二者对话。

恩格斯在《反杜林论》中指出，杜林之所以陷入历史唯心主义立场，是因为他坚持的是先验主义形而上学方法和抽象的人性论观点。杜林认

---

① E. P. Thompson, *The Poverty of Theory and Other Essays*, London: Merlin Press, 1978, p. 238.
② Ibid., p. 374.
③ Ibid., p. 324.
④ Ibid., p. 205.

为研究社会应当把社会分解为最简单的要素，即假定社会由两个人组成，然后按照最简单的公理同两个抽象的人打交道，从而推论出解决一切社会问题的"基本形式和结论"，即"道德主义""法律主义"和"普遍公平"的法则。恩格斯指出，杜林的"两个人"，是脱离了一切社会条件和现实关系的光秃秃的概念。杜林不是从现实本身出发来抽象出观念，而是从观念推论出现实，颠倒了现实与观念的关系，是十足的历史唯心主义。恩格斯批判杜林的"世界模式论"，正确地论述了意识与物质、思维与存在、主观与客观、原则与实际的关系。他指出，必须从事实出发，不能从所谓的抽象"原则"出发来探索客观事物。这实际上表达了"实事求是"的唯物主义方法论。

马克思指出："人们按照自己的物质生产的发展建立相应的社会关系，正是这些人又按照自己的社会关系创造了相应的原理、观念和范畴。"[①]历史唯物主义始终坚持从现实的物质生活条件出发去研究社会历史。正是坚持这样的一个基本的历史观立场，马克思和恩格斯创立了关于人类社会发展的一系列基本理论，这些完整的理论是我们观察、研究历史和现实的基本观点和方法。

对于马克思主义，汤普森虽然承认它是杰出的理论与方法，但唯物史观的命题和概念并不是先验的抽象物，只有用来分析真实的历史事件时才具有意义。既然马克思把人类历史看作人的感性物质活动的历史，历史事件产生于人类的实践活动进程中，是主体作用于客体的结果，因此，历史不可能成为超越于事件之上的抽象的历史概念。汤普森认为，

---

① 《马克思恩格斯全集》第 4 卷，144 页，北京，人民出版社，1958。

理论和原则可以用具体的历史事实来校正和修改，却不能用以裁剪历史事实。出于对历史学的特殊理解，汤普森反对学术研究中的理论化和抽象化，反对从历史当中抽象出理论，同样反对把理论加于历史事实之上。对于理论体系，他始终强烈排斥。在《理论的贫困及其他文章》中，他指责阿尔都塞所做的完全是理论思维的练习，与实践无关，甚至可以称为经院哲学。[1] 汤普森甚至说："历史学家没有理论，马克思主义的历史学家也没有理论，历史理论必然是有别于马克思主义历史理论的其他东西。"[2] 到了 20 世纪 80 年代中后期，在谈到准备离开和平运动的舞台重新回归历史学家角色时，汤普森仍然对理论体系抱有相当大的成见，只是已经失去了争辩的雄心。"我对马克思主义理论体系越来越缺乏兴趣。我既不赞成也不反对，我对某些争论感到厌烦。觉得有些论题分散了我对历史问题的注意力，成了我完成工作的障碍。"[3] 只讲"理论"的理论总是将理论提升到至高无上的绝对地位，使之成为诠释一切的形而上学。这正是马克思所批判的仅仅用以解释世界的旧哲学，马克思主义哲学则指向认识世界、解释世界继而改造世界。

汤普森认为历史学与自然科学最大的区别就在于：历史理论不能像自然科学一样用实验来验证，这正是历史学的特殊性。"历史本身是经验唯一可能的实验室，我们唯一的经验知识是历史逻辑。如果想用经验

---

[1] 刘为：《有立必有破——访英国著名史学家 E. P. 汤普森》，载《史学理论研究》，1992(3)。

[2] E. P. Thompson, *The Poverty of Theory and Other Essays*, London: Merlin Press, 1978, p. 12.

[3] E. P. Thompson, *Making History: Writings on History and Culture*, New York: The New Press, 1994, p. 360.

来表示一个不确定的类似,我们会发现根本不可能。历史永远不可能提供同一经验的条件。"①因此,汤普森反对安德森和奈恩等人把法国的革命模式直接搬到英国,而不顾英国所存在的特殊性,不考虑它独特的历史与现实条件,这样只会导致失败。"尽管在对某些国家的发展进行比较时,我们可能会观察到某些类似的经验,但我们永远也不可能回到这些实验室,把我们的条件强加于它,并把这些经验重演一遍。"②尽管奈恩积极主张从欧洲大陆引进理论来指导英国的社会主义运动,但他也承认理论必须符合于现实。他说:"每个现存理论在它面前都是不适当的。在面对它时,每个神圣的真理部分都部分地被揭露,而观念必须围绕它进行耐心改革,直到我们的认识跟得上现实为止。"③汤普森也认为理论必须不断接受验证,要用经验去检验理论,用历史去重建理论。"加雷思·斯特德曼·琼斯(Gareth Stedman Jones)最近在《社会历史杂志》(*The Journal of Social History*)上发表了一篇精彩的文章,对我们大多数人在十多年前提出的一些公认的知识进行了非常重大的修正。这就是真实历史的重要性:它不仅检验理论,而且重建理论。"④

(二)历史发展中的矛盾原则

现实是历史发展的结果,现实终究隐退为历史。现实向历史转化的

---

① E. P. Thompson, *The Poverty of Theory and Other Essays*, London: Merlin Press, 1978, p. 47.

② Ibid..

③ Tom Nairn, "Introduction", in *New Left Review*, Vol. 52, 1968, p. 7.

④ E. P. Thompson, "Interview With Thompson", in Henry Abelove, Besty Blackmar, et al., eds., *Visions of History*, New York: Pantheon Books, 1976, p. 16.

推动者则是存在于事物内部的现实矛盾。在《理论的贫困及其他文章》一书中，汤普森指出，阿尔都塞不恰当地把数学和逻辑学的方法和规则随意扩展到社会科学领域，运用演绎方法从抽象的一般原理推演事实，其结果必然是对历史事件和人的主观能动性的视而不见，更为严重的是，由于只看到静止的范畴体系，而看不到存在于事件当中的矛盾，导致其不理解历史的变化和发展。在《英国工人阶级的形成》中，汤普森仍然坚持经验和实证原则，从具体的历史事例和材料出发，包括工人阶级参加的从组织到政治活动，从宗教情绪到文化娱乐方式。工人们亲身经历的这些事件对于工人阶级形成具有关键作用。汤普森指出："当一批人从共同的经历中得出结论（不管这种经历是从前辈那里得来还是亲身体验），感到并明确说出他们之间有共同利益，他们的利益与其他人不同（而且常常对立）时，阶级就产生了。"① 从中我们可以看到汤普森把人们的共同经历的事件看作是阶级形成的客观条件。"阶级是人们在亲身经历自己的历史时确定其含义的，因而归根结底是它惟一的定义。"②事件是工人阶级为实现自身利益而不断斗争的记录，其中包含着工人阶级为争取自身利益而进行斗争的经历，同时也包含着工人阶级群体的自觉意识。这种意识来源于对他们相似经历的共同感受。共同的阶级意识促成了阶级的诞生。所以，汤普森"强调传统、意识形态和社会组织形式的重要性，强调非经济方面在阶级形成过程中的重要作用，强调阶级在客

---

① ［英］E. P. 汤普森：《英国工人阶级的形成》（上），钱乘旦等译，"前言"1—2页，南京，译林出版社，2001。
② 同上书，"前言"3—4页。

观因素的作用下被形成时又主观地形成自己的过程"①。

在《英国工人阶级的形成》一书中,汤普森重点考察了在工人阶级形成过程中起到关键作用的共同的阶级意识,它一直被传统马克思主义所忽视。这也是汤普森写作该书的主要目的。他说:"阶级觉悟是把阶级经历用文化的方式加以处理,它体现在传统习惯、价值体系、思想观念和组织形式中。"②从这里我们可以看出,汤普森在承认阶级经历客观性的同时,也把阶级意识与这种客观阶级经历进行了适当的分离处理。阶级经历对阶级意识有着决定性的作用和影响,但这种制约也只是从根本上来说的。一旦阶级意识被产生出来,它就有很强的独立性,面对现实存在,它有自己独立的发展空间。

汤普森始终关心着人的问题,把工人阶级的生活质量和幸福当作研究的一个重点,对许许多多工人家庭生活进行了考察。汤普森反对仅仅从物质生活来看工人生活质量,他认为应把精神生活方面同样作为一个衡量标准。比如工作与生活的压力,精神自由等,因为这些无法用数据分析和统计。经过考察,他得出结论:虽然好多工人家庭物质上比原来富有了,但这却是以失去精神生活的幸福为代价,其实总体的生活质量是下降了。从这里可以看到,汤普森对资本主义的分析,对人的异化的分析不仅仅是从经济方面,更多是从文化和意识方面进行分析,是一种总体性历史观。这种分析使我们更加全面地理解了资本主义制度对人的

---

① [英]E. P. 汤普森:《英国工人阶级的形成》(下),钱乘旦等译,1004页,南京,译林出版社,2001。

② [英]E. P. 汤普森:《英国工人阶级的形成》(上),钱乘旦等译,"前言"2页,南京,译林出版社,2001。

异化。而要消除这种异化就要铲除其根源,不能仅仅依靠提高工人的物质生活水平来解决,只有消灭剥削和压迫关系,消灭资本主义制度本身才能使人的本质复归。他说:"资本主义的发展在实现'人类的本性'方面已经明显地暴露出它的局限性,因此,必须通过革命来超越这种局限,这只能是社会主义的逻辑。"①在汤普森看来,现实的矛盾推动着历史的发展,这一过程是在不知不觉中发生的,历史发展不会受到个人的旧的观念的束缚和阻挡。可以断定,汤普森对社会主义运动的动因分析是建立在他对人本质的必然回归这一信念上,与马克思的全面科学论证还有很大差距。但他所得出的结论却与唯物史观相一致:社会主义和共产主义是社会发展的归宿,这是由现实矛盾所决定的,是历史发展的必然。

(三)以事件表征的过程原则

汤普森历史理论的重要特征是在历史中分析和解读事件。在历史过程中解析事件的思维方式可以说是对形而上学思维的超越,它强调的是历史存在的特殊性以及人类生活的实践本性。每一事件都作为历史当中的唯一事件而存在,无数多的事件序列构成了真实存在的历史。汤普森认为:"'历史的'是一个系属定义:它非常笼统地规定了事物的一般属性——属于过去而不属于现在或将来。"②"人类过去不是离散历史的聚

---

① E. P. Thompson, *The Poverty of Theory and Other Essays*, London: Merlin Press, 1978, p. 357.
② Ibid., p. 223.

合，而是一个人类行为的整体相加。"①这种意义上，"我们仅仅知道一门唯一的科学，即历史科学"②。马克思主义哲学的本质特征是实践。实践主体是历史当中具体的人，实践的结果只能是真实的关于人的历史事件，从而，事件则成为真实的历史的存在。

把握历史的变化发展是汤普森历史理论的核心。在《英国工人阶级的形成》一书中，这一思想得到了充分的表达。在研究方法上，汤普森反对把阶级放入静止的结构框架中进行共时性研究。他强调要用历时性方法对工人阶级的形成进行具体分析。应该在历史过程和历史关系中把握和分析阶级，因为阶级不是一件静止的物，它是一种流动的现象，一种存在于历史当中的关系。汤普森写道："我强调阶级是一种历史现象，而不把它看成一种'结构'，更不是一个'范畴'。我把它看成是在人与人的相互关系中确实发生（而且可以证明已经发生）的某种东西。不仅如此，对阶级的看法还有赖于对历史关系的看法。如其他关系一样，历史关系是一股流，若企图让它在任何一个特定的时刻静止下来分析它的结构，那它就根本不可分析。"③汤普森认为，阶级不只是由经济关系决定，不能仅仅通过数据进行定量分析；阶级同时还是社会与文化的产物，文化和意识形态都无法用数据衡量。所以对阶级应该用历时性的方法考察，若非如此，就不可能形成正确的理解。汤普森看到了历史本身

---

① E. P. Thompson, *The Poverty of Theory and Other Essays*, London: Merlin Press, 1978, p. 232.

② 《马克思恩格斯全集》第3卷，20页，北京，人民出版社，1960。

③ [英]E. P. 汤普森：《英国工人阶级的形成》（上），钱乘旦等译，"前言"1页，南京，译林出版社，2001。

的流变性与特殊性，它与静止普遍的理论有其不相适应的一面。历史事件的唯一性和偶然性决定了不可能出现完全相同的历史事件，也不可能产生相同的造就历史事件的条件和环境。不能用不变的理论套用流变的历史。在汤普森看来，在特定的历史时期和特定的历史条件下，根据特定的历史事件抽象出来的理论只适合于解释当时的历史事件，绝不能把这些理论模式任意加于其他历史事件之上。

事件并不是纯然的孤立的实体性的存在，它是作为主体的人连续的实践活动的结果。事件不同于纯自然属性的事物，它把事物的现实存在与人的理念意识联结在一起，因为人是当下现实的存在，主体人在实践活动中时刻关切事物的现存状态与未来可能。他按照未来的理想规划所进行的实践活动指向由历史累积起来的包括他自己在内的实践对象，所以实践把历史、现实与未来融汇在一起。实践的结果凝结为历史事件，是主体的理念意识内化于其中的结晶，处处渗透着实践主体的价值与理想。对阶级所进行的考察与分析，使汤普森看到了历史当中的无数事件都是事实与价值、现实与理想的统一体。因而，事件是历史的不断生成，历史是事件的不断累加。由于这一过程始终渗透着主体的价值与理想，事件的形成与历史的发展才不是自然的、盲目的，它不可避免地带有人的创造性和主观性，无数个人有目的的实践活动汇集为社会发展过程当中不以个人意志为转移的客观规律。

历史在事件的否定性的转化过程中才能不断生成，事件也只有被联贯为历史才能呈现本身的意义。事件的历史生成包含着辩证的法则，只有通过辩证的历史主义思维才能够理解事件逐步累加为历史的这一过程。"辩证法在对现存事物的肯定的理解中同时包含对现存事物的否定的理解，即对现存事物的必然灭亡的理解；辩证法对每一种既成的形式都是从不断的运动中，因而也是从它的暂时性方面去理解。"①因此，事件的否定性转化促成了历史的流动，也推动了人类社会不断向前发展。这种历史观点不但从根本上否定了主观唯心主义企图用人的欲望、动机、生命意志来说明历史的发展，也避免了客观唯心主义从外部精神性存在寻找历史发展的根源，同时也批判了旧唯物主义形而上学的历史观，即把事物理解为孤立的原子的简单相加，其内部由于缺少矛盾从而失去了发展动力，世界也就成为孤寂静止的存在。

(四)历史认知的主客体原则

在《理论的贫困及其他文章》中，汤普森对历史学家的历史认知活动进行了描述。他认为，历史研究是历史学家与历史材料之间不断对话的过程。形成知识有两种对话：第一种是社会存在与社会意识之间的对话，形成人们的经验；第二种是理论体系(假设)与研究对象(新证据)之间的对话，形成知识。

在汤普森看来，历史过程本身是客观的，不能为历史学家的观点所左右。"这些事实不主动地透露任何东西，历史学家必须努力工作，从而使它们能够找到'自己的声音'。"②历史应该随着时代、人、民族、阶级等的不同而改变，也必然会改变。在本体论意义上的已经完成了的历史发展过程是不能改动的。如果否定历史研究对象的决定性作用，历史

---

① 《马克思恩格斯全集》第 23 卷，24 页，北京，人民出版社，1972。

② E. P. Thompson, *The Poverty of Theory and Other Essays*, London: Merlin Press, 1978, p. 222.

学就不存在了。① 由于历史证据本身所包含的不确定要素，比如说它隐含着历史事件当事者的主观意图，有些甚至包含了误导性的成分；再加上历史分析者所带有的主观性，这就必然导致了历史认知活动的客观性是相对的。"正因为历史学是所有人文科学中最统一而普遍的科学，所以它也是最不精确的学科，历史知识永远不过是近似的。"②但是，这并不意味着历史结论是完全主观随意的。历史发展过程本身的真实客观性是保证历史认知活动具有相对客观性的前提条件。

汤普森认为，历史分析的本质在于历史研究者用心灵与所获得的物理的或文本的历史证据进行对话。历史学家的工作就是一个不断地倾听不同的声音，理解不同的价值观和思想意识的过程，这就要求他们必须宽容和大度。③

历史学家在进行历史认知活动的时候应该把主观性的干扰降到最低。"在显示因果关系实际上怎样发生的时候，就这一法则能发挥影响来说，我们必须暂时搁置我们自己的价值观。但是一旦这个历史被恢复，我们就有权对它做出评判。"④历史学家的结论首先是建立在被恢复的相对客观的历史之上。接下来历史学家就要对历史事件的因果性和关联性提出推论和假设，即历史评判。这也是"正活着的我们能够给过去

---

① E. P. Thompson, *The Poverty of Theory and Other Essays*, London: Merlin Press, 1978, pp. 40-41.

② Ibid., p. 70.

③ E. P. Thompson, "Interview With E. P. Thompson", in *Radical History Review*, Vol. 3, 1976, p. 17.

④ E. P. Thompson, *The Poverty of Theory and Other Essays*, London: Merlin Press, 1978, p. 234.

以'意义'"①。比如英国17、18世纪下层民众中普遍存在一种现象，这种现象从民俗学和社会学视角分析就是一种典妻的风俗；而对于历史学来说，就要分析这一风俗背后的本质，经过分析判断得知，典妻风俗只不过是婚姻关系重新建立的一种外在表现形式。

但是评判必然带有历史学家个人的主观性，受个体知识背景、认知结构以及价值观等因素制约和影响。那么如何来保证历史评判的相对客观与公正？首先，它要能够自圆其说，要求具有内在的逻辑统一性，不能使证据之间相互冲突；其次，它还要接受其他历史学家的审视和比较，尽量做出相对公正的裁决；最后，也是最重要的，它必须经受历史证据的拷问，包括一些新出现的历史证据。这也是历史学家与证据对话的过程，在此过程中结论得到检验和修正。这一过程不可能一次完成，会不断地反复进行，实际上没有一个真正的终点。因为我们不是站在历史的终点，因此历史从来都没有定论。正如伽达默尔所理解的那样，历史文本的意义不在于其创作者的交流意图，而在于从不同传统情境中来理解的人之间对文本进行的仲裁。②吉登斯也表达了同样的观点："不像自然科学，社会科学处在一种与其研究领域之间的主体-主体的关系之中，而不是一种主体-客体的关系之中；它涉及的是被预先解释的世界，在这个世界里，由积极

---

① E. P. Thompson, "Interview With E. P. Thompson", in *Radical History Review*, Vol. 3, 1976, p. 42.
② [美]埃伦·凯·蒂姆博格：《E. P. 汤普森：理解历史的进程》，见[美]西达·斯考切波编：《历史社会学的视野与方法》，封积文等译，238页，上海，上海人民出版社，2007。

的主体创造的意义实际上成为该世界的一部分或它的产物。"①

每个历史学家都是处于一定社会关系当中的人,这就决定了历史学家不可避免地带有确定的阶级意识和政治立场。历史研究的目的一方面是还原历史的真实,让历史自己说话,揭示出历史事件背后的因果关系;另一方面则是立足现实,从当前的政治利益、道德观念以及价值判断出发,带有选择性和目的性地研究历史,让历史为现实服务。所以,历史学家研究历史绝不是为了研究而研究。比如:汤普森对17、18世纪下层民众的研究以及对18世纪末19世纪初英国工人阶级的研究,其重要的目的就是从历史材料中为现实政治斗争寻找证据支持。

总之,历史是主体认识的主观性、相对性与历史本体的客观性、绝对性的统一。这是由于:(1)历史认识的直接对象是历史事实和证据,人们通过它们来调查真实存在的历史过程。历史证据具有决定的性质,纯粹的历史对象是"真正的"历史,但历史证据必然是不完整、不全面的。(2)历史认识从本质上来说是暂时的、不完全的、有选择的、有限的和由被提出的问题所规定的。从这方面来说,历史认识有别于其他认识范畴。从这个意义上来说,把历史界定为科学往往是无益的,并会引起混乱。(3)历史认识与认识对象之间的关系不能理解为单纯是一方对另一方起作用,它们之间的关系是对话关系。②

---

① Anthony Giddensm, *New Rules of the Sociological Method*, New York: Basic Books, 1976, p. 146.

② E. P. Thompson, *The Poverty of Theory and Other Essays*, London: Merlin Press, 1978, pp. 39-40.

(五)历史研究中的人本原则

哲学从本性上来讲是关乎人的生存的,对生活世界的探讨永远是哲学研究的主题,马克思主义哲学更是如此。马克思指出:"历史什么事情也没有做,它'并不拥有任何无穷尽的丰富性',它并'没有在任何战斗中作战'!创造这一切、拥有这一切并为这一切而斗争的,不是'历史',而正是人,现实的、活生生的人。"[1]马克思始终把人的自由自觉的实践活动当作生活世界的基础,我们的生活世界正是在连续不断的实践中被创造出来的。历史事件是由人的实践活动的展开而生成,理论体系也是从历史的实践活动中抽象出来的。历史事件和理论体系相对于活生生的生活实践来说只能是从属的、第二性的,并且归根结底是为生活实践服务的。历史唯物主义虽然是从历史事实与材料中抽象出来的社会历史发展的规律,揭示了未来社会发展的必然趋势,但它仍然需要与具体的现实的实践活动紧密结合,并且需要在实践中不断进行检验和修正。

---

[1] 《马克思恩格斯全集》第2卷,118页,北京,人民出版社,1957。

第五章　汤普森历史哲学的政治使命

格雷戈·麦克伦南认为:"在过去三十年左右的时间里,汤普森的著作在这个国家的社会主义知识分子的生活中是一个非常广泛、持续和具有挑战性的存在。他的作品通常会引起激烈的争论:激烈反对或者强烈赞同。读者和听众从不怀疑,即便是在他最专业的兴趣背后,也隐藏着当今重要的现实问题。"①

把革命之火引入西方资本主义世界就成为包括英国新马克思主义在内的所有马克思主义者面临的重大课题。如何把西方资本主义世界也导向社会主义?谁又能够承担颠覆旧世界的历史重任?应该在本国寻找

---

① Richard Johnson, Gregor McLennan, et al., eds., *Making Histories: Studies in History-writing and Politics*, London and New York: Routledge, 2007, p.96.

还是借助于外部的革命力量？对于这些问题，马克思主义的经典文本并没有提供现成的答案，这就需要各国马克思主义者结合本国实际进行摸索。

汤普森的历史研究时常与现实政治斗争实践紧密相连，真正践行了马克思所倡导的理论与实践的结合。"传统的学术史学家赞美中立、客观，摈弃在历史叙述中被现今关系所歪曲了的事物，与此同时，在无意之中却形成了像经济发展研究那样的史学，这些史学对现存的资本主义制度来说具有指导作用。而马克思主义史学家从事写作时似乎差不多总是想着现实，他们的史学与其所向往的民主社会主义是一致的。"[1]汤普森时常游走于历史和政治两条线上，在需要的时候就可以在两个不同学科之间自由穿梭。在汤普森看来，历史研究的目的是为现实政治服务，历史学可以为政治实践提供养料和动力；而政治实践则能够为历史研究指引方向。

一、民族主义与国际主义两种政治情怀

汤普森与安德森、奈恩的分歧与争论由来已久。1962年3月，年仅22岁的安德森接手了《新左派评论》杂志的管理工作，开始了大刀阔斧的改革，对办刊方针做出重大调整，由此与汤普森为首的老一代编辑形

---

[1] ［美］哈罗德·T. 帕克：《英国》，见［美］伊格尔斯主编：《历史研究国际手册》，陈海宏等译，263页，北京，华夏出版社，1989。

成了对垒之势。1963年，汤普森就对安德森的改革进行了严厉批评。不过，这并没有影响安德森的改革进程。老一代新左派本土化的平民政治已经被安德森彻底放弃，代之以第二代新左派开放的国际主义精英政治理论。自此，以汤普森和安德森为代表的两代新左派开始了长达三十年的争论。

(一)英国思想传统与英国革命

在近代哲学史上，英国的经验论与欧洲大陆的唯理论长期对立。从历史传统来看，英国人的思维方式与欧洲大陆是有差别的。英国人向来重经验、轻理论，重个人、轻集体，重传统、轻变革。这一思维方式和行为模式已经成为深埋于英国人头脑深处的文化基因，形成了代际传递，一直持续到现在。"英国人发现他们说话与法国人说话根本就不一样，这已不是头一次，但也不会是最后一次。英国的经验主义与个人主义方法论的传统，与法国的理论与整体主义方法论之间的鸿沟，阻碍了学术接触。从赫伯特·斯宾塞时代或更早时候开始，英国就普遍预设了这一观念：像'社会'这样的集体实体是虚构的，存在的只是个人。"[①]

汤普森在他的许多部历史著作中，都对英国人的思维方式和生活习惯进行过描述和刻画。在《英国工人阶级的形成》中，汤普森热情讴歌了英国工人阶级所捍卫的民族传统和自由精神。从1780年到1832年半个世纪的时间里，英国工人阶级在一次次的失败中逐渐成长起来，在不屈

---

① [英]彼得·伯克：《法国史学革命：年鉴学派，1929—1989》，刘永华译，91页，北京，北京大学出版社，2006。

不挠的斗争中守护了英国人"生而自由"的传统,捍卫了独特的道德经济学。他们在工业革命的大时代背景中被塑造,同时也实现了自我形成。他们不仅创造了属于自己的历史,也影响了我们现代人的生活。在《共有的习惯》中,汤普森探讨了18世纪和19世纪初英国社会的乡规民俗。在那一段历史中,资本将要横扫一切,王权开始衰落,社会急剧变化,英国社会进入新的转型期,失去保护的平民诉诸传统与习惯,利用道德经济学来保护自身权利,在与统治者不断地互惠博弈中找到了平衡点,形成了英国独特的平民文化。

1964年,安德森发表了《当代危机的起源》一文,对英国目前所面临的不容乐观的革命形势进行了深入分析,对英国的思想传统展开猛烈批判。1968年,安德森又发表了《国民文化的构成》("Components of the National Culture")一文,试图从英国社会的意识形态和国民思想的劣根性中找到英国革命声势不振的原因。

在对传统文化和意识形态的认知上,与汤普森一样,尽管安德森也认为英国与欧洲大陆相比是较为独特的,但对这一独特性的评价却与汤普森的总结恰恰相反。他写道:"笼罩英国的雾霾有两大化学元素:'传统主义'和'经验主义'。在这一雾霾中,对任何社会或历史现实的能见度总是为零……其结果是无所不在的顽固的保守主义,它用同时存在的功利主义(思想方面)和神秘启示(习俗方面)为整个社会遮盖了一层厚重的棺罩,为此英国已经赢得了它所应得的国际声名。"[①]安德森指出,英

[①] Perry Anderson, "Origins of the Present Crisis", in *New Left Review*, Vol. 23, 1964, p. 40.

国的传统主义是封建贵族遗留下来的思想观念，充满了对君主、教会、贵族和市民的尊崇和敬仰。而英国的经验主义则陶醉于记录英国资产阶级那些零碎生活。"它从来不必在抽象的理论反思中，重新将社会看成一个整体。经验的、零碎的知识学科与低级的、受限制的社会行动相对应。"[1]传统主义念念不忘旧事，经验主义又拒绝面对现实。它们已经成为社会主义革命前进道路上的巨大障碍，又如何奢谈仰仗其为革命事业保驾护航。"英国是欧洲最保守的主要社会，有一个自身的文化印象：平庸而迟钝。这种文化的波澜不惊在任何国际环境中都是显露无遗的。正是基于这一文化，英国左派在很大程度上只是一个冷漠的旁观者，偶然也是一个受蒙骗的帮凶。"[2]从中我们可以看到，安德森对英国历史文化基本上持一种否定的态度，对以汤普森为代表的老一代英国新左派的狭隘和保守也感到极度失望。

在对政治和革命形势的判断上，受到葛兰西分析意大利的理论和方法的启示，安德森分析了英国资本主义发展道路，认为它未能按照法国资产阶级革命的标准模式进行，呈现出英国特色。在安德森看来，英国资产阶级只改变了社会的经济基础，未能改变上层建筑，没有对封建贵族进行彻底革命和清算，最终与其沆瀣一气，葬送了将革命进行到底的政治前途。由于英国资产阶级的软弱和妥协，没能给英国工人阶级以正确示范和积极影响，间接导致英国工人阶级革命意志薄弱，革命行动被动和保守，再加上缺乏正确的理论指导，因此革命运动始终不温不火，

---

[1] Perry Anderson, "Components of the National Culture", in *New Left Review*, Vol. 50, 1968, p. 6.

[2] Ibid., p. 4.

难有起色。"在英国,懒散的资产阶级产生了附属的无产阶级。它没有传承自由激情、革命价值观。"①"英国学生运动迟缓的一个重要原因就是英国文化中没有任何革命传统。"②造成这一后果的主要原因是英国资产阶级革命的不彻底性。英国资产阶级与封建贵族的妥协给 20 世纪英国资本主义的发展制造了困难。最为重要的是,英国无产阶级也部分地参照了资产阶级的革命传统来建构自己的意识形态。在这一过程中,由于英国无产阶级先天性的羸弱体质,不自觉地传染了资产阶级的软弱性,再加上英国向来崇尚传统和习惯,因循守旧,经验主义盛行。近代以来英国社会变革缓慢,渐进改良常常代替了彻底革命。这与欧洲大陆同一时期发生的轰轰烈烈、声势浩大、波澜壮阔的革命运动形成了鲜明对比。

英国历史文化的劣根性难以在短时间内根除,英国民众因循守旧、观念落后、不思进取的行为倾向也积重难返,积习难改。安德森认为,最重要的是,这些因素直接导致了英国思想创新和理论发展的停滞。近代以来,在社会科学方面,除了在经济学和文学上有些成就外,在思想领域,英国始终缺乏总体性的社会理论,很少像欧洲大陆一样出现诸如杜尔凯姆、韦伯、帕累托等这样的经典社会学家,更不要说出现与列宁、葛兰西、卢卡奇相提并论的马克思主义理论家。归根结底,长期以来,由于英国文化中的经验主义和传统主义占据主导地位,压制了成熟

---

① Perry Anderson, *English Questions*, London and New York: Verso Books, 1992, p. 36.

② Perry Anderson, "Components of the National Culture", in *New Left Review*, Vol. 50, 1968, p. 4.

的整体性社会理论和革命理论出现,导致了革命形势低迷不振,社会发展停滞不前,社会变革量变多,质变少,难以形成声势浩大的革命运动。至此,我们大概可以理解安德森急于从欧洲大陆进口理论的急迫心情了。

在安德森向汤普森展开攻势时,奈恩以助攻手的姿态也开始了对汤普森的攻击。1964年,奈恩连续写了《英国工人阶级》("The English Working Class")、《英国的政治精英》("The British Political Elite")、《剖析工党》("The Anatomy of the Labour Party")等数篇文章来配合安德森的进攻。在这几篇文章中,奈恩运用了与安德森几乎一样的批判路径,即以欧洲大陆标准展开对英国历史文化和社会发展现状的全面剖析和评判。奈恩指出:"法国资产阶级只有锻造一把双刃剑才能取得胜利,而工人阶级反过来又可以发展和使用这把剑来对付其统治者。德国资产阶级在其早期的发展中失败了,他们只能以无与伦比的强大的精神世界来自我安慰,在这个世界中虽然充满了抽象和唯心主义,却可以产生社会主义的开创性思想。"①在奈恩的分析中,对于英国来说,行动中缺少像法国人在革命中所呈现出的英勇气概,思想上也没有产生像德国那样具有革命精神的社会理论。软弱的英国资产阶级摒弃了欧洲大陆这些危险的理性工具,却用英国的经验传统和守旧思想这些历史垃圾来填塞国民头脑。奈恩指出:"资本在英国建立统治,并不一定要诉诸自我伤害的过度暴力行为,它可以隐藏在《圣经》背后,使整个'国家'都成为直接

---

① Tom Nairn, "The English Working Class", in *New Left Review*, Vol. 24, 1964, p. 48.

或间接统治工具。"①因此,"英国的褊狭与土气、落后与守旧、宗教迷信与道德自夸、琐碎的英国'经验主义'或本能地对理性的排斥——所有这些特征,从理论上相比较而言,在英国可能是资产阶级在发展中出现的'缺陷'或'扭曲'。在其发展初期,工人阶级实际上和强势的资产阶级被打造成一体而成为一种特殊形式"②。英国的思想体系中包含着"从贵族继承而来的浅薄的文化和粗糙的没落资产阶级的功利哲学,二者结合到一起就成了既吸人眼球又令人生厌的双面怪物"③。奈恩批判英国经验主义、守旧传统和功利主义的火力一点都不比安德森弱,从中几乎找不到英国文化的半点可取之处。奈恩这种咄咄逼人的气势实际上是指英国之桑而骂汤普森等老一代新左派之槐。

(二)英国的理论进口

在安德森、奈恩等人看来,对于病入膏肓的英国来说,已无法自我康复。因此,要想在英国实现社会主义革命,必须从外部寻找力量。既然英国本土的经验主义传统成了弃子,斯大林主义也已经背离了马克思主义传统,只好另觅良方。于是,安德森、奈恩等《新左派评论》的新生代掌门人决心走出褊狭的英伦三岛,前往辽阔的欧洲大陆求取能够普度众生的真经。

---

① Tom Nairn, "The English Working Class", in *New Left Review*, Vol. 24, 1964, p. 48.

② Ibid., p. 48.

③ Tom Nairn, "The Anatomy of the Labour Party", in *New Left Review*, Vol. 28, 1964, p. 61.

60年代初，奈恩在比萨高师修习美学，从同学处开始接触葛兰西的著作，并且通过葛兰西接触到马克思。很快他便成了一个葛兰西主义者，对其理论推崇备至。奈恩归国后，以葛兰西思想向安德森和布莱克本强力推荐。安德森对此极为重视，开始仔细研读。很快就形成了对英国社会历史发展的新看法，这就是著名的"奈恩-安德森提纲"。至此，安德森认为已经找到了医治英国社会的良药，那就是以葛兰西为代表的西方马克思主义理论。"葛兰西在这方面是唯一的例外，这象征着他的伟大，这使他不同于西方马克思主义传统中的所有其他人物……在葛兰西以后，在西欧再也没有其他一位马克思主义者达到过同样的造诣。"[1]

在安德森看来，缺少理论传统的英国与缺少革命意识的英国无产阶级都需要拯救，唯一的办法就是紧紧抓住西方马克思主义这根救命稻草。安德森这样表达这种急切心情："列宁写道：没有革命的理论，就没有革命的行动。事实上，葛兰西进行了补述：没有革命的文化，就没有革命的理论。一个能够指导工人阶级运动走向最后胜利的政治科学只会在整个知识分子阵营中产生，它可以在思想的每个领域挑战资产阶级的意识形态，并对文化现状进行一次决定性的霸权转换。"[2]西方马克思主义理论以这种方式跳入了奈恩、安德森等人的视线。经过仔细研读，他们认为已经找到了开动英国革命巨轮的金钥匙。"英国文化明显缺乏当代'西方马克思'的任何传统——这种情况具有肯定的消极色彩。《新

---

[1] ［英］佩里·安德森：《西方马克思主义探讨》，高铦等译，61页，北京，人民出版社，1981。

[2] Perry Anderson, "Components of the National Culture", in *New Left Review*, Vol. 50, 1968, p. 4.

左派评论》在这个时期的大部分工作，在某种意义上是有意识地致力于着手弥补本国的这种不足之处，其方式是：出版和讨论德国、法国和意大利最杰出的西方马克思主义理论家的著作，它这方面的工作在英国常常是最早的。这项计划有条不紊地进行到七十年代初才告结束。"①在他们精心地组织和操持下，欧洲大陆理论家的著作被源源不断地译介到英国来，其中包括科莱蒂、戈德曼、柯尔施、廷帕纳罗、卢卡奇、葛兰西、马尔库塞、阿多诺、萨特、阿尔都塞、沃尔佩等理论巨匠的大作。这一工作极大地推动了欧洲大陆西方马克思主义在英语世界的传播。在此过程中，安德森、奈恩等人进行了同步消化和吸收，汲取了他们认为有用的思想养分。不仅仅安德森一派，英国新马克思主义的绝大多数理论家都从中受益，其中也包括一向持反对意见的汤普森本人。例如，他也借鉴了葛兰西的文化霸权理论的思想，只不过与安德森不同的是，他强调文化是阶级之间展开争斗的重要场域。从欧洲大陆进口理论不但打造了安德森以及《新左派评论》的理论背景，也成为他与汤普森争论的主要缘起。

(三)英国的独特性与理论的普遍性

由于受英国经验主义影响，汤普森强调在历史研究中用历史事实说话，看重英国存在的特殊性，拒绝理论的普遍性，反对把外来理论强加于英国之上。在《英国人的特殊性》一文中，汤普森批评安德森等人盲目

---

① ［英］佩里·安德森：《西方马克思主义探讨》，高铦等译，"前言"4页，北京，人民出版社，1981。

引进外国理论,使学术研究过于理论化,没有考虑英国的特殊性。在《英国工人阶级的形成》一书中,通过对工业革命时期英国工人阶级历史的考察,汤普森得出了一个结论:英国向来具有激进主义的革命传统,英国工人正是继承了这一传统,形成了独立的阶级意识,最终促成了英国工人阶级的诞生;并且继承了革命传统的英国工人阶级也能够通过合法的政治斗争和经济斗争最终赢得革命的胜利。汤普森指责安德森忽视了英国这一优秀的民族传统,并拒绝安德森等人引入其他国家的革命经验和理论来指导英国的工人运动。在学术研究和获取学术资源的范围上,汤普森始终把关注的焦点集中在英国,表现出了强烈的"排外"倾向。汤普森自己也不否认这一点,他说:"如果把马克思、维柯和一些欧洲的小说家拿开,我最熟悉的伟人祠里将是一个地方性的茶会:英国人和爱尔兰人的聚会。"①在为《英国工人阶级的形成》这部著作写的"前言"中,汤普森也竭力把研究成果的应用限定在一定的地域范围内,以免盲目扩大经验,使其不适当地成为一种普遍理论。汤普森写道:"我要对苏格兰和威尔士的读者说几句道歉的话,我没有涉及他们的历史,这不是出于沙文主义,而是出于衷心的敬意。因为阶级形成在经济中,也形成在文化中,所以我十分当心,不把英格兰的经验普遍化(我确实谈到了爱尔兰人,但不是在爱尔兰的爱尔兰人,而是到英格兰来的爱尔兰移民)。"②

---

① E. P. Thompson, *The Poverty of Theory and Other Essays*, New York: Monthly Review Press, 1978, p. 109.
② [英]E. P. 汤普森:《英国工人阶级的形成》(上),钱乘旦等译,"前言"6页,南京,译林出版社,2001。

与汤普森主张的英国本土化相反，安德森、奈恩等人一心想把欧洲大陆理论引入英国，并试图使其在英国开花结果，影响英国人的头脑，进而影响英国人的行为，最终推进英国的革命进程。安德森自认为自己已经为英国找到了一剂良药，一定能够根除英国人头脑中的传统主义和经验主义的痼疾。对于安德森开出的药方，汤普森拒绝接受。他认为，安德森对于英国的诊治在诊断环节就出了问题，他并没有找到病根，反而要把英国的优良传统和思维优势当作病灶除掉，由于不能做到对症下药，这一所谓药方非但治不好英国的病，反而会加重病情。汤普森认定，如果不能透彻地深入地了解英国的传统文化和国情民意，欧洲大陆的外来和尚一定念不好英国的经。安德森一片苦心从欧洲大陆找来的良药就这样被汤普森毫不在意地踩在脚下。

1965 年，汤普森发表《英国人的独特性》一文，对安德森《当代危机的起源》一文进行了回应和反驳。汤普森坚持认为，英国的社会主义运动的动力源泉不是远在天边，而是近在眼前，就在英国工人阶级的身上。知识分子所要做的是：使工人阶级相信他们身上本来就有潜藏的力量并把它激发出来，而不是往他们头脑里填塞所谓的革命理论和革命意识。汤普森反问道："尽管我们努力接受第三世界、巴黎、波兰、米兰的各种理论，但是无论是对我们还是对其他人而言，这难道能够孕育出与我们的发展相适应的新的理论生长点吗？"[①]汤普森认为，安德森和奈恩错误地把法国大革命当作其他革命都应该遵循的典型资产阶级革命，

---

① ［美］迈克·贝斯：《爱德华·汤普森：作为行动主义者的历史学家》，张亮译，见张亮编：《英国新左派思想家》，41 页，南京，江苏人民出版社，2010。

他们对英国历史缺乏重视，对真实的历史进程表现出无知，采取了一种概略式考察方法，不仅忽视了英国工人阶级的激进传统，也忽视了英国资产阶级的思想活力。例如：以亚当·斯密、大卫·李嘉图、罗伯特·欧文等为代表的资产阶级思想家的思想是马克思主义理论的重要来源之一，对社会主义事业和人类文明发展做出了无与伦比的贡献。针对安德森的某些判断，汤普森立足于英国社会的具体状况对一些问题进行了具体剖析。他认为，英国有其特殊性，它首先是个新教国家，社会革命的直接动因并不总是来自经济方面，在许多情况下须从文化宗教方面，从人的精神层面去发掘。在阶级形成问题上，汤普森指出阶级形成不能简单地从经济层面分析，也要从文化和社会其他层面考虑。《英国人的独特性》是汤普森对以安德森为代表的结构主义的马克思主义展开的尝试性的小规模批判，更为严厉和全面的批判则是在后来的《理论的贫困及其他文章》一书中完成的。

1966年，安德森写了《社会主义与伪经验主义》一文直接回应汤普森在《英国人的独特性》一文中对他和奈恩的所做的批判。安德森认为，汤普森的一些指控是故意忽略了一些事实。例如：汤普森说他们试图描述的英国历史和社会结构是抽象的、概略的和不完整的。安德森对此辩解称，其实汤普森所说的这一点他在《当代危机的起源》一文中已经进行过陈述和交代，他与奈恩的社会历史分析具有临时性、局部性，是一种简化和近似的粗糙模式，不能等同于正式的历史。他们这么做只是抛砖引玉，为了提出问题方便大家进行讨论和提出建议。而汤普森则把他们的文章参照剑桥编纂史的标准来看待，这显然是不合适的。况且马克思和恩格斯在《共产党宣言》中显然也使用了"类型学"的方法以及诡秘的

"理论技巧",他们所揭示的社会历史也是简化的、概略的,同样缺少严格和精密的论证,却不能否认这部著作的伟大贡献。[①] 在安德森看来,汤普森的《英国人的独特性》这篇文章虽然富于雄辩,却在分析中恶意歪曲了对手的观点,呈现出自以为是的封闭性和保守性,是一种虚假的经验主义。"从左派过去最糟糕的时期来看,这种以整篇文章形式进行攻击的方法再熟悉不过了:它不过是对对手立场的一种系统性的歪曲和讽刺,然后是一种自以为是的'拒绝'。汤普森打着'经验主义'的神圣招牌发起攻击——与我们所谓的教条主义先入之见截然相反。具有讽刺意味的是,在这种情况下,汤普森自己对经验主义事实关注的基本原则甚至没有延伸到对他所讨论的文本进行仔细和审慎的阅读。没有什么比他的处理方式更缺乏经验主义了。"[②]安德森赞同卢卡奇的观点,马克思主义与资产阶级理论的最大区别,并不在于经济学在解释社会历史当中的首要地位,而在于总体性的观念。安德森认为自己对当前社会的分析正是把它视作一个整体,危机的决定性要素源于各个部分,而不只是从经济基础方面来考虑。所有的结构汇集到一起构成了整体的复杂的社会。但汤普森却对这一点视而不见,他被限制在自己的学术幻想之中。这就是为什么我们开始尝试探索历史,但不像许多劳工史学家那样去把我们的祖先奉为神明。我们试图提供一个整体构架,而不是一个英国历史的碎片。我们必须从社会历史当中提取理论的统一框架来解释社会现实,一切工作的目标都是为了解释当代英国。然而,就这一点而言,汤普森却

---

① Perry Anderson, "Socialism and Pseudo-empiricism", in *New Left Review*, Vol. 35, 1966, p. 4.
② Ibid., p. 3.

犯了三个错误："(1)忽视了工作目的，而它决定了工作方法；(2)回避统一性，只去讨论一些不相关的片断；(3)没有能够把过去和现在统一连贯起来。"①在安德森看来，汤普森作为一个历史学家无疑是成功的，具有非凡的才华和丰富的想象力，但作为一个政治分析家却是失败的，在知识上是贫乏和抽象的。他对18世纪末和19世纪初的社会是熟悉和了解的，但对20世纪后半叶的社会是疏离和陌生的，这形成了鲜明对比。

1978年，汤普森的又一部重要著作《理论的贫困及其他文章》出版。这是汤普森的一部论战之作，批判对象看起来好像是持结构主义理论的阿尔都塞，但其矛头却直指身边的安德森。该书的出版在英国学界再次掀起争论的波澜。该书借鉴了马克思为抨击蒲鲁东而写的《哲学的贫困》一书的书名。在汤普森看来，安德森他们把历史看作一系列抽象化的理论范畴，而不是具体的历史事件，这与"形而上学的异端"蒲鲁东没什么分别。书中言辞之尖锐，批判之严厉在汤普森的著作中前所未有。汤普森认为安德森和奈恩等人继承了阿尔都塞的衣钵，把马克思主义的历史唯物主义与社会现实割裂开来，只是进行了"理论实践"，是一种形式化和抽象化的思维训练。阿尔都塞的哲学抽象"是对经过规训的自我知识的突破，是按照自身的理论程序向知识的自我退化的一次飞跃：由知识变为了神学"②。通过对结构主义马克思主义的批判，汤普森最终确立

---

① Perry Anderson, "Socialism and Pseudo-empiricism", in *New Left Review*, Vol. 35, 1966, p. 33.

② E. P. Thompson, *The Poverty of Theory and Other Essays*, London: Merlin Press, 1978, p. 225.

了自己的理论立场，也代表英国马克思主义历史学派进行了一次完整的理论阐释，表明了自己的历史观，它与《英国工人阶级的形成》一书中所阐明的主题遥相呼应，即对阶级意识和人的主观能动性的强调。

(四)民族主义与国际主义

汤普森是在英国经验主义传统的浸润中成长起来的，其历史研究不可避免地带有浓重的经验色彩。在他的著作中，不经意就会发现这种与生俱来的经验胎记。汤普森"并没有从理论到理论地进行某种教条式的演绎，他从英国历史的实际出发，着手于英国人的特殊性，体现了英国历史学求实、实证的传统"[①]。

马克思曾经设想无产阶级革命和政治斗争不应该只是一个国家或一个民族的事，应该是全世界无产阶级的联合斗争。但是在实践过程中，不仅在马克思所处的时代，包括整个20世纪，无产阶级的斗争实践总是民族性和区域性的。马克思的设想不免落空，各国无产阶级大联合的景象沦为虚幻。面对现实环境，汤普森进行了重新思考，它否定了列宁的一种观点，即无产阶级需要一种外来理论的灌输。汤普森则认为，英国的无产阶级与外国无产阶级的联合行动条件没有成熟之前，可以先行革命，英国民众的习俗和文化中就包含了激进的革命传统，因此不必从外国进口某种思想理论或借用外国的革命模式进行套用。所以，当安德森、奈恩等人从欧洲大陆搬来了大批现成的理论要给英国的无产阶级进

---

① [英]E. P. 汤普森：《英国工人阶级的形成》(下)，钱乘旦等译，1000页，南京，译林出版社，2001。

行教导和开化时,被汤普森严厉批判。

汤普森认为,法国大革命主要影响了英国统治阶级,从1819年彼得卢事件开始,英国的激进主义似乎是工业革命的自发产物。虽然大多数工人阶级的骚动是工业化引起的,但大多数政府或资产阶级对工人阶级的反应,反而更多地受到法国大革命的影响。汤普森要维护英国人的独特性,而拒绝所谓的理论的普遍性。他认为,英国工人阶级的革命意识就存在于自己身上,它是从英国的激进传统中继承而来,并且自由精神和激进传统会在他们身上不断延续和传递,知识分子所要做的是激发工人阶级身上的革命意识,而不是从外面给他灌入革命理论。因此,英国工人阶级有能力进行自我解放,而不是依靠外来救援获得自由。

汤普森的这种民族主义倾向是经验主义思维的重要表现。在研究中,汤普森首先对英国工人阶级的历史经验材料进行详细考察,在归纳分析的基础上,得出了令人信服的结论:英国工人阶级有能力进行自我解放,能够独自完成革命。经验主义的作用,再加上历史学学科的要求,使汤普森注重英国人的独特性,对欧洲大陆抽象理论极不认同。

安德森由奈恩领路在20世纪60年代初开始接触欧洲大陆理论,刚开始对葛兰西的文化霸权理论赞赏有加,60年代末开始转向阿尔都塞的结构主义的马克思主义,并从国家制度、经济、政治等层面对欧洲各国的历史发展进行了认真研究,认为英国正是由于缺乏成熟的革命理论指导而导致革命形势发展远不如欧洲大陆各国成功。所以,应该先从理论上把英国工人阶级武装起来,从而摆脱资产阶级意识形态的控制,建立起工人阶级自己的阶级意识。他尤其推崇法国模式,一心想把这种革命模式搬回英国。

与汤普森所主张的民族主义相反,安德森则主张国际主义。安德森"断然拒绝民族主义,支持一种世界主义的身份概念,强调跨民族(马克思主义)话语的交往理性。这种立场是超然的、精英主义的,它的首要前提是避免与民粹主义有任何联系"①。安德森认为,要使一种理论真正地具有普遍性,就要打破民族主义的狭隘视界,放眼世界,从世界各民族的文化中采集精华,最终让它来造福于世界人民。他说:"没有哪一种民族文化的内部拥有所有必需的资源——它们都潜在地源于世界各地的文化。恰当有效的办法是对全部地区性文化遗产资源的主动意识,这些资源在支撑相邻和有关文化(对全球资本主义)的斗争中起着作用。"②安德森对英国保守的经验主义传统和汤普森等人的"极度闭塞,对邻国的理论文化一无所知"③感到失望。同时他也反对汤普森等人盲目乐观的"一国胜利论"。安德森认为在资本主义不平衡规律的作用下,英国工人阶级始终没有形成坚强的阶级意识,在这种情况下,把希望仅仅寄托在英国工人阶级的自发觉醒上显然是行不通的。因此以安德森为代表的《新左派评论》的新一代马克思主义者继而转向了国际主义。在《马克思主义的内部争论》中,安德森写道:"对我们而言,英国是 20 世纪重要国家中唯一一个未能产生任何广泛的社会主义运动或重要的革命政党的国家,这是一个主要的历史事实。我们再也不想挖掘自己的过

---

① Wade Matthews, *The New Left, National Identity, and the Break-up of Britain*, Leiden: Brill, 2013, p. XII.

② [英]安德森:《文明及其内涵》(续),叶彤译,载《读书》,1997(12)。

③ [英]佩里·安德森:《西方马克思主义探讨》,高铦等译,89 页,北京,人民出版社,1981。

去、去收集进步的或其他什么历史的传统，来给英国的文化经验主义和政治合法主义脸上贴金了。失望把我们赶出英国，去寻找开发更广阔的文化天地，结果就有了国际主义这个理论园地。国际主义信念的基础是：如果说历史唯物主义在19世纪中期至少汇集了三个不同国家的思想体系，即德国哲学、法国政治学和英国经济学的话，那么它在20世纪中期自由而有效地发展也必须靠同样程度乃至更激进地去突破国界。总之，我们不相信马克思主义是一国的事。"①在《西方马克思主义探讨》中，安德森也强调了马克思主义应该具有的国际性。他说："在原则上，马克思主义渴望成为一种普遍的科学——同任何其他对现实的客观认识相比，并不更带有民族的或大陆的属性……只有当历史唯物主义摆脱了任何形式的地方狭隘性，它才能发挥其全部威力。"②从中我们可以看到，安德森以及《新左派评论》的其他编辑从来没有放弃革命的国际主义理想。

进入20世纪70年代后，以安德森、奈恩等人为代表的"新"新左派所尊崇的偶像阿尔都塞渐渐地占据了国际左派政治运动的中心位置。阿尔都塞所倡导的马克思主义成为左派运动的新旗帜，它以科学性、普遍性和国际主义为理论特征顺应了左派运动发展的新形势，几乎完美地横扫了英美资本主义世界的青年政治运动。而被冠上"浪漫的民族主义"标签的"老"新左派代表人物汤普森、威廉斯等人则不免有些落寞，他们已

---

① Perry Anderson, *Arguments Within English Marxism*, London: Verso, 1980, pp. 148-149.
② [英]佩里·安德森：《西方马克思主义探讨》，高铦等译，120页，北京，人民出版社，1981。

经被这场声势浩大的政治运动边缘化了，只能缩在角落中静静地观看这场盛大演出。

汤普森曾自嘲说："我们被限制在狭窄的民族主义文化领域中，没有注意到真正国际主义的马克思主义者的论述。"①对于理论的国际主义大流行，汤普森不以为然。对于安德森在《社会主义与伪经验主义》中抛来的"民粹主义者"的帽子，汤普森则以"民族虚无主义者"的帽子加以回敬。汤普森认为："尽管在对某些国家的发展进行比较时，我们可能会观察到某些类似的经验，但我们永远也不可能回到这些实验室，把我们的条件强加于它，并把这些经验重演一遍。"②在汤普森看来，历史学并不同于物理学，可以在相同的条件下进行实验并得出相同的实验结果。历史条件总是特殊的，永远不会有相同的条件，当然也不会产生相同的结果。由此看来，安德森的国际主义倾向与汤普森的民族主义倾向势必水火不容。其实这种不相容的根源还在于经验论与唯理论两种思维方式的根本不同。

汤普森和安德森之所以有民族主义和国际主义的不同见解，主要是因为他们对英国工人阶级具有不同的判断。作为一位杰出的历史学家，通过对英国工人阶级历史的详细考察，汤普森从中建立起对英国工人阶级独立完成革命的信心。再加上汤普森受英国经验论传统的巨大影响，

---

① E. P. Thompson, "An Open Letter to Leszek Kolakowski", in E. P. Thompson, *The Poverty of Theory and Other Essays*, New York: Monthly Review Press, 1978, p. 312.

② E. P. Thompson, *The Poverty of Theory and Other Essays*, London: Merlin Press, 1978, p. 47.

只注重英国的历史事实，而对欧洲大陆的理论却不屑一顾。所以，汤普森的民族主义主张更多地包含了民族情感的成分。与汤普森不同，除了受到欧洲唯理论传统的影响外，安德森对英国工人阶级革命缺乏信心导致了他的国际主义倾向。由于对理论的格外重视，安德森继承了马克思关于社会主义不可能在一国建成的理论和托洛斯基的不断革命论，同时也接受了葛兰西文化霸权理论，再加上他相信英国工人阶级很难单独取得革命成功，这就使他得出了结论，认为工人阶级只有越过国界的障碍普遍地团结起来，从理论上武装起来摆脱资产阶级意识形态的控制，真正建立起自己阶级的革命意识，才能打破资产阶级建立起来的全球性的稳固的政治秩序，最终夺取社会主义革命的胜利。基于这一认识，安德森的国际主义主张就有了答案。

称汤普森与哥哥弗兰克是民族主义者显然有失偏颇，单就他们曾经踏出国门参加世界反法西斯战争就可以称得上是泛欧洲主义和国际主义者。在汤普森的著作中，虽然有对英国历史和文化的热爱，但并没有产生英国民族至上的优越感，或者受到苏联大国沙文主义的影响，产生要复兴大英帝国昔日辉煌的想法。

1986年4月15日凌晨2点，美国用F-111战斗轰炸机轰炸了利比亚城市的黎波里和班加西。听到这个消息后的汤普森激愤难平，写下了《给美国人的一封信》("Letter to Americans")。在信中，汤普森写道："我将向你们解释为什么我现在是你们所说的'反美人士'，其实我很难做到这一点，因为我有一半的美国血统。人们认为，除了美国人之外，所有国家都是少数民族，而美国人在某种程度上是后少数民族。然而，如果种族包括历史和文化传统，美国人（无论什么肤色）和任何人一样都是民族主义者。"①汤普森从另一个角度为民族主义者寻找根据,那就是历史和文化传统。每个人都是在某种特定的历史情境中出生,随后便被抛入一定的社会环境开始发育和成长。在这一过程中,在时空节点上与彼时彼地的历史与文化必然产生密切联系。人不是生存于抽象想象中,而是生活在社会当中。他不是脱离了历史条件,脱离了社会生活的抽象人,而是历史的、具体的、社会的、个别的、现实的,在社会关系中与他人发生物质交换和思想交流的,处在不断生成和变化中的,而又普遍存在的真实的人。以此来论,每个人都是天然的民族主义者,这是谁也摆脱不了的历史与文化之根。每个人身上都具有属于自己的民族特性和文化标记并不是个别现象,而是一种普遍性存在,它跨越了国界,超越了民族,甚至凌越了种族,带有一种国际主义特征。

汤普森所主张的民族主义具有马克思主义哲学思想的深度和理论的高度,他与马克思在《关于费尔巴哈的提纲》中对费尔巴哈抽象的人本主义思想的批判在理论本质上是一致的,在批判精神上是契合的。费尔巴哈把宗教的本质归结为人的本质无疑是进步的和革命的,但当他把人的本质归结为这一种内在的、无声的,具有相同自然和生理属性类的存在物,把想象当中的孤立的脱离了实践活动的人作为立论基础的时候,无疑又退回到了唯心主义的窠臼之中。

汤普森虽然强调民族的独特性,强调文化的历史与传承,但他并不是一个狭隘的民族主义者。就像一棵参天大树,不论树干有多高,枝叶

---

① E. P. Thompson, "Letter to Americans", in E. P. Thompson, Mary Kaldor et al., eds., *Mad Dogs: The US Raids on Libya*, London: Pluto Press, 1986, p.11.

有多繁茂，都不能失去根基，不能真正离开扎根的大地一样，国际主义也必须站在民族主义的根基之上，坚持立足于民族历史和传统文化。国际主义者还须引进和借鉴外来的文化与思想理论，加以鉴别、筛选、加工和改造，做到本地化后加以吸收，就如同大树除了要扎根大地，还要从外面呼吸空气、沐浴阳光并吸收其他养分一样。

伯明翰大学当代文化研究中心经常把汤普森描绘为英国民族主义者、小英格兰主义者。实际上，汤普森的影响力遍及五大洲，他领导的核裁军运动具有世界性影响。哈维·凯伊这样评价汤普森："汤普森既是一位国际主义者，也是一位民族主义者。帕尔默很好地证明了这一点，汤普森是一个国际-民族主义者，因为他参加过反法西斯战争和巴尔干战后重建工作，具有持续地进行多国团结与协作的个人经历。然而，不可否认的是，他的民族主义源自他对英国和英国历史的特殊解读，以及他自己的经历和参与。简而言之，汤普森对历史的阶级结构的理解使他比大多数人都更明白，现代英国和英国历史的许多优秀特征是由下层民众的斗争决定的。他十分看重'生而自由的英国人'的传统。"[①]安德森也不得不承认："尽管被惹恼之后他（汤普森）会表现出英国人的惯有姿态，但他内心仍是不折不扣的国际主义者。"[②]

[①] Harvey J. Kaye, "Towards a Biography of E. P. Thompson", in Willie Thompson, David Parker, Mike Waite and David Morgan, eds., *Historiography and the British Marxist Historians*, London: Pluto Press, 1995, pp. 50-51.

[②] ［英］佩里·安德森：《思想的谱系：西方思潮左与右》，袁银传、曹荣湘等译，224页，北京，社会科学文献出版社，2010。

(五)汤普森与安德森的和解

汤普森与安德森之间的论战是英国马克思主义内部最大的一场争论,时间延续长达三十年之久。但两人的争论并不是马克思主义与非马克思主义之争,而是马克思主义的内部争论,是实现社会主义理想的方式之争。正如布莱克里奇所说:"具有讽刺意味的是,不管安德森在为左派阐述新战略的努力中运用的欧陆理论资源有多广,也不管爱德华·汤普森归因于《当代危机的起源》的争论积怨有多深,安德森实际得出的政治结论和汤普森主张的意图和目标却是同样的。"[①]安德森则认为,他与汤普森之间的争论并不存在真正的分歧,而是理论关注点和分析问题的方法不同。

汤普森与安德森的争论,在延续了三十年后,终于迎来了落幕时刻。汤普森对安德森的情感是复杂的,尽管有许多地方不满意,但也很欣赏他的才华。1976年,在接受《激进历史评论》访谈时,汤普森很少见地对安德森送出了称赞与欣赏:"我不想卷入与佩里·安德森的争论中,我认为安德森是我的同志,他是一位非常能干、聪明、具有建构意识的思想家。我认为他并不是阿尔都塞主义者。他采用了某些阿尔都塞的概念和模式,但在我看来,他与阿尔都塞的理论体系并不相同。"[②]汤普森对安德森的好感并未一直持续下去,在随后的几年中时常会有反复,甚至有时候会变为恶感。在《理论的贫困及其他文章》一书中,汤普

---

① [英]保罗·布莱克里奇:《佩里·安德森的早期新左派政治学》,见张亮编:《英国新左派思想家》,301页,南京,江苏人民出版社,2010。

② E. P. Thompson, "Interview With Thompson", in Henry Abelove, Besty Blackmar, et al., eds., *Visions of History*, New York: Pantheon Books, 1976, p.17.

森火力全开地对准了阿尔都塞，躲在阿尔都塞身后的安德森也难免会被流弹所伤。尽管伤痕累累，但安德森的心胸还是宽广的，主动向汤普森递出了橄榄枝。在 1980 年出版的《英国马克思主义的内部争论》中，他对汤普森进行了高度评价，并且他认为自己，包括《新左派评论》与汤普森之间并没有根本性的冲突，区别只在于所关注的领域和研究的方向有所不同，汤普森更多地关注文化，而自己则把国家权力作为研究重点。但这也不是绝对的，汤普森有时候也对权力路径发表自己的看法，而《新左派评论》也在追求着它对文化模式的关注。对于这一点，安德森做了进一步说明："汤普森作为一位历史学家的工作完全是无与伦比的。更需要说明的是，左派作为一个整体，在英国和其他地方一样，总是从兴趣与观点的多样性中受益，而不是遭受损害。没有一位作家或作家群体的研究范围能够囊括社会主义文化生活的所有方面。同样，在所有的学术作品中，一定程度的不全面是不可避免的(重要事情应该有许多方面)。从这个意义来讲，在左派重要的理论研究中，劳动分工是不可避免的，并且应该受到欢迎而非指责。事实上，《新左派评论》所征集的稿件中，'旧'与'新'之间更多的是相互补充而非相互冲突。"[1]最后，安德森向汤普森发出了邀请："抛开旧的争吵，一起探索新的问题将是不无益处的。"[2]

安德森的主动示好不久得到了汤普森的间接回应。在接受邀请后，汤普森向安德森主持的《新左派评论》杂志投递了一份稿件，就是后来看

---

[1] Perry Anderson, *Arguments Within English Marxism*, London: Verso Books, 1980, p. 206.

[2] Ibid., p. 207.

到的《灭绝主义的注释：文明的最后阶段》一文。在 1985 年出版的西语版《英国马克思主义的内部争论》①"后记"中，安德森写道："我很高兴地说，这本书的结尾所表达的愿望已经实现了。爱德华·汤普森 20 世纪 80 年代最重要的论文之一《灭绝主义的注释，文明的最后阶段》发表在了《新左派评论》1980 年 5/6 月期，总第 121 期上，已经开始共同研究新的问题。在接下来的两年里，汤普森作为欧洲核裁军运动的崇高而充满激情的鼓舞者、最杰出的发言人，开启了职业生涯的新篇章。他为敲响全球灭绝的危险警钟起到了国际作用，是非官方政治领导与道德的楷模，这也充分发挥了汤普森作为理论家和历史学家的能力。"②

在随后的几年中，汤普森似乎已经忘记了安德森的存在，和平运动已经占据了他几乎所有的时间，不仅无暇顾及安德森，甚至连历史学家的本职工作也不得不放下了。直到 1986 年，汤普森才向安德森发出了回复信号："大约十年前，佩里·安德森和我之间有一场争论，而且，阿尔都塞也被卷入其中。在《英国马克思主义的内部争论》这本书中，安德森十分大度地以一种建设性的方式来评判这场争论。有人问我为什么不回复佩里呢？我觉得没必要去回复。我想他有很多重要而有趣的话要说。我认为我们的争论打成了平局。如果还需要继续争论下去的话，我

---

① 《英国马克思主义的内部争论》西语版名字改为：《理论、政治和历史：与 E. P. 汤普森的争论》(*Teoria, Politica E Historia: Un debate con E. P. Thompson*)。见 Perry Anderson, *Teoria, Politica E Historia: Un debate con E. P. Thompson*, Madrid: Paracuellos del Jarama, 1985。

② Perry Anderson, *Teoria, Politica E Historia: Un debate con E. P. Thompson*, Madrid: Paracuellos del Jarama, 1985, p. 229.

把这个任务留给你们去完成。"①

二、历史主体的还原塑造

在英国这样的发达资本主义国家进行社会主义运动，实现最终的共产主义目标是英国新马克思主义学者所追求的共同政治目标，也是他们面临的共同课题。但在如何实现这一政治目标策略方案上，英国新马克思主义内部却产生了严重分歧。在社会主义运动的征程中，是在国内寻找革命力量还是凭借国际力量？是用本土理论还是用国外理论来培养革命力量？英国工人阶级能否担当如此历史重任？这些都是各方争论的焦点。

（一）作为阶级形成标志的阶级意识

汤普森通过对18世纪90年代至19世纪30年代英国工人阶级生活的研究，探讨了英国工人阶级的形成问题，阐明了英国工人阶级阶级意识的形成是英国工人阶级形成的标志，而这一阶级意识是继承了以往英国文化传统中许多积极因素而最后才形成的过程，进而说明英国工人阶级的形成不仅是大工业生产的产物，在形成过程中也有意识和文化在发挥重要作用。

---

① E. P. Thompson, "Agenda for Radical History", in *Critical Inquiry*, Vol. 21, No. 2, 1995, p. 301.

马克思在《哲学的贫困》中曾表达过一个观点，真正意义上的阶级是基于政治意识而非资本。马克思认为，从经济上来说形成的阶级属于自在的，有能力进行政治斗争的阶级才是自为的，是阶级的真正形成。

汤普森的阶级意识思想可以说是直接继承了马克思和卢卡奇的思想。他从马克思自为阶级的构成条件出发，和卢卡奇一样对阶级意识大为强调，并把阶级意识当作阶级形成的标志。在这一过程中，他与安德森等人发生了激烈的冲突。安德森主要是从传统马克思主义，尤其继承了列宁的阶级理论，强调社会结构，尤其是经济结构对阶级的决定性作用，以及知识分子对工人阶级阶级意识的外部教导和灌输作用。这种看法显然是把阶级看作是完全由外部条件决定，丧失了主观能动性的被动的存在物，失去了发展的内在动力和根据。这一点是汤普森所不能接受的，也是他反对安德森的主要原因。

在"从下看"的批判维度中，以汤普森为代表的英国马克思主义历史学家们找到了社会主义运动的主体力量，这就是工人阶级。对工人阶级的研究是汤普森历史研究的一个重点，而对工人阶级的阶级意识进行探讨则是重中之重。汤普森在《英国工人阶级的形成》这部著作中完成了这一任务。

在《英国工人阶级的形成》发表之前，受第二国际经济决定论思想和斯大林教条主义的影响，学界普遍流行着一种观点，认为工人阶级是工业革命的产物，是既定生成的"东西"。有的学者甚至总结出"蒸汽动力＋棉纺织厂＝新工人阶级"的公式。资本上帝捏出了工人阶级和资产阶级这一对亚当与夏娃。这就意味着工人阶级和资产阶级是被生产出来的，这一过程不可能有自己的主观意志，并且他们是在瞬间出现的，没有漫长的形成过程。"汤普森不能接受工厂制度产生了一个新的工人阶级这种简单的假定,也不能接受劳动力客观的'聚集、分配和转型'先于阶级意识和文化,阶级意识和文化只是对它的反映的这种说法。他不能接受'各种类型的'劳工群体形成一个工人阶级必须要等待下述过程的完成,即他们'聚集、分配并沦落为从属资本的劳动条件,首先通过工资合同在形式上从属,最终被合并从属于资本的生产资料而在实际上从属于资本'。"①通过对英国社会历史的研究,汤普森得出一个结论:"我们经常发现(尤其是在宪章运动时代),工人阶级中最具革命性的'突击队'根本不是工厂的无产者,而是贫困的手工业者。在许多包括大型工业城镇,劳工运动的真正核心主要是由工匠组成的——鞋匠、马鞍匠和家具匠、建筑工人、书商、小商人等。而且,他们非但没有'小资产阶级'分子的摇摆性,而且他们是工人阶级运动中最坚定、最具牺牲精神的参与者。"②

英国第二代新左派的代表安德森、奈恩等人虽然强调阶级意识对于阶级斗争的重要性,但他们认为英国资产阶级革命发生太早,软弱的英国资产阶级也把这种软弱性传染给了英国工人阶级。在历史上,英国工人阶级始终没有形成强大的阶级意识。鉴于英国人的独特性,靠英国工人阶级自身力量进行自我解放是行不通的,因此,必须依靠外来援助。从革命运动经验较为丰富的欧洲大陆,尤其是从法国进口革命理论,为英国工人阶级嫁接法国工人阶级激进的政治意识,然后借鉴法国的革命

---

① [加]艾伦·梅克森斯·伍德:《民主反对资本主义——重建历史唯物主义》,吕薇洲、刘海霞、邢文增译,91页,重庆,重庆出版社,2007。

② E. P. Thompson, "Revolution Again", in *New Left Review*, Vol. 6,1960, p. 25.

模式发动社会革命,最终实现英国的社会主义理想。对于以经验实证见长的英国来说,从长于理论思维的大陆进口理论显得十分必要,也显得非常迫切。

历史学派的另一代表人物塞缪尔也持类似观点,认为工人阶级的阶级意识必须从外部灌输。"马克思主义者所谓的'阶级意识',事实上是政治意识的另一种说法,尽管是一种较为具体的说法。它远不是'我们'与'你们'或者集体的自我意识——在日常生活条件下养成的'朴实的'阶级意识——这样简单的事。用共产主义者的语言来说,'好的阶级态度'就是政治上正确的态度。它不是工人们可以自发产生的态度,他们必须接受更有觉悟的人的教育。这就需要接纳某种世界观,即对历史必然性的认识。"[1]

安德森、塞缪尔等人的观点并不新鲜,在一些马克思主义经典作家的论述中可以找到这种观点产生的根源。比如:恩格斯和列宁都在经济范围内对阶级进行过界定。

恩格斯曾认为阶级是经济关系的产物,"互相斗争的社会阶级在任何时候都是生产关系和交换关系的产物。一句话,都是自己时代的经济关系的产物"[2]。在《共产主义原理》中,恩格斯对于"什么是无产阶级"这一问题进行了回答:"无产阶级是完全靠出卖自己的劳动而不是靠某一种资本的利润来获得生活资料的社会阶级。这一阶级的祸福、存亡和整个生存,都取决于对劳动的需求,即取决于工商业繁荣期和萧条期的

---

[1] [英]拉斐尔·塞缪尔:《英国共产主义的失落》,陈志刚、李晓江译,173—174页,北京,社会科学文献出版社,2010。

[2] 《马克思恩格斯全集》第20卷,29页,北京,人民出版社,1971。

更替，取决于没有节制的竞争的波动。一句话，无产阶级或无产者阶级是 19 世纪的劳动阶级。"①同样在《共产主义原理》中，恩格斯还回答了"无产阶级是怎样产生的"这一问题："无产阶级是由于工业革命而产生的，这一革命在上个世纪下半叶发生于英国，后来，相继发生于世界各文明国家。工业革命是由蒸汽机、各种纺纱机、机械织布机和一系列其他机械装备的发明而引起的……分工把每个工人的活动变成一种非常简单的、时刻都在重复的机械操作，这种操作利用机器不但能够做得同样出色，甚至还要好得多。因此，所有这些工业部门都像纺纱和织布业一样，一个跟着一个全都受到了蒸汽动力、机器和工厂制度的支配。这样一来，这些工业部门同时也就全都落到了大资本家的手里，工人也就失掉了最后的一点独立性……在文明国家里，几乎所有劳动部门都照工厂方式进行经营了，在所有劳动部门，手工业和工场手工业几乎都被工业挤掉了。于是，从前的中间等级，特别是小手工业师傅日益破产，工人原来的状况发生了根本的变化，产生了两个逐渐并吞所有其他阶级的新阶级。这两个阶级就是：一、大资本家阶级，他们在所有文明国家里现在已经几乎独占了一切生活资料和生产这些生活资料所必需的原料和工具(机器、工厂)。这就是资产者阶级或资产阶级。二、完全没有财产的阶级。他们为了换得维持生存所必需的生产资料，不得不把自己的劳动出卖给资产者。这个阶级叫做无产者阶级或无产阶级。"②

列宁给阶级下过纯经济属性的定义："所谓阶级，就是这样一些集

---

① 《马克思恩格斯选集》第 1 卷，295 页，北京，人民出版社，2012。
② 同上书，295—297 页。

团,由于它们在一定社会经济结构中所处的地位不同,其中一个集团能够占有另一个集团的劳动。"①根据这种理解,阶级在对立的经济关系中就业已形成,与意识并无太大的关系。其实这种意义上的阶级马克思曾经称其为"自在阶级",有了阶级意识的阶级则为"自为阶级"。马克思在《路易·波拿巴的雾月十八日》和《哲学的贫困》中进行了这一区分。列宁认为,阶级意识在阶级斗争中起着非常重要的作用,而缺少阶级意识的工人阶级只能是工联主义。"自发的工人运动就是工联主义的,也就是纯粹工会的运动,而工联主义正是意味着工人受资产阶级的思想奴役。"②那么,如何实现阶级从自在向自为的转变?列宁给出的答案是先进的资产阶级知识分子从外部灌输。"工人本来也不可能有社会民主主义的意识。这种意识只能从外面灌输进去,各国的历史都证明:工人阶级单靠自己本身的力量,只能形成工联主义的意识。"③列宁还认为,能够承担灌输重任的是资产阶级中的知识分子。"而社会主义学说则是从有产阶级的有教养的人即知识分子创造的哲学理论、历史理论和经济理论中发展起来的。"④

而在马克思的一些文本当中可以看到,在阶级形成过程中,经济要素虽然是决定性的、不可或缺的,但并不是全部。在《哲学的贫困》中,马克思指出:"经济条件首先把大批的居民变成工人。资本的统治为这批人创造了同等的地位和共同的利害关系。所以,这批人对资本说来已

---

① 《列宁选集》第 4 卷,11 页,北京,人民出版社,1995。
② 《列宁全集》第 6 卷,38 页,北京,人民出版社,1986。
③ 同上书,29 页。
④ 同上书,29 页。

经形成一个阶级,但还不是自为的阶级。在斗争(我们仅仅谈到它的某些阶段)中,这批人逐渐团结起来,形成一个自为的阶级。他们所维护的利益变成阶级的利益。而阶级同阶级的斗争就是政治斗争。"①显而易见,马克思认为,真正意义上的阶级的形成并不是基于资本之上,而是基于政治意识之上。"对资本来说已经形成的阶级"只是从形式上来说它属于一个阶级,而有能力进行政治斗争的"自为的阶级"却从本质上标志着阶级的形成。

在《路易·波拿巴的雾月十八日》中,马克思谈到 19 世纪法国农民问题时曾说:"数百万家庭的经济条件使他们的生活方式、利益和教育程度与其他阶级的生活方式、利益和教育程度各不相同并互相敌对,就这一点而言,他们是一个阶级。而各个小农彼此间只存在地域的联系,他们利益的同一性并不使他们彼此间形成共同关系,形成全国性的联系,形成政治组织,就这一点而言,他们又不是一个阶级。"②从这段话中,我们可以看出,马克思认为阶级形成至少应该具备几大要素:(1)"生活方式""经济条件"。这是阶级形成的客观要素,也是决定性因素,却并非唯一要素。(2)"教育程度""共同关系""政治组织"。这些要素带有主观性,是阶级得以形成的关键,但它们并不具有独立的地位,经济条件是其背后的决定因素。(3)与之"相互敌对"的另一个阶级的存在。这是把阶级放入社会关系和阶级关系之中进行的考察,敌对阶级的存在是阶级形成的又一必备要素。(4)数量与规模。马克思在以上论述

---

① 《马克思恩格斯全集》第 4 卷,196 页,北京,人民出版社,1958。
② 《马克思恩格斯选集》第 1 卷,677 页,北京,人民出版社,1995。

中的"数百万""全国性"这些数量词语表达了一个重要信息，人数必须达到相当规模才能够形成阶级。在这几大要素中，"生活方式""经济条件"要素起着决定作用，它是唯物主义原则在阶级问题上的根本体现。其他三大要素也是必备条件。这四大要素组合在一起，阶级形成才成为可能。

恩格斯则在《美国工人运动》一文中指出："工人群众感觉到他们的悲惨状况的共同性和他们利益的共同性，感觉到同其他一切阶级对立的阶级团结；他们为了表达这种感觉并把它变成行动，已经把每个自由国家里为这种目的而预备的政治机器开动了起来。"①从这一表述中我们可以看到恩格斯对阶级意识的强调。"感觉到他们的悲惨状况的共同性和他们利益的共同性"，"感觉到同其他一切阶级对立的阶级团结"都是阶级意识形成的必经阶段。

对阶级意识的深入探讨源于卢卡奇。他指出："只有无产阶级的意识才能指出摆脱资本主义危机的出路……它必须像马克思所说的那样，不仅'反对资本'，而且成为'自为的'阶级，这就是说，它必须把它的阶级斗争的经济必然性提高为自觉的愿望，提高为有积极作用的阶级意识。"②

因而，汤普森对阶级意识的讨论显然受到卢卡奇探讨阶级意识问题的启发，但他主要还是从马克思的文本精神出发进行更进一步的研究。马克思虽然表达了阶级形成除了需要客观的经济条件，也需要主观意识等因素参与其中，但他并没有明确论述这种意识是如何培养和形成的，

---

① 《马克思恩格斯全集》第 21 卷，385 页，北京，人民出版社，1965。
② ［匈］卢卡奇：《历史与阶级意识——关于马克思主义辩证法的研究》，杜章智等译，136 页，北京，商务印书馆，1996。

这就为英国新马克思主义的内部争论埋下了伏笔。探讨阶级意识如何培养和形成是汤普森所要做的主要工作。汤普森从矛盾特殊性的原理出发，坚持英国人的独特性，拒绝用欧洲大陆的理论和欧洲知识分子掌握的革命意识武装英国的工人阶级。他对弃置于黑暗角落中的历史材料进行了搜集整理，站在历史事实的基础上，得出最终结论：英国工人阶级具有革命和激进的传统，具有强烈的自由意识和政治意识，他们才是社会运动的主体力量和历史的创造者，他们有能力自我解放，通过斗争赢得社会主义革命的胜利。

在《英国工人阶级的形成》一书中，通过对工业社会革命时期工人阶级经历的每一个方面的详尽考察，从这段长期被人们遗忘的历史当中，汤普森发现了工人阶级形成的秘密：工人阶级的形成是一个动态的历史过程，"其中既有主观的因素，又有客观的条件。工人阶级并不像太阳那样在预定的时间升起，它出现在它自身的形成中"①。与传统马克思主义不同的是，汤普森"强调传统、意识形态和社会组织形式的重要性，强调非经济方面在阶级形成过程中的重要作用，强调阶级在客观因素的作用下被形成时又主观地形成自己的过程"②。

从英国工人阶级丰富的经验材料中，汤普森还原了历史的真实，展现了一段为自由和正义而抗争的生动画卷。在英国，自由平等观念早就深入人心，"除不受国家干预之外，真正使人民感到庆幸的还有富人和

---

① ［英］E. P. 汤普森：《英国工人阶级的形成》（上），钱乘旦等译，"前言"1页，南京，译林出版社，2001。
② ［英］E. P. 汤普森：《英国工人阶级的形成》（下），钱乘旦等译，1004页，南京，译林出版社，2001。

穷人在法律面前一律平等的信念"①。这种观念在历史上一直传承下来,英国工人阶级也是这一观念的继承者。"在30年代成熟起来的工人阶级意识形态(从此以后它虽经许多次转变却经久不衰)特别重视出版、言论、集会和个人自由等权利。'生而自由的英国人'传统当然更加古老。然而在某些晚期的'马克思主义'解释中称,这些对权利的要求,似乎是对'资产阶级个人主义'遗产的继承,此说恐怕难以成立。奇怪的是,在1792至1836年的斗争中,工匠和工人们却把这种传统当做自己的东西,他们在其中加进了言论自由的要求,并认为他们自己有权利以尽可能廉价的方式无拘无束地传播这种思想的成果。"②汤普森认为自由传统是工匠或工人们从先辈中继承而来的,并不像安德森等人所说的是对资产阶级思想意识的模仿和抄袭。因此,软弱的资产阶级造就了同样软弱的无产阶级的说法根本不能成立。同样,英国向来具有为自由而激进抗争的优良传统,这一传统也被工人们传承下来。"世界上也许没有哪个国家像英国这样为争取出版权利而进行如此尖锐,如此大获全胜,而且同工匠和劳动者的事业尤其一致的斗争。如果说彼得卢事件确立了(以一种矛盾的感情)公众示威的权利,那么,'出版自由'的权利则是通过15年以上或更多年的斗争才赢得的,而且在这一过程中并没有出现愚顽的、残忍的、不可克服的鲁莽行为。"③汤普森认为,英国历史中存在的激进

---

① [英]E.P.汤普森:《英国工人阶级的形成》(上),钱乘旦等译,"前言"80页,南京,译林出版社,2001。

② [英]E.P.汤普森:《英国工人阶级的形成》(下),钱乘旦等译,862页,南京,译林出版社,2001。

③ 同上书,846页。

主义意味着"运动的勇气和论调"，意味着"不妥协地反对政府""反对限制政治自由""公开揭露腐败"以及"一般地支持议会改革"。① 从这里可以看出，在英国，下层劳动者为自由而抗争的历史是悠久而光荣的，与其他国家相比毫不逊色。在这种激进行动中，充满了理性和智慧，没有传统观点中所断定的那种非理性因素和暴虐习性。这种自由和激进传统是理性的思想文化，表现为一种明确的政治意识。这种传承而来的自由激进的政治意识加上工业革命的经历就促成了工人阶级意识的形成。

通过历史的连接，汤普森揭示出英国工人阶级所具有的能动性和创造性，表明了他们的历史主体性地位，证明了他们不仅是自身的创造者，同样也是历史的创造者。从而，自由精神和激进传统会在他们身上不断延续和传递，不需要从外部召唤，他们完全有能力自己觉醒，也完全能够自己解放自己。

在经验参与下，汤普森完成了对阶级的动态历史分析以及阶级形成标准的认定。在他的理论中，人是有思想、有情感的人，是具体的、现实的人，也是创造历史并创造自身的人。那么是否具有共同的阶级经历，就必然会体验出共同的阶级意识？或者说有不同的阶级经历，就必然会体验出不同的阶级意识？汤普森对此进行了解答："阶级经历主要由生产关系所决定，人们在出生时就进入某种生产关系，或在以后被迫进入。阶级觉悟是把阶级经历用文化的方式加以处理，它体现在传统习惯、价值体系、思想观念和组织形式中。如果说经历是可以预先确定

---

① ［英］E.P.汤普森：《英国工人阶级的形成》（下），钱乘旦等译，547页，南京，译林出版社，2001。

的，阶级意识却不然。我们可以说具有相似经历的相似职业集团对问题会作出合乎逻辑的相似反应，但决不能说这里面有'规律'。阶级觉悟在不同的时间和地点会以相同的方式出现，但决不会有完全相同的方式。"①在这一表述中可以看到，在客观经历和主观体验之间也并非完全的对应关系。这种不完全对应也是由于主观体验的复杂性和体验方式的多样性所致。"人们不仅以思想的方式体验他们自己的经历，他们也以感情、准则规范和价值的方式体验自己的经历。"②很显然，如果我们假定相同的阶级经历必然产生相同的阶级意识，在阶级形成过程中，阶级经历居于绝对的主导地位，阶级意识丧失其独立性；阶级形成的标准只能是阶级经历，而非阶级意识了，这就倒向了绝对的决定论。事实也并非如此，有相同阶级经历的人可能分属于两个阶级，有不同阶级经历的人却有可能同属一个阶级。

因此，汤普森认为阶级意识并不是阶级经历的必然产物，社会存在与社会意识并不总是一一对应的关系。阶级意识部分由阶级经历决定，部分则由传统文化传承而来。经过对历史材料的考察，汤普森认为以下几个因素促成了英国工人阶级阶级意识的形成：（1）传统清教非国教派激进思想；（2）传统下层民众集体的斗争意识；（3）"生而自由的英国人"的自由观念。阶级意识形成中的文化传统因素表明了阶级意识相对于阶级经历，社会意识相对于社会存在的相对独立性。正是由于这种阶级意

---

① ［英］E. P. 汤普森：《英国工人阶级的形成》（上），钱乘旦等译，"前言"2页，南京，译林出版社，2001。

② E. P. Thompson, *The Poverty of Theory and Other Essays*, London: Merlin Press, 1978, p. 171.

识的相对独立性和能动性造就了阶级在被形成时，也形成了自己。

安德森、柯亨等人认为汤普森只是根据阶级意识和文化来定义阶级是一种简化思维，是出于头脑中的主观想象。安德森认为，汤普森的阶级定义"是一种过于唯意志论和主观主义的阶级定义"[1]。柯亨则认为："我们要确定一个人的阶级归属只是根据他在所有制关系网络中的客观地位，不管熟练地辨明这种地位多么困难。意识、文化和政治不能成为他的阶级地位的定义的一部分。确实，把这些东西排除在定义之外，对维护马克思主义关于阶级地位强有力地决定意识、文化和政治的观点，是必要的。"[2]

安德森对汤普森的批判是从以下几个方面展开的：

首先，安德森指出汤普森在强调主观意识的同时，忽视了许多客观条件。"他（汤普森）所考察的对象，不是经济的、政治的以及人口的等结构的转变，而是那些经历了这些'可怕岁月'的人们主观体验的沉淀物。结果就是将实际在总体上形成英国工人阶级的复杂多样的主客观决定，分解为由苦难与反抗二者简单对立的辩证关系，其整体运动内在于阶级的主观性方面。"[3]在安德森看来，汤普森"夸大了能动性的选择和行动在以往社会形成过程中的重要性"[4]，而忽视了社会关系等客观条

---

[1] Perry Anderson, *Arguments Within English Marxism*, London: Verso Books, 1980, p. 40.

[2] ［英］G. A. 柯亨：《卡尔·马克思的历史理论——一个辩护》，岳长龄译，77页，重庆，重庆出版社，1989。

[3] Perry Anderson, *Arguments Within English Marxism*, London: Verso Books, 1980, p. 39.

[4] Ibid., p. 57.

件，比如：工人阶级的人数规模、比例构成、职业转化、空间分布、与对立集团的权重比较等。汤普森的有意忽视对他的阶级形成学说是否能够成立构成了最大威胁。"忽略所代表的东西是严肃地对待整个历史过程的《英国工人阶级的形成》一书的缺憾。在整个历史过程中，由工匠、小私有者、农业劳动者、家庭工人和接受救济的穷人组成的各种群体逐渐被集结、分布或归入含有资本的劳动条件中。首先是对工资合同形式上的依赖，最终是对整合了机械化生产方式的真实依赖。"[1]安德森的这一指责是对传统马克思主义阶级观点的维护，即强调生产关系客观条件对阶级形成的决定作用。

其次，安德森也极不赞同汤普森把阶级意识作为阶级形成的标志。他以案例反驳汤普森的这一观点："古希腊雅典的奴隶，或中世纪印度受等级制度压迫的村民，或近代日本明治时期的工人是'以阶级意识进行斗争、思考'吗？每一个事实都存在反证。然而他们因此就停止创造阶级了吗？"[2]在安德森看来，阶级的形成应该根据其在生产关系中的地位和关系来判断。汤普森的阶级意识标准必然导致一个结果：通常情况下，两个对立阶级的阶级意识不会同时形成，如果依阶级意识作为阶级形成的标准，这两个阶级的形成就会有先后之别，这就导致了一种情况的出现，一个阶级形成了，但与它对立的阶级还未形成，出现了一个巴掌鼓掌的尴尬。

最后，安德森认为汤普森的阶级意识标准会产生阶级存在的延续性

---

[1] Perry Anderson, *Arguments Within English Marxism*, London: Verso Books, 1980, p. 33.

[2] Ibid., p. 40.

问题。如果按照汤普森的理解，阶级意识的存在是阶级存在的标志，就会出现棘手问题：不稳定的阶级意识会造成阶级存在与否的不确定性。因为阶级意识的独立性并不能保证它存在的稳固性。阶级形成之后还有可能暂时消失，例如：英国工人运动在宪章运动以后出现长期低迷是不可否认的事实。但毫无疑问，这首先是阶级意识自身的变化。如若阶级意识衰弱到一定程度是否意味着阶级会立即消失，而待阶级意识增强到一定程度又会使阶级立刻现身。

因此，在安德森看来，所有这些问题都使阶级意识作为阶级形成的标志真正成为问题。

事实上，安德森的前两点指责是对汤普森的一种误解。汤普森并没有否认生产关系在客观上的决定作用。汤普森曾强调："阶级经历主要由生产关系所决定，人们在出生时就进入某种生产关系，或在以后被迫进入。"[①]"我们人类存在于自身的历史中所拥有的极为重要的相反相成状态：部分是主体，部分是客体，我们是非能动的被决定的能动主体。"[②]"是人创造了自己的历史：他们既是作用者，也是被作用者，正是能动性因素把他们与动物区别开来，它使人具有了人的属性，这也是我们的意识发展的结果。"[③]人是非能动的被决定的能动主体，阶级也同样是非能动的被决定的能动的主体。这正是人与阶级在生产关系决定作用下

---

① ［英］E. P. 汤普森：《英国工人阶级的形成》（上），钱乘旦等译，"前言"2页，南京，译林出版社，2001。

② E. P. Thompson, *The Poverty of Theory and Other Essays*, London: Merlin Press, 1978, p. 88.

③ E. P. Thompson, "Socialist Humanism", in *The New Reasoner*, No. 1, 1957, p. 122.

的有限能动性。这种有限能动性是人之为人的本质特征，如果缺少这种能动性，人就会与动物为伍，不能成为真正意义的人；同理，这种有限能动性也是阶级之为阶级的本质特征，如果缺少了这种能动性，阶级就不成为真正意义的阶级。只能勉强称作自在的阶级。从这种意义上说，汤普森把能动的阶级意识作为阶级形成的标志是有其深远意义的。

"汤普森强调传统、意识形态和社会组织形式的重要性，强调非经济方面在阶级形成过程中的重要作用，强调阶级在客观因素的作用下被形成时又主观地形成自己的过程。"①因此，这种由生产关系决定的阶级经历经过阶级主体以文化方式加工处理后形成的意识是阶级意识的主要来源。虽然阶级经历并不会预先确定形成什么样的阶级意识，但它却有决定性的影响。汤普森认为："同蒸汽机一起，政治环境对工人阶级意识和组织形式的形成产生了最重要的影响。"②正如马克思所说的："人们自己创造自己的历史，但是他们并不是随心所欲地创造，并不是在他们自己选定的条件下创造，而是在直接碰到的、既定的、从过去承继下来的条件下创造。"③汤普森也强调了既定条件对人的能动性的限制，但人却能够在这一条件基础上实现突破，创造历史。人类活动不能脱离隐秘的、起决定作用的力量，也不能逃脱那些决定性的限制，但是却能打

---

① [英]E. P. 汤普森：《英国工人阶级的形成》(下)，钱乘旦等译，1004 页，南京，译林出版社，2001。
② [英]E. P. 汤普森：《英国工人阶级的形成》(上)，钱乘旦等译，214 页，南京，译林出版社，2001。
③ 《马克思恩格斯选集》第 1 卷，585 页，北京，人民出版社，1995。

开通向目标的大门，使自己获得自由。①

以往传统马克思主义只是笼统地认定生产关系决定了阶级的产生，却在具体的产生机制上缺乏详细的分析说明。这种观点既导致了阶级的被动产生，又使其产生过程机械生硬。好像只要经济条件齐备，就会有阶级诞生，诞生出来的阶级也都如工厂里同一模子生产出的产品，千篇一律，不存在差异，更谈不上个性。而如果在生产关系决定性作用的基础上加上阶级意识要素，就会使阶级自身具备了主观能动性，也使其摆脱了只受经济条件决定的宿命，增加了形成过程中的不确定性和偶然性。"没有任何模式能够告诉我们在过程的某一'阶段'，什么才应该是'真正的'阶级形成。"②

汤普森的这种探讨可以说是一种有益的尝试，但他还是在唯物主义的前提和基础上进行的探讨。他并不满足于传统观点的简单说明，他要补充说明传统观点所忽略的区域，即阶级主体的主观意识在阶级形成过程中所发挥的作用。生产关系对于阶级产生的决定作用在以往已经被经典马克思主义作家充分探讨过，所以没有必要进行重复的劳动。汤普森所做的工作正是前人未完成的工作。从这点上说，安德森的指责显然有失公允。

安德森的第三点指责也不完全成立，这一指责所代表的观点是安德森以静态的结构主义思维方式考虑问题得出的必然结论。由于汤普森的

---

① E. P. Thompson, *The Poverty of Theory and Other Essays*, London: Merlin Press, 1978, p. 161.

② E. P. Thompson, "Eighteenth-century English Society: Class Struggle Without Class?", in *Social History*, No. 2, 1978, p. 150.

阶级意识标准导致阶级的存在与否看似成为问题，但这却是客观存在的历史事实，不能以想象的观念来校正事实，而只能相反。汤普森以动态过程思维方式探讨阶级问题是对历史事实和客观规律的遵循。阶级意识变化不居应该是一种常态，静止不变不仅是形而上学思维，也与客观实际不相符合。阶级意识的变化导致真正意义上的阶级存在的变化是事实也是必然，这一问题可以转化为传统马克思主义的表达方式，即阶级意识减弱到一定程度，自为的阶级会随之消失，基于经济关系之上的自在的阶级仍然存在；反之，阶级意识增强到一定程度，自在的阶级又会转化为自为的阶级。因此，汤普森的阶级意识标准并不是一个问题，而是一个发展和创新。

柯亨看到了汤普森为阶级设定的两个前提：一是生产关系的共同体，二是形成共同意识。"第一个替代的定义是把生产关系的共同体看作阶级构成的必要的，但不是充分的条件。只有当这样聚集起来的人们发展了关于他们的共同条件和利益的意识时，阶级才形成。"[①]安德森和柯亨完全以生产关系界定阶级，把主观的共同意识完全排除在外。这种分析会导致意外的困难。如果仅仅依据人们在生产关系中的结构定位来确立阶级，工人阶级如果仅仅是工业资本主义生产方式的产物，那就会面临这样的问题：在前工业时代存在着大量的家庭劳动和手工业劳动的生产方式，这些工人就不能算作完全意义上的阶级。这样，真正的工人阶级只能是那些数量占极少数的工厂工人，家庭手工业工人则被排除在

---

① [英]G. A. 柯亨：《卡尔·马克思的历史理论——一个辩护》，岳长龄译，80页，重庆，重庆出版社，1989。

外。这种判断显然是不合理的。艾伦·伍德认为:"汤普森的阶级概念的优点在于它能够在缺乏阶级意识的情况下,识别并说明阶级的运行。"①而且他认为,安德森和柯亨的指责也是不成立的。他说:"汤普森之所以被指责为唯意志论和主观主义,并不是因为他忽视了阶级客观的、结构的规定,恰恰相反,是因为他拒绝将阶级形成的过程(这是他主要关注的事情)归为从'客观'的物质决定领域中分离出来的偶然性和主观性的领域……汤普森坚持了历史唯物主义的原理及其关于历史进程为物质结构制约的观念,将阶级形成的过程作为物质规定的'逻辑'所形成的历史过程来研究。"②

由于汤普森注重阶级形成过程中的主观因素,强调主体的体验和感受过程,所以在他看来,阶级是一种流动的现象,一种关系,而非静止的物,所以应该用历时性方法对其进行分析,反对把阶级放入静止的结构框架中进行共时性研究。"如果让历史停留在某一点上,那就不会有阶级,而只会有一堆人加上一堆经历;但如果在社会发生变化的一个适当的时间段上来观察这些人,就能看到其相互关系及思想与建制的模式。阶级是人们在亲身经历自己的历史时确定其含义的,因而归根到底是它惟一的定义。"③由于汤普森对阶级形成过程的强调,所以他更多关注于动态的阶级斗争,而非静态的阶级,继而提出了没有阶级的阶级斗

---

① [加]艾伦·梅克森斯·伍德:《民主反对资本主义——重建历史唯物主义》,吕薇洲、刘海霞、邢文增译,79页,重庆,重庆出版社,2007。
② 同上书,81页。
③ [英]E. P. 汤普森:《英国工人阶级的形成》(上),钱乘旦等译,"前言"3—4页,南京,译林出版社,2001。

争的观点。他认为,阶级斗争是在先的,也是更为普遍的概念。"人们发现自己以一种被决定的方式存在于被建构的社会中(至关重要却不是唯一地处于生产关系当中),他们经历剥削(或有必要以权力压服所剥削的人),他们确定敌对利益之点,他们围绕这些问题开始斗争,并在斗争过程中发现作为阶级的自身,他们开始把这一发现当作阶级意识。阶级和阶级意识总是出现在历史进程的最后,而不是第一阶段。"[①]

汤普森把阶级意识的形成看作阶级形成的标志,认为阶级意识形成是一个漫长过程,它是在继承了文化传统的基础上而在阶级斗争的历程中不断得以加强和完善。由于阶级意识的完全形成始终在阶级斗争之后,阶级意识的形成决定了阶级的形成,于是也就有了汤普森所说的没有阶级的阶级斗争。安德森认为汤普森的说法本身出现了逻辑矛盾,在阶级没有形成之前而存在阶级斗争是荒唐的,至少不应该使用"阶级斗争"一词,而应该用更恰当的词来代替。

汤普森反对从社会结构中寻找历史的动力,在他看来,阶级斗争只是历史过程中的偶然现象,不能作为推动历史前进的力量。汤普森并不否认历史动力的存在,但认为只存在于人们中间,历史是由自身推动前进的。安德森则认为应该用结构方法从整体上来分析历史发展的机制,并且要透过阶级斗争来分析历史进程。因为主要的经济危机虽然通过阶级斗争的形式得以体现,但它发端于这种冲突背后的结构深处。阶级斗争是生产力和生产关系以及其他层面关系总危机的结合点,所有的阶级

[①] E. P. Thompson, "Eighteenth-century English Society: Class Struggle Without Class?", in *Social History*, No. 3, 1978, pp. 148-149.

都会不自觉地卷入危机所造成的冲突中,最终它会通过政治而不是经济和文化得到解决。安德森写道:"正是(而且必须是)占统治地位的生产方式提供了社会形式统一的基础,在其内部阶级地位得到了客观的分配,同时也分配了每个阶级内部的代理人。其结果就是典型的阶级斗争的客观进程。"①从这里可以看出,安德森反对把历史动力归之于人的主观意识,他坚持认为只有通过阶级和阶级斗争继而寻找其背后的生产关系结构才能把握历史发展的脉络。

在《英国工人阶级的形成》中,汤普森指出:"工人阶级的形成不仅是经济史上,而且是政治史和文化史上的事实。它不是工厂制的自发产物,也不应当想象有某种外部力量(即'工业革命')作用于一种'新人类'。工业革命过程中变动的生产关系和劳动条件并非施加在这种原料上,而是施加在生而自由的英国人身上。"②他们身上承载着激进的文化传统、自由、平等和维护自身权利的价值观念以及宗教信仰等。这种连续性的大众文化传统一直伴随着他们的身份转型。不管这种转型是平缓的还是激进的,它都持续地发生作用。汤普森着重强调,必须把阶级置于具体的历史时空中进行考察,在空间上要考量与其他阶级的关系,在时间上要把它看成不断运动变化的一股流。因为阶级意识的形成是一个漫长的过程,阶级的形成也相应地成为动态发展的历史过程;因为意识形态的确立在人与人的相互交往和历史的传承中得以实现,也就决定了

---

① Perry Anderson, *Arguments Within English Marxism*, London, Verso Books, 1980, p.55.
② [英]E. P. 汤普森:《英国工人阶级的形成》(上),钱乘旦等译,211页,南京,译林出版社,2001.

阶级的形成不可能是独自活动的个人的简单相加。

在18世纪,"平民恐怕不属于工人阶级。平民可能缺乏持续的在意识上的自我限定、清楚的目标、阶级组织的结构"①。因而,只有当"工人们就这样超越了自身的经历,他们借助于自己含辛茹苦所获得的不规范的教育,形成了有组织的社团,这是最重要的政治现象。他们学着把自己的生活看做是定义并不严密的'勤劳阶级'与未经改革的下院之间全部斗争史中的一部分。1830年之后,定义较明确的一般马克思主义意义上的阶级意识开始成熟起来。在这一过程中,工人们开始意识到,他们自己所从事的既是旧的又是新的斗争"②。

阶级意识是在与统治者的斗争中形成的。如果无数的下层民众都认为自己的命运是上天注定的,是上帝的安排,当他们把改变生活境遇的希望完全寄托于上帝的慈悲与统治者的良心发现时,可以说他们还没有形成阶级意识,也还不能算作真正意义上的阶级。

汤普森对阶级的分析是一种历史形态分析,能够揭示阶级形成的现实偶然性、多样性和复杂性,然而这些都是从社会的物质条件无法还原和推导出来的。但是,如果没有物质条件作为基础,阶级形成的其他一切要素,包括它的偶然性、多样性和复杂性又不可能产生。因此,阶级意识不能超越物质条件而存在。关键是要在物质条件和阶级意识之间,在阶级斗争和文化形式之间建立联系,使之相互作用,才能够经历和体

---

① [英]爱德华·汤普森:《共有的习惯》,沈汉、王加丰译,51页,上海,上海人民出版社,2002。

② [英]E.P.汤普森:《英国工人阶级的形成》(下),钱乘旦等译,836页,南京,译林出版社,2001。

验到作为流动性的历史存在。阶级是在被物质条件决定的前提下通过发挥人的主观能动性得以形成的。从长时段的历史发展来看，既定的物质条件和意识形态是经过无数代前人在各种社会矛盾的作用中经过不断生产与创造形成的最终结果。因此，从最终意义上讲，人民是历史的主体，是物质与精神财富的创造者，是历史的创造者，也是自身的创造者。

（二）工人阶级能够自我解放

在《英国工人阶级状况》中，恩格斯提出："工厂工人，产业革命的这些初生子，始终是工人运动的核心，而其他工人的参加运动，却要看他们的手工业被产业革命侵害的程度如何而定。"[1]汤普森认为，工厂工人在英国出现得比较晚，并不像恩格斯所说的是工业革命的长子。经过查阅大量的历史数据资料，汤普森得出结论：直到19世纪30年代初，英国的棉纺织工厂的工人人数远小于从事手工业纺织工人的人数，这还没有把农业工人、工匠及其他工人计算在内。工厂工人是19世纪40年代才大规模出现的，并且，"他们的许多思想和组织形式早已存在于家庭手工业工人当中"。所以，"除了棉纺织业地区以外，工厂工人是否'构成了劳工运动的核心'是值得怀疑的"。[2] 汤普森得出结论：工匠是工业革命初期劳工运动主力军，工人阶级是在作坊而非工厂内诞生的。这里有必要说明《英国工人阶级状况》的写作背景。《英国工人阶级状况》

---

[1]《马克思恩格斯全集》第2卷，299页，北京，人民出版社，1957。
[2][英]E. P. 汤普森：《英国工人阶级的形成》（上），钱乘旦等译，210页，南京，译林出版社，2001。

是恩格斯经过 21 个月的时间在英国工人中进行实地走访调查，于 1844 年 9 月至 1845 年 3 月写成的。这部著作主要是恩格斯对在调查期间英国工人生存现状的论述，也就是说主要涉及 1840 年前后的英国工人情况，而汤普森的《英国工人阶级的形成》则主要考察 1790 年到 1830 年这一时段英国的工人情况，因此，对于英国工人阶级，汤普森与恩格斯的结论出现差异是可以理解的。

马克思曾说过"工人没有祖国"，并号召"全世界无产者联合起来"。在马克思的观念中，无产阶级斗争不是一个国家或一个民族的事，而是全世界无产阶级的联合斗争。在斗争中，各国无产阶级的斗争经验可以相互学习和借鉴。列宁曾指出，缺乏政治意识的工人阶级只能是工联主义。但他认为这种政治意识靠工人阶级自身很难形成，所以只能靠外界灌输。在当时的英国，哈蒙德夫妇的观点占据主导，他们否认英国工人当中的革命激进传统，把他们看作是被人欺骗、受人利用的群氓。以安德森、奈恩为代表的第二代英国新左派也认为，英国缺乏激进传统，应该从大陆尤其是法国引进革命理论。

汤普森一直主张英国工人阶级自身可以形成革命意识，不需要外界的灌输。从历史经验材料中，汤普森还原了历史的真实，展现了一段英国工人阶级为自由和正义而抗争的生动的历史画卷。这些激进传统表现在以下几个方面：

第一，人民群众自发而无组织的反抗行为，主要表现为群众暴动、抢粮风潮、滋事骚乱等。整个 18 世纪，这种人民的"直接行动"始终不断，尽管它无组织、混乱、涣散，而且时常表现为漫无目标，但汤普森从中发现，在每次这种形式的大众直接行动的背后，都能发现某些具有合法性的权利概念。英国人民始终认为他们的权益是受到习惯保护的，认为自己有权采取直接的行动匡正社会时弊，这也是汤普森提出的"道德经济学"所指涉的内容。英国的这一传统为日后英国工人的阶级斗争提供了历史借鉴和依据。

第二，英国人对"生而自由"的强烈认同以及作为"生而自由的英国人"的强烈自豪感。从17世纪革命时的平等派开始，经过18世纪的许多人民运动（戈登暴动、威尔克斯事件等）和许多贫民思想家（戈德温、斯彭斯等）的填补锻造，到潘恩那里终于发展为集大成者。汤普森对潘恩的《人权论》给予极高的评价，认为它在形成工人阶级意识方面起了无与伦比的作用，和班扬的《天路历程》一起，成为英国工人运动的启蒙教科书。

第三，法国大革命所激发的英国"雅各宾传统"。法国革命在英国造成深刻影响，培养了人民的平等共和意识。下层劳动者第一次感到自己有权参加国家的治理，因而引发出工人群众的激进运动。这种激进主义传统从18世纪90年代延续到19世纪中期，是构成工人阶级"经历"的最重要的一个部分。在法国大革命和英国民众激进主义之间起桥梁作用的，是潘恩的《人权论》，因此《人权论》在激进主义运动史上有崇高的地位。

通过历史的连接，汤普森揭示出英国工人阶级本身所具有的能动性和创造性，表明了他们的历史主体性地位，证明了他们不仅是自身的创造者，同样也是历史的创造者。从而，自由精神和激进传统会在他们身上不断延续和传递，不需要从外部召唤，他们完全有能力自己觉醒，也完全能够自己解放自己。汤普森详细追述了英国工人运动中每一次激进革命，他试图要做的，就是彻底纠正哈蒙德夫妇在阶级偏见驱使下造成的历史扭曲。

(三)阶级的关系-过程分析

汤普森的阶级理论是在整体历史观中对社会的审视，对阶级的分析离不开对社会整体的理解。"历史唯物主义要求对社会过程进行总体研究，作为社会的总体史就要汇集其他方面的历史。从这个意义上说来，历史唯物主义是这样一种方法，它汇集了其他人文学科的方法。这是一种统一的方法，必须关注其他学科的前提……所以，历史必须被置于所有人文学科的王座上。"①

有机体这一范畴是对社会所进行的形象生动却又准确的描述。19世纪下半叶，随着生物进化论的发展与传播，有机体范畴开始从自然科学进入社会科学。孔德首先提出，社会是最高级的生物有机体。斯宾塞认为，社会的阶级划分同生物体中器官及其职能的分化和依存关系是相吻合的。舍费尔则认为，社会是意志的有机体。马克思也曾借用有机体范畴来描述社会："现在的社会不是坚实的结晶体，而是一个能够变化并且经常处于变化过程中的有机体。"②而怀特海甚至以"机体哲学"命名他所创立的理论体系。社会有机体是把社会理解为一个具有内在结构关系并处于历史变化过程中的有机整体。在这种社会整体历史观中，必然包含着关系与过程这两个重要的思维元素。借重于这两个概念，才能生

---

① E. P. Thompson, *The Poverty of Theory and Other Essays*, London: Merlin Press, 1978, p. 70.

② 《马克思恩格斯选集》第2卷，102页，北京，人民出版社，1995。

动地表现出社会或整个宇宙作为一个有机整体处于永恒的联系、运动和发展状态。

关系-过程思维是历史主义方法应用的必然结果，它与结构定位思维相对立，构成汤普森历史理论的重要支点。在代表作《英国工人阶级的形成》中，汤普森从发生学的角度，对英国工人阶级的形成过程进行了还原分析。这与马克思对阶级的理解一致。马克思认为阶级是一个历史范畴，是同生产发展的一定阶段相联系的，具有暂时性和过渡性。汤普森指出，传统的阶级分析方法是从社会学中移植过来的，是单纯的结构方法。这种方法的特点是"企图让它在任何一个特定的时刻静止下来并分析它的结构"①。由于"最精密的社会学之网也织不出一幅纯正的阶级图形"②，所以，在这种方法指导下必然得出"蒸汽动力＋棉纺织厂＝新工人阶级"的荒谬结论。因而，汤普森主张："对阶级的看法还有赖于对历史关系的看法。"③只有在表现为过程的社会关系和历史关系中才能够界定阶级。这是一种关系-过程思维方式，与单纯的结构思维方式有根本的区别。

艾伦·伍德指出："实际上只有两种从理论上思考阶级的方式：或将阶级作为一种结构定位，或作为一种社会关系。"④第一种方式是静态的分析方法，主要根据职业群体、收入分配等标准进行划定；第二种方

---

① ［英］E. P. 汤普森：《英国工人阶级的形成》（上），钱乘旦等译，"前言"1 页，南京，译林出版社，2001。
② 同上。
③ 同上。
④ ［加］艾伦·梅克森斯·伍德：《民主反对资本主义——重建历史唯物主义》，吕薇洲、刘海霞、邢文增译，76 页，重庆，重庆出版社，2007。

式是动态的分析方法,它"关注的焦点是社会关系本身,是占有者和生产者之间互动的关系,是用于解释社会历史进程的矛盾与冲突"①。

按照第一种思维方式,阶级是在结构中,尤其是在经济结构中被定义的。我们可以总结出诸如"资产阶级""中产阶级""无产阶级""工人阶级""地主阶级""农民阶级"等概念。这些概念虽然能够表现出生产资料占有或收入分配方式的不平等状态以及人们在社会中所处的不同地位,但它体现不出各个阶级群体之间的交互关系,而只是按照经济结构定位表现出来的一种间接关系。

在《英国工人阶级的形成》中,汤普森就斯梅尔策、达伦多夫等人对阶级所进行的简单结构分析进行了批判,指责他们只是把阶级看作社会结构的组件,一件被静置于某处的物体。在《理论的贫困及其他文章》中,他对阿尔都塞及以安德森为代表的英国第二代新左派大加鞭挞,因为他们在社会历史分析中把结构主义方法绝对化。克罗斯兰德所做的分析,即工人阶级生活水平的提高必然导致无阶级社会的到来,就是用第一种思维方式进行思维的结果。照此推论,随着工人阶级生活水平的不断提高,无产阶级变为有产阶级,纷纷进入了资产阶级的行列,最后普天之下同属资产阶级。阶级差别消失也就意味着阶级的消失,也就意味着人类已经步入了天下大同的共产主义社会。这种推论显然是荒谬的。在当代资本主义社会中,工人阶级的生活水平已经普遍提高,由无产变为了有产,但据此并不能推出他们已经属于资产阶级,更不能说明他们

---

① [加]艾伦·梅克森斯·伍德:《民主反对资本主义——重建历史唯物主义》,吕薇洲、刘海霞、邢文增译,77页,重庆,重庆出版社,2007。

已经步入了共产主义社会。

　　此外，按照第一种思维方式对阶级进行结构分析只是规定了阶级形成的起点和终点，造成了形成过程的缺失。结构分析只是说明不同阶级在社会结构大网中所处的结点位置，它不但不能表现阶级之间的对抗与斗争状态，而且同一阶级内部成员之间交互关系也无法显现出来。在同一阶级内部，阶级成员们是如何自觉地站在同一阵线？如何发展出来阶级意识？这种意识如何成长？发展到何种程度？在不同的时间和不同的地点，它会以何种方式出现？如何把阶级意识转化为阶级行动？阶级机构和组织在其中如何发挥作用？诸如此类的问题都超出了结构分析的解释能力和范围，因为它省略了阶级形成的过程，直接从起点来到终点，而这些问题都与阶级形成过程相关。结构分析虽然看到了阶级行动，却不能解释这种行动的动因何来，以及工人阶级如何由落后过渡到先进的文化和阶级意识形态。这种结构分析的思路必然导致了一种解决方案：由知识分子、革命的理论家或党团进行教导和开化，使意识落后的工人阶级猛然觉醒，于是就开始了革命行动。而以安德森、奈恩为代表的英国第二代新左派正是这种观点的积极支持者。汤普森认为，这种依靠灌输而来的意识只能是理论上应当如何如何的意识，并非现实中的意识。[1] 阶级意识可能会在"不同的时间和地点以相同的方式出现，但决不会有完全相同的方式"[2]。英国工人阶级能够自我形成，它的阶级意识不会预先确定，只能透过历史关系在英国激进传统中以及现实存在的

---

[1] ［英］E. P. 汤普森：《英国工人阶级的形成》（上），钱乘旦等译，"前言"2页，南京，译林出版社，2001。

[2] 同上书，"前言"2页。

社会关系中寻找。

按照第二种思维方式,阶级是在社会关系中被定义的。也就是说,对于阶级,"不能孤立地、抽象地而必须按照与其他阶级的关系来给它下定义"①。这种思维方式下,我们可以总结出诸如"统治者"与"被统治者"、"剥削者"与"被剥削者"、"压迫者"与"被压迫者"等范畴。虽然这些范畴所体现的关系过于简单,有待进一步完善,却是在社会关系中对阶级进行的分析。如果把阶级放在关系中进行考察,克罗斯兰德的结论就很难成立。工人阶级的存在与消亡和他们生活水平的高低、富裕程度没有必然联系。只要阶级之间还存在剥削和被剥削、压迫和被压迫关系,阶级就会存在。只有当这种对立关系消失,阶级才会消亡,才会真正进入无阶级的共产主义社会。艾伦·伍德指出:"从这种马克思主义立场出发,汤普森就能解释为什么他认为在工业化早期阶段就存在工人阶级,这是因为此时资本主义基本的生产和剥削关系已经存在,而且事实上,这种关系也是工业化本身的先决条件。"②

在汤普森看来,作为关系存在的阶级是复杂的,这是由社会关系的复杂性决定的。传统马克思主义没有把阶级融入整体性的社会关系,或者只是静态地来分析这种关系,由此对阶级的理解造成了许多误区。只有把阶级置于变化发展的社会关系中,并全面了解和把握它的复杂性,才能够正确地理解阶级。这种理解包括以下几个方面:

---

① E. P. Thompson, *The Poverty of Theory and Other Essays*, London: Merlin Press, 1978, p. 295.

② [加]艾伦·梅克森斯·伍德:《民主反对资本主义——重建历史唯物主义》,吕薇洲、刘海霞、邢文增译,91页,重庆,重庆出版社,2007。

第一，阶级关系不只是存在于阶级和阶级之间，还存在于阶级内部。在《英国工人阶级的形成》中，汤普森给我们描绘了一幅以真实日常生活为背景的动态的历史图卷。通过对工人与工人、工人与资本家、工人与社会环境之间关系的探讨，我们认识到：阶级并不是均质个体的简单相加，而是由无数各个相异的鲜活生命联结成的有机体。其中既有阶级机体内部要素之间的交互作用，又有阶级机体之间的相互依存、相互对立和斗争，从而结成一个具有复杂关系不断发展变化的社会大机体。而英国工人阶级的形成既有客观的条件，又有主观的因素；除了阶级外部关系的塑造，关键还是阶级内部要素的作用。所以说，工人阶级的阶级意识不能单靠外部灌输，主要还在于自身内部生成。"工人阶级并不像太阳那样在预定的时间升起，它出现在它自身的形成中。"① 内因与外因是马克思主义哲学中的重要范畴，是表明事物运动发展的动力同条件之间关系的哲学范畴。内因和外因在事物发展中的地位和作用是不同的。外因是变化的条件，内因是变化的根据，外因通过内因而起作用。汤普森对阶级关系的这一理解与马克思主义哲学的基本原理是相吻合的。

第二，阶级关系不只是经济关系，而是包括经济、政治与文化在内的社会关系总和。汤普森在分析英国工人阶级的形成时，主要从文化层面进行了探讨，但他并未排除经济和政治对阶级形成的影响，尤其是经济的主导作用。阶级形成的另两大因素就在于："一种是经济剥削关系

---

① ［英］E. P. 汤普森：《英国工人阶级的形成》（上），钱乘旦等译，"前言"1页，南京，译林出版社，2001。

的加强，另一种是政治压迫关系的加强。"①在《理论的贫困及其他文章》中，汤普森力图纠正传统马克思主义只是从经济方面考察阶级的片面性。包括马克思、列宁这样的经典作家也未完成对阶级的整体性分析。恩格斯曾说："互相斗争的社会阶级在任何时候都是生产关系和交换关系的产物，一句话，都是自己时代的经济关系的产物。"②列宁曾这样定义阶级："所谓阶级，就是这样一些集团，由于它们在一定社会经济结构中所处的地位不同，其中一个集团能够占有另一个集团的劳动。"③可见，恩格斯和列宁对阶级的界定未能步出经济关系的领地。马克思的《资本论》在政治经济学领域达到了前所未有的成就，但它只能被看作是对资本逻辑的研究，而不是对资本主义的整体性研究，因为它还缺少对政治与文化领域的细致探讨。④ 在经济关系之外，政治与文化关系也是阶级不可或缺的组成部分。所以，汤普森认为："阶级是一种文化的和社会的形成。"⑤正如马克思所说的："资本不是一种物，而是一种以物为中介的人和人之间的社会关系。"⑥"黑人就是黑人，只有在一定的关系下，他才成为奴隶。"⑦资本与奴隶都不能离开整体的社会关系来定义。同样，阶级也必须在整体的社会关系中界定，而不能仅仅局限于经

---

① ［英］E. P. 汤普森：《英国工人阶级的形成》（上），钱乘旦等译，216 页，南京，译林出版社，2001。
② 《马克思恩格斯全集》第 20 卷，700 页，北京，人民出版社，1971。
③ 《列宁选集》第 4 卷，11 页，北京，人民出版社，1995。
④ E. P. Thompson, *The Poverty of Theory and Other Essays*, London: Merlin Press, 1978, p. 257.
⑤ Ibid., p. 295.
⑥ 《马克思恩格斯全集》第 44 卷，877—878 页，北京，人民出版社，2001。
⑦ 同上书，878 页。

济关系中来说明。

第三，阶级关系的承载者是具体的人，而非抽象的概念。汤普森认为，对阶级的分析必须建立在经验的基础上，理论必须以经验观察为前提，不能用静止的抽象的理论概念去裁剪丰富而具体的历史事实。"关系总要体现在真人身上，而且要有真实的背景。"①汤普森历史研究的路径往往是：用特定历史时期、特定历史条件下的特定历史事实得出来的历史理论来说明当时的历史，而不是把任意的理论模式强加于任意的历史事实之上。从这一意义上来说，历史事件是特殊的，历史理论也是特殊的，普遍适用的历史理论少之又少。这就是汤普森历史研究的立足点和思维方式：经验重于理论。在以往对阶级的分析中，大多是从想象的概念出发，在头脑中描绘出阶级的图样再演绎出他们之间的种种关系。在《德意志意识形态》中，马克思和恩格斯指出，唯物主义与唯心主义的区别在于："它不是在每个时代中寻找某种范畴，而是始终站在现实历史的基础上，不是从观念出发来解释实践，而是从物质实践出发来解释观念的形成。"②汤普森指出，斯大林主义就是"建立在抽象基础上，而不是建立在个人经验或社会现实的基础上"③。阿尔都塞是斯大林主义的化身，他是"还原为理论范式的斯大林主义"。在他身上，"斯大林主

---

① ［英］E. P. 汤普森：《英国工人阶级的形成》(上)，钱乘旦等译，"前言"1页，南京，译林出版社，2001。

② 《马克思恩格斯选集》第1卷，92页，北京，人民出版社，1995。

③ E. P. Thompson, "Socialist Humanism", in *The New Reasoner*, No. 1, 1957, p. 108.

义被理论化为意识形态"①。而安德森、奈恩等人则是阿尔都塞在英国的代言人，他们极力贬低英国的经验主义，到处贩卖欧洲大陆的抽象理论。汤普森认为，他们所尊崇的东西不是别的，恰恰是通常马克思主义传统中被称作唯心主义的东西，即抽象的观念范畴；他们所抛弃的东西也不是别的，恰恰是通常马克思主义传统中所坚持的被称为唯物主义的东西，其中包括英国学术传统中的经验主义。安德森等人的做法是把数学的方法运用于历史学，是从抽象的一般概念出发推论出事实。所以，在《英国工人阶级的形成》中，汤普森写道："我们不能有两个泾渭分明的阶级，其存在各自独立，然后再把它们拉进彼此的关系中去。我们不能有爱而没有恋爱的人，不能有恭敬而没有地主与长工。"②这是汤普森对唯心主义者用抽象范畴演绎阶级这一手法的严厉批判。虽然如此，汤普森并没有对概念一概拒绝，可以看到他经常用马克思主义的一些基本概念和方法分析历史。只不过他要求严格限制概念的使用范围，并且要求经常用发展变化的事实校正概念，让它更为精确。所以说："概念要经得起过程的考察。"③

第四，阶级关系主要表现为斗争关系，而非同一关系。马克思在《哲学的贫困》中指出："当文明一开始的时候，生产就开始建立在级别、等级和阶级的对抗上，最后建立在积累的劳动和直接的劳动的对抗上。

---

① E. P. Thompson, *The Poverty of Theory and Other Essays*, London: Merlin Press, 1978, p. 374.

② ［英］E. P. 汤普森：《英国工人阶级的形成》（上），钱乘旦等译，"前言"1页，南京，译林出版社，2001。

③ E. P. Thompson, *The Poverty of Theory and Other Essays*, London: Merlin Press, 1978, p. 237.

没有对抗就没有进步。这是文明直到今天所遵循的规律。到目前为止，生产力就是由于这种阶级对抗的规律而发展起来的。"①"只有在没有阶级和阶级对抗的情况下，社会进化将不再是政治革命。而在这以前，在每一次社会全盘改造的前夜，社会科学的结论总是：'不是战斗，就是死亡；不是血战，就是毁灭。问题的提法必然如此。'（乔治·桑）"②马克思认为，从奴隶社会以来的社会历史都是阶级斗争的历史；阶级斗争是阶级社会发展的直接动力。恩格斯指出，阶级斗争是现代历史的动力。资产阶级和无产阶级的起源和发展是由经济利益引起的。夺取政治权力不过是用以实现经济利益的手段。归根结底，无产阶级反对资产阶级的斗争，是由生产方式的产生和发展决定的。生产方式的矛盾运动，在阶级社会中必然引起阶级斗争，从而推动社会的发展。

在汤普森的阶级分析中，"作为关系和过程的阶级概念强调与生产资料的客观联系的重要性，因为这些联系确立了对抗状态并造成了普遍的冲突和斗争"③。汤普森所界定的阶级不是抽象地独立存在于社会关系之外，而是与其他阶级以及社会生产生活的各种要素紧密联系，相互作用，联结成一个统一的有机的整体。在这个由无数鲜活的从事生产活动的人组成的有机整体中，个人与个人之间，阶级与阶级之间普遍存在着差别与对立，这也是他们能够构成一个有机整体的必要条件。正如马克思主义哲学所揭示的，在整体中存在着同一和对立，同一首先以各自

---

① 《马克思恩格斯全集》第 4 卷，104 页，北京，人民出版社，1958。
② 同上书，198 页。
③ [加]艾伦·梅克森斯·伍德：《民主反对资本主义——重建历史唯物主义》，吕薇洲、刘海霞、邢文增译，82 页，重庆，重庆出版社，2007。

的差别和对立为前提，同一不是均质物的同一，而是对立面的同一。而矛盾的斗争性寓于矛盾的同一性之中。在马克思主义哲学观念中，对立和同一不是处于一种不分伯仲的平衡状态，矛盾的同一性是相对的，矛盾的斗争性是绝对的。斗争是事物发展变化的根源和动力。

在《18世纪的英国社会：没有阶级的阶级斗争》一文中，汤普森以电磁磁化铁屑的物理实验做比喻来说明不同利益集团之间这种既对立又统一的关系。他所理解的阶级是处在以斗争为基本特征的统一体中。只有对立和斗争才能够使统一体成为一个不断运动发展的过程，使它摆脱成为具有一定结构和层次的稳定的静态体系。明白了这层道理后，我们就很容易理解汤普森为什么主张阶级文化是"整体斗争方式"而不是威廉斯所说的"整体生活方式"；也能够理解他为什么要强烈批判安德森所出具的判断：与无产阶级文化相比，英国资产阶级文化占有绝对的霸权，处于绝对的垄断地位。

第五，阶级之间不只是对抗，也有合作；阶级内部不只是合作，也有对抗。虽然汤普森强调阶级之间的斗争关系，也强调阶级内部的合作关系，但是他并没有排除阶级之间的合作关系与阶级内部的斗争关系。他说："剥削关系不只是不满和相互对立的总和。这种关系在不同的历史条件下采取与所有制和国家权力的形式对应的不同形式。"①统治集团内部也有对立与合作，只是在特定的历史时期，面对反叛的强大的工人阶级，他们会把矛盾暂时掩藏起来。同样，在工人阶级内部，也存在着

---

① ［英］E.P.汤普森：《英国工人阶级的形成》（上），钱乘旦等译，222页，南京，译林出版社，2001。

斗争，他们在大的方面利益是基本一致的，但不会永远和谐一致。同一阶级的成员并非仅仅是在同一个生产单位或面对同一个雇主或资本家的工人，它跨越了不同的生产单位甚至不同行业以及不同生产形式。他们的生活经历和思想意识并不像工厂生产出来的产品，并不会千篇一律，千人一面。有差异就会存在对立和矛盾。但是，他们的阶级经历和文化方式还是基本相似的，这也促成了阶级意识的形成，最终它以传统习惯、价值体系、思想观念和组织形式等方式得以体现。① 而在统治者与被统治者之间，并不总是激情对抗。在《共有的习惯》一书中，通过大量的材料调查，汤普森发现："存在着一种统治者和民众彼此需要，互相监视，为相互的观众席提供戏台和反戏台，调节彼此的政治行为的意念。这是一种比通常使人想到'家长制和服从'的公式更为活跃的相互关系。"② 而在《辉格党与猎手》一书中，汤普森提出了一个更"另类"的观点。在历史调查的坚实基础上，他得出结论：法律并不能被简单地定义为统治阶级的统治工具，它在表面上至少给人以公平的印象，有时实际上是相对公平和公正的。平民也不会把法律当作绝对的伪善加以拒绝，他们常常能够从自己的利益出发利用法律的辞令来维护权利。所以，法律是平民和贵族双方经过冲突对抗的过程后形成的文化产物。这一观点明显与传统马克思主义的观点相悖，但它所反映的却是建立在历史事实基础之上的真实存在。

---

① ［英］E. P. 汤普森：《英国工人阶级的形成》（上），钱乘旦等译，"前言"2 页，南京，译林出版社，2001。
② ［英］爱德华·汤普森：《共有的习惯》，沈汉、王加丰译，51 页，上海，上海人民出版社，2002。

第六，阶级是事件，而不是事物。汤普森一直主张，把阶级作为历史现象放在历史关系中动态地加以考察，阶级是已经发生或正在发生的事件，而不是一个结构稳定的静态事物。这就是说，不仅要把阶级放入社会关系中分析，而且要在动态过程中进行研究。"如果让历史停留在某一点上，那就不会有阶级。"因为，"阶级是一种关系，而不是一个东西"①。只有在动态过程中，才能看到人们之间的"相互关系及思想与建制的模式"②。举例来说，如果要研究一匹奔跑当中的马，我们最好用摄影机动态地记录它的整个奔跑过程，而不是用照相机记录它在奔跑过程中某时某刻的静止姿态。恩格斯指出："旧的研究方法和思维方法，黑格尔称之为'形而上学的'方法，主要是把事物当作一成不变的东西去研究……必须先研究事物，尔后才能研究过程。必须先知道一个事物是什么，尔后才能觉察这个事物中所发生的变化。"③因此，与其说阶级是具有复杂关系的结构存在，不如说它是处于不断变化和发展之中的过程存在。在这种意义上，汤普森把阶级界定为事件而非事物。在《卡尔·马克思的历史理论——一个辩护》一书中，柯亨表达了对汤普森这一做法的困惑："汤普森提了一个比较，那就是事件和过程。他认为阶级可以这样来说而物却不能。然而这样说是意义的悖谬。说一个阶级经历了一个文化的和政治的形成过程不是更好吗？它怎么能就是那个过程

---

① [英]E. P. 汤普森：《英国工人阶级的形成》(上)，钱乘旦等译，"前言"3页，南京，译林出版社，2001。
② 同上书，"前言"3页。
③ 《马克思恩格斯选集》第4卷，244页，北京，人民出版社，1995。

呢?"①反观安德森和柯亨等人对阶级的结构分析,由于缺少过程思维,阶级失去了自身的能动性和变化的内在动力。所以就造成了一个结果:阶级必然是一个被决定的僵死物件。

总之,在汤普森的整体历史观当中,阶级是变化中的关系存在,而非静态的结构存在。这是马克思唯物辩证法在历史研究中的具体应用,是把阶级置于真实的历史背景中进行动态过程考察所得出的必然结论。在过程中分析关系,在关系中把握阶级。关系-过程不仅是分析阶级的唯一正确方法,同时它也是阶级真实的存在形态。形而上学的错误和局限,是把事物看作孤立、僵硬、一成不变的对象。"辩证法在考察事物及其在头脑中的反映时,本质上是从它们的联系、它们的连结、它们的运动、它们的产生和消失方面去考察。"②因此,关系-过程思维方式与唯物辩证法在本质上是一致的。

三、面向未来的政治图景

与欧洲大陆西方马克思主义不同的是,英国新马克思主义把理论建构与实践斗争紧密地结合起来。英国新马克思主义的许多代表性人物,如汤普森、安德森、威廉斯、霍尔等人都曾是新左派运动的积极参与者和领导者。这些学者中也有许多人与下层民众有过长期接触,对他们的

---

① [英]G.A.柯亨:《卡尔·马克思的历史理论——一个辩护》,岳长龄译,81页,重庆,重庆出版社,1993。
② 《马克思恩格斯全集》第19卷,222页,北京,人民出版社,1963。

生产生活、价值观念、思想诉求都了如指掌。比如汤普森曾长期从事成人教育，与工人朝夕相处。除了汤普森的《英国工人阶级的形成》，霍加特的《识字的用途》、威廉斯的《文化与社会》《漫长的革命》等也都是在成人教育环境下写就的。如此一来，英国新马克思主义者与现实政治的关系之密切就不难理解了。正如乔瑞金所说："在实践方面，英国新马克思主义者们积极倡导并参加了各种激进的社会运动，联系英国的现实，积极探索和认识英国面临的各种现实问题，把在政治历史活动中得来的具有战略意义的认识提供给英国人民和整个世界。"①丹尼斯·德沃金指出："正是由于新左派的兴起，英国学术才受到马克思主义的重要塑造，创造出规模空前的马克思主义思想文化。"②新左派运动从英国新马克思主义这儿得到了理论上的支撑和引导，英国新马克思主义也在新左派运动的斗争实践中得到了校验和发展。

(一)英国新马克思主义的政治意识

20世纪50年代，英美出现了一场激进的思想文化运动。60到70年代，这场运动达到了高潮。参与这场运动的主体主要是知识分子和青年学生。他们亲近马克思主义并倡导社会主义，但同时也倾向于批判斯大林主义和僵化的马克思主义分析方法。旅英学者林春在《英国新左派》一书中指明了英国马克思主义与新左派运动的密切关系。"新左派"一词是法国人克

---

① 乔瑞金：《马克思思想研究的新话语——技术与文化批判的英国新马克思主义》，25页，太原，书海出版社，2005。

② Dennis Dworkin, *Cultural Marxism in Postwar Britain: History, the New Left and the Origins of Cultural Studies*, Durham: Duke University Press, 1997, p. 264.

劳德·布尔代的发明。1956年，一批英国马克思主义知识分子来到巴黎，准备建立一个能够影响整个欧洲的左派组织——国际社会主义协会。当时，正在巴黎办杂志的布尔代的政治观点与这些人不谋而合。在会面时，布尔代对他们以"新左派"相称。此后，这一称谓就保留下来，沿用至今。

1949年11月，英国共产党马克思主义历史学家小组召开了一次会议，会议的议题为"阶级斗争中意识的作用"。此后，历史学派的活动开始自觉地向政治迈进，历史开始为政治战略服务。在裂解资本主义的信念之下，历史学派的每个成员都埋头于杂乱的历史材料当中，努力寻找能够实现理想的实据。在历史中为现实的政治斗争寻找动力，用马克思主义解读历史已成为必然。正如霍布斯鲍姆所指出的那样："使马克思主义渗透进历史科学的主要动力是政治上的动力。几乎所有成为马克思主义者的知识分子，以及所有成为马克思主义历史学家的历史学家，这样做的时候最初都是由于政治信念吸引他们去从事跟马克思结合在一起的事业。马克思主义及其在知识上的影响的历史的出发点是群众性社会主义运动和知识分子政治化的历史。"[1]英国新马克思主义历史学派"将马克思主义视为理论框架，确立了它的合法地位，他们证明，马克思主义历史研究能够产生丰富多彩的经验性作品。他们的成果向国际历史学界展示出历史唯物主义作为分析工具的威力"[2]。历史学派运用马克思主义进行历史研究的结果是：工人阶级和农民的历史得以廓清，向下层

---

[1] ［英］霍布斯鲍姆：《马克思和历史》，载《第欧根尼》，1985(1)。
[2] 赵世玲：《西方马克思主义史学的发展现状——访加拿大学者布赖恩·帕尔默教授》，见陈启能主编：《当代西方史学思想的困惑》，325页，北京，中国社会科学出版社，1991。

民众寻找政治动力的诉求得以表达，最终彰显为一种"从下看历史"的研究理念。从一些灵魂人物的观点中，我们可以看到历史学派具有明显的政治指向性。历史学派虽然常常关注于17世纪以来英国的经济史、工人运动史等基本问题，但是"在某种意义上，这其实首先是一个政治问题"。汤普森认为，（阶级）文化是"不同生活方式之间的斗争"，是不同利益集团、社会力量相互竞争和冲突的结果。霍布斯鲍姆"重视史学普遍科学性与政治认同性之间的平衡和辩证关系，注重真正发挥历史学的社会功能，从而强调履行史学家的社会责任"[1]。

文化学派的学术研究也有鲜明的政治倾向性，把文化作为意识形态的一部分，给其加上了一定的政治色彩。威廉斯从文化出发来改造社会，这种文化是一种共同的文化——所有的阶级和社会阶层都可能创造性参与和分享文化，尤其在下层民众创造的文化中找到解决问题的动力、途径或方略。作为威廉斯学生的伊格尔顿，与他的老师相比，"一方面更加强调批评的政治意义，另一方面将研究视野扩大到整个当代文化。在他看来，文化从来就是问题的一部分，而不是解决问题的办法，文化本身就是个充满政治斗争的场所。这一切都表明'文化研究'绝不能离开实践的政治语境"[2]。所以，他总结说："文化是战场，而不是可以弥合差异的奥林匹克神台。"[3]霍尔则利用文化主义和结构主义的理论利

---

[1] 梁民愫：《霍布斯鲍姆史学思想的现实关怀和意识形态立场分析》，载《史学理论研究》，2004(2)。

[2] 王尔勃：《从威廉斯到默多克：交锋中推进的英国文化研究》，载《西北大学学报(社会科学版)》，2005(2)。

[3] [英]特里·伊格尔顿：《历史中的政治、哲学、爱欲》，马海良译，189页，北京，中国社会科学出版社，1999。

器对当代政治进行了深入研究,比如他对撒切尔领导的右翼政党的胜利进行了分析,认为这是利用了传统工人阶级文化中的某些重要因素,巧妙地建立和保持了意识形态方面的霸权的结果。

结构主义学派则实现了理论探讨与斗争实践的联结,以《新左派评论》为主要阵地,展开对当代资本主义社会的猛烈攻势。《新左派评论》曾是新左派运动重要的理论刊物,也一直是引领西方激进思想文化运动的一面旗帜。即使在新左派运动趋于式微的情况下,它也仍然能够苛评时政、批判现实,坚持为社会主义运动指引航向。《新左派评论》之所以能够成为引航西方社会主义运动的一座不灭的灯塔,主要缘于英国一大批马克思主义者的精心守护。其中结构主义学派的领军人物安德森长期担任该杂志的主编,为此做出的贡献最大。他认为:"理解过去的核心目的之一就是提供对于历史过程的一种因果解释,它能够为当前充分的政治实践提供基础,以便把现存的社会秩序变革为一种期望的、民众的未来,这就是《共产党宣言》的抱负。"①在苏东剧变后,社会主义运动受到前所未有的挫折时,正如张亮所说,虽然安德森及他的同事已经"从以往激进乐观主义的实践立场转向现在的现实主义的理论立场",但是"他们依旧在坚持批判资本主义,坚信社会主义一定能在生产力的自我发展过程中取得最终的胜利"。"安德森和《新左派评论》并没有忘却发动群众、用理论武装群众这个历史使命。"②

---

① Perry Anderson, *Arguments Within English Marxism*, London: Verso Books, 1980, p. 85.

② 张亮:《从激进乐观主义到现实主义——佩里·安德森与〈新左派评论〉杂志的理论退却》,载《马克思主义研究》,2003(2)。

分析学派对马克思实践哲学也极为重视。其代表人物科琴就曾说："马克思的实践哲学为我们提供了指导性的解释线索和指导性批判，而且我认为马克思的实践哲学说明了他思想中非常深厚的力量。"①他认为，当前马克思主义的理论研究正面临着巨大危机，这种危机体现在马克思主义哲学越来越游离于实践精神，成为一种纯粹的经院哲学。"马克思主义者对实践哲学的偏离，是马克思主义自身学院化的首要结果和征兆。"②因此，必须确立实践哲学的历史主义思维，从时代精神的发展中去理解马克思主义哲学的本质，并以此为根据去阐释它的现实意义。

20世纪是人类有史以来社会震荡最为激烈，也是最富深刻变化的世纪。世纪初，自由竞争的资本主义已经发展为垄断资本主义，即列宁所称的帝国主义阶段。资本主义国家之间激烈的矛盾最终导致两次世界大战的爆发。与此同时，在马克思主义影响下，以苏联为中心的社会主义体系在相对落后的东方社会迅速地建立起来。现实政治的发展不但与马克思、恩格斯当初的设想不相吻合，也大大出乎历史学派大多数历史学家的意料。资本主义世界在经历了严重的经济危机和两次世界大战的灾难之后，不但没有衰亡的迹象，反而变得更加稳固、更具活力，开始进入新一轮经济飞速增长和社会繁荣期。

不可否认，历史学派自20世纪90年代日渐式微。除了新旧两代理论家之间出现的断档和青黄不接，还有一个重要原因是历史学派理论上存在着先天弱点。历史学派一直强调主体能动力量在历史发展中的作

---

① Gavin Kitching, *Karl Marx and the Philosophy of Praxis*, London: Routledge, 1988, p.8.

② Ibid., p.35.

用。在20世纪六七十年代，世界范围内的学生和工人运动浪潮一浪高过一浪，西方普遍刮起了马克思主义热。许多青年在历史学派这里找到了能够激发他们革命热情的理论支撑。进入80年代后，国际政治环境发生了逆转：新自由主义席卷全球，右翼政府在多数西方资本主义国家中取得了政权，加上苏东剧变，资本主义已经变得空前稳固和强大。70年代全球经济危机时资本主义显现出的摇摇欲坠之势踪迹全无，革命运动也因此遭受了无比巨大的心理挫折。在这种情况下，一味强调主体能动性的理论必然会遭受冷漠。由此看来，历史学派的衰落就绝非偶然了。

与历史学派不同，结构主义学派虽然也受到了这一国际大环境的影响，但并没有因此衰弱。安德森在2000年时重新回到了阔别十八年的《新左派评论》杂志的主编岗位，与他的战友重新站到了一起。面对不乐观的现实，安德森等人并没有走向消极和悲观。在现实面前，安德森强调："这里不存在无原则的调整，先前的各种理想并未被抛弃，也许重新得到了更坚定的确认。"[1]凭着对马克思主义的信仰，他认为眼前的困难只是暂时的，毕竟后面的日子还长着呢，历史发展的大河并不会因为几朵逆流的浪花而倒流。安德森这样告诫对社会主义丧失信心的人："一个十年并不造就一个时代。新自由主义90年代强大的冲击也并非永恒实力的保障。以一种更长远的历史观点能够对这一时代进行更有希望的解读。"[2]在安德森看来，现实世界的变幻并不能影响历史发展的大趋

---

[1] Perry Anderson, "Renewals", in *New Left Review*, Vol. 1, 2000, p. 1.
[2] Ibid..

势，并且它也并没有超越马克思主义对人类社会发展总规律的概括。马克思主义之所以能够成为指导我们认识和改造世界的行动指南，就是因为它能够在现实变化中把握时代的脉搏，不断实现自身的发展。它的目光永远指向不合理的现实，而目标的实现只能在对现实也包括对自身的批判中完成。

(二)社会主义人道主义的政治伦理

人道主义有马克思主义的人道主义和资产阶级的人道主义之分。前者属于社会主义的或唯物主义的人道主义，后者属于抽象的或唯心主义的人道主义。在伦理道德方面，资产阶级的人道主义要求尊重人的权利、捍卫人的尊严，在很大程度上促进了社会文明的进步和发展；但在历史观上，资产阶级的人道主义却是唯心主义的。它对历史的理解建立在抽象的人和人性的基础上，把历史发展的动力归结为人类的理性、良知等主观或客观精神性的存在。而能够代表人类理性、良知的只是社会精英或英雄人物。社会历史的发展是由这些极少数人来推动的，每个人的权利和自由也是建立在这些极少数人的善良与正义的道德情操之上，没有他们的恩赐也就不会有人类的和平与幸福。可以看到，资产阶级的人道主义只是一种抽象的和虚幻的人道主义，并没有所谓的每个人的自由和平等，而只是存在于资产阶级内部的人的权利和尊严。马克思主义的人道主义是真正的人道主义，它是建立在马克思主义世界观和历史观基础上的，其目标是在实现社会主义和共产主义的过程中实现全人类的自由和全面发展。为了实现这一目标，就要推翻资本主义和一切人剥削人的制度，解放无产阶级，解放广大贫苦劳动者，实现他们的权利和自由，让他们获得人的尊严。

在英国新马克思主义者看来，要实现社会主义人道主义，就先要改写传统历史，建立新的社会史观。英国新马克思主义者以马克思主义历史观为引领，沿着莫里斯·多布等人开创的历史研究路径，对英国历史进行了重新书写。

历史在过去已经习惯于为社会精英和成功者树碑立传，那些默默无闻的普通人只被当作历史舞台下的看客，而另一些失败者以及他们所探索过的"走不通的路""迷失的事业"则更容易被遗忘。在英国，以马考莱为代表的辉格派历史学家只关注那些领导国家维护宪政、反抗暴君统治的伟大政治家。在他们的历史当中没有人民群众的历史地位，即使有，也只是政治派别操纵和利用的工具；同样，以韦伯夫妇、G. D. H. 柯尔为代表的费边社历史学家也"把工人群众看成是自由放任政策的被动牺牲品，只有少数一些卓有远见的组织工作者不在其例（其中最突出的是弗朗西斯·普雷斯）"[1]；经济史学家则"把工人看成劳动力，看成移民，看成一系列统计数字的原始资料"[2]。以哈蒙德夫妇为代表的自由派历史学家虽然开始关注下层人民的历史，并对劳动人民的苦难生活充满了同情，但在政治上却受辉格派的影响，认为人民当中的暴力反抗并不是他们的本意，而是政府雇佣的奸细挑唆的。

英国新马克思主义历史学家面临的首要任务就是还原历史的本来面目，使人民从尘封的历史中走出来。此外，也是至关重要的，历史学派

---

[1] ［英］E. P. 汤普森：《英国工人阶级的形成》（上），钱乘旦等译，"前言"4—5页，南京，译林出版社，2001。

[2] 同上书，"前言"5页。

要从历史中为现实政治斗争寻找动力和根据，找到使英国等西方发达资本主义国家变革为社会主义所依靠的力量。最终，作为历史学家的责任感和共产主义的政治信仰使马克思主义与历史学在英国新马克思主义历史学家身上实现了融合与统一，用马克思主义解读历史已成为必然。正如霍布斯鲍姆所指出的那样："使马克思主义渗透进历史科学的主要动力是政治上的动力。几乎所有成为马克思主义者的知识分子，以及所有成为马克思主义历史学家的历史学家，这样做的时候最初都是由于政治信念吸引他们去从事跟马克思结合在一起的事业。马克思主义及其在知识上的影响的历史的出发点是群众性社会主义运动和知识分子政治化的历史。"[1]在历史学派的研究过程中，真实的历史面貌得以还原，下层民众作为历史创造者和社会发展基本力量的身份得以证明，同时，寻找变革资本主义制度之力量的政治诉求得以求解。从整体上看，历史学派运用马克思主义进行历史研究彰显为一种"从下看"的研究理念和批判视角。

汤普森的社会主义人道主义思想是从对斯大林主义的批判开始的。汤普森认为，斯大林主义是在对"经济基础-上层建筑"模型错误理解的基础上发展起来的。而苏联社会主义则是在斯大林主义指导下进行了错误的社会主义实践。在实践过程中，由于只看到了经济的决定因素，其他因素，包括人，尤其是个人的权利、自由和尊严完全被漠视。在这种思想指导下，人只是抽象的数据，是达成以经济为主导的社会发展目标的工具和手段。而马克思所主张的人道主义从根本上扬弃了以往资产阶

---

[1] ［英］霍布斯鲍姆：《马克思和历史》，载《第欧根尼》，1985(1)。

级口中的人道主义，不再把人看作想象之中的，离群索居的抽象的人，而是具体的，现实的，从事生产活动的人，自由、平等不再停留于空洞的口号，而是具有现实根据的，通过异化的扬弃实现人的本质的复归。汤普森所主张的社会主义的人道主义就是要还原马克思的思想本质，即一切理论都应该把现实生活中的人作为出发点，同时也把实现人的自由、平等和全面发展作为最终目的。

在《英国工人阶级的形成》的"前言"中，汤普森道出了写作此书的初衷：一是证明工人群众的主观能动性，二是肯定他们在创造历史的过程中自觉做出的贡献。在这本著作中，通过对工业革命时期英国下层人民经历的细致描绘，汤普森表达了这样一种观念：正是那些被掩埋在厚厚的历史尘埃中长期被遗忘的劳动者用苦难换来了我们今天的美好生活，他们承继了"生而自由的英国人"自由、乐观和激进的品性，我们正在享受的许多权利都是经过他们与统治者的斗争取得的，诸如陪审、养老金、免费卫生保健、劳动权以及参政权等都是民众斗争的结果。通过搜集整理大量的史料，汤普森发现了这种被长期冷落的下层力量。"我想把那些穷苦的织袜工、卢德派的剪绒工、'落伍的'手织工、'乌托邦式'的手艺人，乃至受骗上当而跟着乔安娜·索斯科特跑的人都从后世的不屑一顾中解救出来。"①通过"从下看"，汤普森把被忽略的下层民众放到了历史的中心位置，使他们获得了作为历史创造者应有的尊严。

当时，一些正统观点在学术界占主导地位。在费边社的理论家和一

---

① ［英］E. P. 汤普森：《英国工人阶级的形成》（上），钱乘旦等译，"前言"5页，南京，译林出版社，2001。

些经济史学家看来,工人群众只是历史舞台下的看客,只会无声无息被动地接受历史命运的安排。汤普森所要证明的是,工人群众不但是历史剧目的表演者,同时也是历史剧本的一个创作者。在他们的血脉中,流淌着生而自由的道德理想的血液,同时,他们也继承了先辈传承下来的激进的文化传统。他们具有反抗资本主义剥削的直接利益和要求,也能够凝聚成为与强大的统治集团相抗衡的阶级力量。所以,社会主义的政治实践不是由所谓的代理人来完成的,而是由工人阶级通过自我救赎来完成的。这也是马克思所指明的通向社会主义的唯一路径,即无产阶级通过自我解放,最终实现包括资产阶级在内的全人类的解放。

马克思主义唯物史观既强调历史发展的客观规律性,又强调人在历史发展过程中的主观能动性。"社会历史毕竟不同于自然史,其演变和发展过程根本无法离开人的主体能动活动。"[1]"社会历史活动的辩证本质,只有通过历史客观性与主体能动性的内在统一和历史主客体的相互作用,才能予以科学的说明和完整的揭示。"[2]在《理论的贫困及其他文章》中,汤普森对以阿尔都塞为代表的西方马克思主义进行了批判。在阿尔都塞看来,历史没有主体,它的运行由社会结构掌控。处于结构中的人和阶级都在机械地完成被事先规定好的任务。所以,历史就像一架上好了发条的钟表,处于自主运行状态。而那个操控钟表者不是工人阶级,而是统治者。知识分子的任务是带领工人阶级从统治者手中夺回操控权。在结构理论的表达中,阿尔都塞只说明了历史发展的客观性,却

---

[1] 薛勇民:《走向社会历史的深处——唯物史观的当代探析》,43页,北京,人民出版社,2002。

[2] 同上书,39页。

把人的主观能动性抹杀掉了。

汤普森指出,西方马克思主义一个重要的理论特征是取消了工人阶级作为历史创造者的身份,而代之以知识分子。"他们极度反民主的大前提是最显眼的。不论法兰克福学派还是阿尔都塞,他们都十分强调统治阶级文化霸权(它挤占了人民大众进取心和创造力得以发挥的所有空间)。对于这种霸权,只有少数开明人士或知识分子才有能力去抗争。对于社会主义理论来说,这个起点是一个悲观的前提(除他们之外,所有的男人和女人都是愚蠢的),从这个起点出发必定会得出悲观的或霸权主义的结论。"[1]"一个囊括一切的统治强加在被统治者身上(或加于除知识分子之外的所有人之上),直至人们经历的极限,并在人们出生后就植入服从的观念,让他们认为自己没有任何摆脱的权利,他们的经历也使自己没有任何力量去改变这种状况。"[2]在这种文化霸权理论中,工人阶级的文化和意识形态已经被彻底压服,或者完全剥夺。只有精神上自由的知识分子能够保持独立,而且自然而然地成为了工人阶级的救赎者。

虽然"统治阶级的思想在每一时代都是占统治地位的思想"[3],但只要还有与统治阶级对立的阶级存在,就一定会有与它对立的思想存在。"一定时代的革命思想的存在是以革命阶级的存在为前提的。"[4]不能因

---

[1] E. P. Thompson, *The Poverty of Theory and Other Essays*, London: Merlin Press, 1978, pp. 377-378.

[2] E. P. Thompson, "Eighteen-century English Society: Class Struggle Without Class?", in *Social History*, Vol. 3, 1978, p. 164.

[3] 《马克思恩格斯全集》第 3 卷,52 页,北京,人民出版社,1960。

[4] 同上书,53 页。

为统治阶级的意识形态存在并且占有统治地位就可以把其他意识形态忽略不计。这违背了马克思社会发展的基本理论，更不符合历史事实。马克思认为，在阶级社会里，阶级斗争是社会发展的直接动力，特别是资产阶级和无产阶级之间的阶级斗争是现代社会变革的巨大杠杆。马克思更是直接批判了工人阶级不能自己解放自己，需要别人代劳的错误观点："工人阶级的解放应当是工人阶级自己的事情。所以，我们不能和那些公开说什么工人太缺少教育，不能自己解放自己，因而应当由博爱的大小资产者从上面来解放的人们一道走。"①如果一个社会里还有阶级存在，就会有相对立的意识形态的斗争，否则社会就会因为失去动力而停滞不前。汤普森所做的工作就是在统治阶级意识形态占主导地位的历史条件下发掘被统治阶级进行反抗活动的足迹，并把这一与统治阶级意识形态相抗争的文化与意识形态挖掘出来。这也是一项还原历史真实的工作。所以，艾伦·伍德总结道："承认工人阶级的自觉活动不仅是汤普森历史理论的核心，也是其政治理论的核心。"②

通过自我解放，实现全人类的解放是无产阶级所肩负的历史责任。这一责任的承当不是对未来的期许，也不是当下社会发展的要求，而是从工人阶级诞生之日起就已经在实践着的活动。马克思指出："共产主义对我们说来不是应当确立的状况，不是现实应当与之适应的理想。我们所称为共产主义的是那种消灭现存状况的现实的运动。"③"历史的全

---

① 《马克思恩格斯全集》第 34 卷，384 页，北京，人民出版社，1972。
② [加]艾伦·梅克森斯·伍德：《民主反对资本主义——重建历史唯物主义》，吕薇洲、刘海霞、邢文增译，93 页，重庆，重庆出版社，2007。
③ 《马克思恩格斯全集》第 3 卷，40 页，北京，人民出版社，1960。

部运动，既是这种共产主义的现实的产生活动即它的经验存在的诞生活动，同时，对它的能思维的意识说来，又是它的被理解到和被认识到的生成运动。"①这一过程既是自我异化的过程，同时也是扬弃异化，实现向人的本质复归的过程。因为这一过程能够被我们理解和认识到，所以无产阶级所从事的活动便是有目的、有意识的、能动的主体改造活动。在这一过程中，无产阶级在改造环境的同时，也被环境所改造。

按照汤普森的观点，工人阶级形成的过程中这一活动就已经展开，在工人阶级形成之前，就存在着"没有阶级的阶级斗争"。他们的每一次斗争都是社会主义的政治实践，都是向着社会主义的政治目标的一次迈进。在这一时期，与统治阶级霸权文化的强势对照，尽管劳工文化和意识还处于相对弱势地位。它零散地分布于普通民众社会生活里（汤普森在《英国工人阶级的形成》一书中，专门用一章内容来描述工业革命时期劳工们的生产生活经历，涉及了社会生活的许多方面，其中包括：工资、物价、生活水平、劳动条件和劳动纪律、宗教与道德、休闲与娱乐、妇女与儿童、工会与互助会组织等）。这些文化与意识有时只是片段，有时一闪而过，有时淹没于杂乱的生活里，经常只是依稀可辨。它离形成完备的阶级意识还有一段距离，但这却是它成长的必经阶段。这些散乱的意识和文化从来都被忽视或省略掉了，不仅在资产阶级的教科书中始终缺席，在马克思主义的历史著作中也难觅踪迹。但汤普森却要把它们发掘出来，因为它是工人阶级的出生证明，关系到社会主义运动主体的身份确认（即工人阶级是否是历史的创造者的身份确认）以及方式

---

① 《马克思恩格斯全集》第42卷，120页，北京，人民出版社，1979。

方法的选择(即工人阶级的自我解放或由他者解救的选择),关系到社会发展的前途和未来,所以不得不重视。在大众的意识和文化中,汤普森找到了解开历史主体之谜的一把钥匙。

在历史研究中,汤普森观察的对象是有血有肉的从事实践活动的人,采用的是马克思和恩格斯在《德意志意识形态》中所分析的观察方法:"这种观察方法并不是没有前提的。它从现实的前提出发,而且一刻也不离开这种前提。它的前提是人,但不是某种处在幻想的与世隔绝、离群索居状态的人,而是处在一定条件下进行的、现实的、可以通过经验观察到的发展过程中的人。只要描绘出这个能动的生活过程,历史就不再像那些本身还是抽象的经验论者所认为的那样,是一些僵死事实的搜集,也不再像唯心主义者所认为的那样,是想像的主体的想像的活动。"① 汤普森并没有简单地搜集材料和列举事例,他从中不仅描绘出了工人阶级能动的生活过程,而且捕捉到了这一生活过程在意识形态上的反射及其发展过程。他也试图在这些众多的表现为偶然性历史事件的背后寻找支配它的历史发展的客观规律。

英国当时还流行着一种正统观点,即所谓"天路历程"所主张的观点。这一观点持有者所做的工作就是:"在这一整段历史时期中上下搜索,要找出各种各样的先行者——诸如福利国家的先驱、社会共和国的前辈,以及(最近流行的)理性工业关系的早期实例等等。"② 汤普森认为这是在用后人的眼光看待历史,历史的本来面目被有意无意地遮盖。在

---

① 《马克思恩格斯全集》第3卷,30页,北京,人民出版社,1960。
② [英]E. P. 汤普森:《英国工人阶级的形成》(上),钱乘旦等译,"前言"5页,南京,译林出版社,2001。

他们所写的历史中只留下了成功者的身影，而那些所谓的失败者以及这些失败者曾经探索过的道路就像一抹微尘，只需轻轻一吹，便会消失在历史的烟云之中而踪迹全无。在汤普森看来，在历史前进的道路上，成功者和失败者都是探路者，成功者很容易成为被后人铭记的里程碑，然而失败者也能够化为一个个小小的路标为后来者指示方向。当看到路标上写着"此路不通"，后来者就可以依此另寻他途，少走弯路。所以，在社会主义运动征途中，不以成败论英雄，不以得失分高下。在此时此处失败了的事业，在它时它处或许就会取得胜利。

作为一个有责任感的马克思主义历史学家，汤普森承担了拯救者的角色。他要拯救那些所谓的失败者、"被诅咒的人""历史的牺牲品"。他写道："我想把那些穷苦的织袜工、卢德派的剪绒工、'落伍的'手织工、'乌托邦式'的手艺人，乃至受骗上当而跟着乔安娜·索斯科特跑的人都从后世的不屑一顾中解救出来。"[①]汤普森觉得仅仅站在这些穷苦人的立场上是不够的，还应当站在他们当时所处的历史环境中，身临其境、设身处地去思考他们的所想所做，这样才有可能更多地了解他们，还原历史的真相。"他们的手艺与传统也许已经消失，他们对新出现的工业社会持敌对态度。这看起来很落后，他们的集体主义理想也许只是空想，他们的造反密谋也许是有勇无谋；然而，是他们生活在那社会剧烈动荡的时代，而不是我们；他们的愿望符合他们自身的经历。"[②]汤普森认为，评价历史和历史人物时，用现代人的价值观念来考量古人，把现代

---

① ［英］E. P. 汤普森：《英国工人阶级的形成》（上），钱乘旦等译，"前言"5页，南京，译林出版社，2001。

② 同上书，"前言"5页。

社会作为标杆来判别历史,并不能成为历史评判的唯一标准。因为我们没有站在社会进步的最终点上,我们的社会还存在着这样那样的弊病。所以,我们的观念并非绝对真理,我们的标准也绝非永恒标准。我们这个时代所取得的成绩和进步,不能说和过去那些时期人们的努力毫不相干。汤普森以民主生活方式举例说明。我们现在所常常夸耀的民主生活方式,在那个被我们认为黑暗的时期就已经存在。那一时期的"人民运动特别注重平等与民主的原则",但这些"却又常常被人们忘记或忽视"。① 所以,我们的社会财富、政治体制、法律制度、文化与价值观念等都不是凭空产生的,它们与历史都有千丝万缕的联系,许多东西都是我们从先辈手中承接而来。所以,我们不应该忘记历史,也不应该忘记历史角落里那些失败者,他们也是社会进步的贡献者。

在汤普森的政治理想当中,在未来社会,人与人应该是一种平等与合作的关系。"社会主义的目标不是创造在一个剥削社会中机会的平等,而是一个平等的社会、一个合作的团体。这一目标的前提条件是为消费而生产取代为利益而生产。社会主义社会或落后或发达,或贫穷或富裕。社会主义社会与资本主义社会的区别不在生产力的发展水平上,而在对产品的特定关系上,在于社会追求的目标和整体运转方式上。"② 在汤普森看来,以利益为目的,为生产而生产的资本主义终将成为过去式,取而代之的必将是以人为目的,一切活动都围绕人的美好生活而展

---

① [英]E. P. 汤普森:《英国工人阶级的形成》(上),钱乘旦等译,"前言"5—6 页,南京,译林出版社,2001。

② E. P. Thompson, "At the Point of Decay", in E. P. Thompson, Ralph Samuel, et al., eds., *Out of Apathy*, London: Stevens & Sons Ltd, 1960, pp. 3-4.

开的社会主义。社会主义将使人与人之间的关系得到彻底改变，它将以维护人的自由、尊严和权利，重视人的价值和自由全面发展来代替尊重财产与金钱。

近代人道主义思潮堪称人类思想史上的一次革命，具有历史的必然性和进步性。它高扬人的自由本性，批判封建教会的禁欲主义，肯定人拥有享受一切快乐的权利，崇尚人对自然的征服，追求个性解放和自由创造。但它对人的考察却是先验的和抽象的，把人看作"处在某种幻想的与世隔绝、离群索居状态的人"。通过对费尔巴哈人本主义哲学的批判，马克思把认为人是"处在一定条件下进行的现实的、可以通过经验观察到的发展过程中的人"，抽象的人变成了在具体的社会生产关系中从事实践活动的人，从而完成了对人道主义形而上学的扬弃。

对人的命运，尤其对下层民众命运的格外关注，对人的自由，尤其对"生而自由的英国人"的自由、民主与激进传统的热情讴歌，以及对充满平等与合作，以人为目的的未来社会的热烈追求，这些都使汤普森的思想打上了人道主义印记。他延续了马克思的人道主义思想，重视人的地位和价值，把每个人的自由全面发展作为人类解放的目标。同时，他也继承了马克思对形而上学人道主义的批判，着重突出实现人类解放这一政治理想所需要的前提条件：把抽象的人变为具体的人，并以此与形而上学人道主义划清了界线。在汤普森以及他所代表英国新马克思主义历史学家的著作当中，始终把人当作在历史中行动的人去研究，人的经验活动永远被置于具体的历史条件之中，反对以当代人的标准评判历史。这一点在《英国工人阶级的形成》中得到了明确的表达。

在历史主体问题上，汤普森与法国结构主义哲学家阿尔都塞的观点形成鲜明对立。阿尔都塞提出,"历史是一个没有主体的过程",强调社会发展是一个由不以人的意志为转移的客观规律支配的自然历史过程。在《理论的贫困及其他文章》中,汤普森把阿尔都塞的这一观点界定为宿命论,并进行了全面批判。汤普森认为,历史不是一个没有主体的过程,而是人的生产实践过程,"人是历史主体,社会历史是由人,特别是由下层民众创造的,这才是社会历史的本真"①。汤普森主张一种"社会主义的人道主义",这种人道主义代表着"向人的回归,从抽象概念和经院教条回到真正的人,从欺骗和虚构回到真正的历史"②。在这一人道主义中,人的价值得到体现,地位得以提高。马克思、恩格斯指出:"共产主义对我们来说不是应当确立的状况,不是现实应当与之相适应的理想。我们所称为共产主义的是那种消灭现存状况的现实的运动。"③同样,社会主义的人道主义也不会把希望寄托于未来,它正在通过这种消灭现存状况的现实运动得以实现,在人的异化过程中完成人的本质的回归,从抽象的人回到真正的人,从虚构的历史回到真正的历史。

(三)渐进改良的革命策略

资本主义向社会主义过渡的方式,向来有两种不同的观点。一种是彻底打破资本主义的外壳,砸碎资本主义旧世界,在资本主义的废墟之

---

① 乔瑞金:《我们为什么需要研究英国的新马克思主义?》,载《马克思主义与现实》,2011(6)。

② E. P. Thompson, "Socialist Humanism", in *The New Reasoner*, No. 1, 1957, p. 109.

③ 《马克思恩格斯选集》第1卷,87页,北京,人民出版社,1995。

上重新建立一个新世界，就像凤凰在火中涅槃重生一样。这种方式被称为社会发展的突变论。还有一种观点则认为，资本主义向社会主义的过渡可以像封建主义向资本主义的过渡方式一样，先在前者的体内慢慢孕育，借助资本主义的外壳可以使自身一天天变得成熟，等强大到一定程度就能够破壳而出，这个时候丢掉资本主义旧的壳体，一个新的制度，社会主义制度就这样诞生了。这种方式被称为社会发展的渐变论。

1899年，法国社会党党员米勒兰参加了资产阶级内阁，引发激烈争论。1900年，第二国际在巴黎召开第三次代表大会，专门讨论米勒兰事件。在讨论中，由于观点不同形成了三派：以盖得为代表的左派批判米勒兰的背叛；以饶勒斯、伯恩斯坦为代表的右派则指出，米勒兰加入资产阶级内阁正是社会主义政党发展壮大的标志，是社会主义因素增长的表现，米勒兰的加入有利于实现社会主义；以考茨基为代表的中派则认为，米勒兰加入资产阶级内阁仅仅是一个策略问题，不是一个原则问题，国际代表大会对此不应干涉。最后，代表大会通过了考茨基的提议。

无独有偶，当时英国的费边社历史学家也提出了非暴力和改良的社会主义理论，坚持用缓慢渐进的策略达到改造社会的目的。费边社成立于1884年，萧伯纳和韦伯夫妇等人是其前期的主要领导人。他们主张用历史印证"社会主义"理论，把主要精力放在工会运动上。在他们看来，工会是"工业民主"的寄居处，工人用工会的手段，可以逐渐改造资本主义社会，使社会主义稳步"渗入"资本主义。向来就有"工业民主"传统的英国工人，有能力选出自己的代表，把他们送进议会，让他们代表工人管理国家。费边社虽然人数不多，但影响颇大，而同一时期马克思主义在英国却遭受到极大冷落,这在很大程度上应该归因于费边社改良渐进的社会主义策略对英国民族传统习惯的迎合。1900年2月,费边社联合独立工党、总工会以及社会民主联盟成立劳工代表委员会。1906年改称工党。1918年6月,工党通过了由韦伯等人起草的纲领性声明《工党与新社会秩序》,首次提出要埋葬私有制。1924年1月,工党首次组阁,并从此开始与保守党轮流执掌英国政权。工党的传统理论基础是费边社会主义。它主张生产资料的公有制,实行计划管理,以达到公平分配。

1956年,由于不满英国共产党的一系列政策和做法,汤普森和一大批马克思主义者宣布退党。1962年,汤普森、多萝西夫妇加入工党。这一举动代表他们对改良渐进的社会主义策略的赞成和拥护,但不能代表他们对马克思主义信仰的背叛。在汤普森看来,以暴力革命方式推翻资本主义的条件还不具备。这种情况下,不妨采取渐进方式,参与到资本主义政治体制中,对其进行实际的改进,即使不能够逆转形势,却总是在朝着理想社会的方向不断前行。资本主义的堡垒虽然坚固,深入内部慢慢将其销蚀或许更为便捷和明智。在政治立场上,工党虽然右倾,却能部分地代表工人阶级的利益。可以充分利用它作为一个执政党的理想政治平台推动社会朝着有利工人阶级利益的方向发展。汤普森坚持认为:"工人阶级对任何一个资产阶级民主国家机关要发挥影响,它同时必须作为一个合作者(甚至是一个敌对的合作者)参与驱动这部机器。"[①]

[①] E. P. Thompson, *The Poverty of Theory and Other Essays*, London: Merlin Press, 1978, p. 281.

如此一来，"工人就不再为寻找一种替代性的统治现存社会的方案而劳心费神了"①。但同时要做另一手准备，如果这一方案失败，"就必须创建新的组织"②。萨维尔认为，战后资本主义国家所实行的高福利政策对现存的生产关系很少触及，在本质是资产阶级的，并且严重消磨了工人阶级的革命斗志。汤普森与妻子多萝西对此表示怀疑和反对，他们把福利的扩展看作资本主义社会向社会主义社会过渡的第一个阶段。③

詹姆斯·斯科特曾提出一个问题：为何那些由国家所推行的善意的、现代主义的乌托邦计划大多都以失败而告终？他通过对落后而又是中央集权政府国家的实地调查发现，他们制定的现代化规划往往把本国或本地区的传统文化、地方性历史、乡规民约通通当作落后的东西加以抛弃，其结果是破坏了地方本有的社会生态。而现代化开始最早的英国，由于国家政体的民主性质，政府权力受到很大的制约，很难以行政方式推行那些无视地方特殊性的计划。现代化更多是国家历史内在的发展过程，不能够以外力强加。

英国人向来重视习惯，至今没有一部一目了然的宪法，法庭往往依照习惯和先例来宣判。马寅初曾经对英国人的这一秉性做过分析："英国人能顾全居民之习惯，因势而利导之，其步骤虽缓，其成绩甚大。"④哈罗德·威尔逊对英国的这一特点进行了总结："英国的社会主义本质

---

① E. P. Thompson, "Revolution Again", in *New Left Review*, Vol. 6, 1960, p. 19.
② Ibid., p. 29.
③ [英]迈克尔·肯尼：《第一代英国新左派》，李永新、陈剑译，168—169页，南京，江苏人民出版社，2010。
④ 马寅初：《马寅初演讲集》（第二集），79页，上海，商务印书馆，1925。

上是民主和渐进的。在它整个历史中，它一向拒绝在革命方面使用武力或采取工业行动来达到政治目的。受法国和俄国革命所鼓励的暴力崇拜对于英国工人运动没有吸引力，因为它所关心的不是破坏而是建设，不是降低水平而是提高水平。"[1]汤普森在《共有的习惯》一书中揭示了英国所具有的一个重要的民族特征，那就是对传统文化、风俗习惯特别重视。英国人时常给人以保守、自闭等刻板印象，但这一民族体内同样具有激进、自由的血脉。在《英国工人阶级的形成》中，汤普森同样强调了这一点，英国工人阶级从先辈那里继承了激进和自由传统。

正是由于对传统文化的强调，汤普森反对完全弃绝传统文化的暴力革命方式。汤普森主张尊重传统文化，在此前提下采取渐进改良方式达到社会主义之目的，况且改良主义也是根植于英国民族文化中的传统。所以英国的文化传统决定了它的革命方式，通常会以议会的、和平的和改良的方式解决社会问题，这也是一种自由主义传统。英国人天生对疾风骤雨式的暴力革命是排斥的，马克思所主张的暴力革命策略延缓了其思想在英国的传播。英国下层民众在以自己的方式对抗上层阶级以维护自身的权益，我们现代社会中的许多权利都是经过他们的努力争取而来的。因此，汤普森认为，革命不一定非得用疾风骤雨式的暴力来完成，它也可以采取渐进革命方式。这一方式在英国社会历史发展中处处可见，即民众与统治者之间的你来我往的斗争，形式不是很激烈，但同样取得了维护民众利益的积极效果。通过这种方式，积小成为大成，通过

---

[1] [英]哈德罗·威尔逊：《英国社会主义的有关问题》，李崇淮译，5页，北京，商务印书馆，1966。

斗争成果的不断累加，人民群众同样可以达到预期目的。汤普森在主张渐进革命的同时，并没有否认暴力革命的作用。在他看来，这两种方式不是相互对立和排斥的，而是应该根据历史发展的具体环境和态势进行使用。

汤普森认为像英国这样的发达资本主义国家，资本主义的各种保护机制已经相对完善，要想一下子完全摧毁它几乎不可能。英国目前所面对的情况与苏联社会主义建立前夕俄国的情况大不相同，向社会主义迈进的方式只能采取第二种，即社会变革中的渐变方式。汤普森在《摆脱冷漠》这本著作中对这一方式进行过详细的论证。汤普森认为革命的方式可以通过政治或非政治途径完成。在他看来，"在社会中存在两个体系的对抗，两种生活方式的对抗"[①]。当发达资本主义的价值观和结构体系达到能够容忍的极限时，就会取得突破。这个突破点不能被预知，只能求诸实践。它可以是非暴力的，其发展基础来自多方面的改革压力以及民众价值观上的主动变革。[②] 积小成为大成，通过渐进式革命同样可以达到理想社会的目标。在汤普森的观念中，资本主义内部不是稳定的平衡状况，它可以倒退为统治阶级意识形态主导下的霸权主义，对民众的权利和自由形成压制；同样，民众的抗争也能够对统治阶级形成压力，使社会稳步向前推进。

在向社会主义过渡的战略问题上，汤普森提出了三种模式：(1)通过暴力革命推翻资本主义的国家机器；(2)通过合法政党，在有明确社

---

① E. P. Thompson, "Revolution", in *New Left Review*, Vol. 3, 1960, p. 7.
② Ibid., p. 7.

会主义战略构想情况下，不断累积改革成果终究达到一个临界点，从而经过从量变到质变最终实现向社会主义的和平过渡；(3)通过阶级结构的优化调整，突破旧有的制度和价值体系，使之为全新的体系所代替。汤普森认为，在像英国这样的资本主义框架下，通过第一种模式来实现社会主义过渡的可能性几乎不存在。第二种模式目前在英国左派当中被广泛讨论，第三种模式或者第二、三种的混合模式应该是重点考虑的对象。汤普森认为英国有可能和平过渡到社会主义。因为在他看来，社会主义无论多么不完美都是在资本主义的胎胞里成长起来的，就像资本主义也曾经在封建主义的胎胞中成长起来一样。汤普森指出："社会主义，甚至在革命过渡的时候，(也许这点最重要)必须从现有的力量中生长出来。没有人能够从上面强加一个社会主义的人类。"[①]汤普森所得出的这一结论是建立在一系列分析的基础之上，包括社会分析、经济分析和文化分析，而不仅仅是一种简单的对国家权力的政治分析。这一结论也是从具体的历史与现实的境况出发，对特定国家未来社会走向的判断，具有很强的指向性和针对性，体现出汤普森思想理论的民族特性和经验气质。

由于汤普森的"另类"观点与传统马克思主义观点不相吻合，汤普森以"持不同政见的共产党人""自由主义的共产党人"自称[②]。当面对"修正主义""机会主义""乌托邦社会主义"等指责时，汤普森搬出了19世纪

[①] E. P. Thompson, "Out of Whale", in E. P. Thompson, Ralph Samuel, et al., eds., *Out of Apathy*, London: Stevens & Sons Ltd, 1960, p.194.

[②] 参见[美]迈克·贝斯：《爱德华·汤普森：作为行动主义者的历史学家》，张亮译，见张亮编：《英国新左派思想家》，77页，南京，江苏人民出版社，2010。

早期宪章运动等历史证据来辩护。在《再次革命》一文中，汤普森写道："问题不是为了创造一个有可能形成自我主动性的社会而'夺取权力'，而是现在就在这个被操控的社会中创造这种主动性。"①汤普森认为，英国社会主义运动的力量不是在瞬间出现的，而是从长期激进的民众革命传统中继承而来的，这种力量一直在把社会向自由、公平和正义的方向推进。

值得肯定的是，参与到政府体制内进行有限改良的革命策略确实取得了一些成效。这种以小博大、积少成多的渐进改良确实改善了英国下层民众的生活。1948年，通过工党上下积极努力工作，英国宣布为福利国家。汤普森、多萝西夫妇并不认同萨维尔所说的这种高福利政策是资产阶级抛出的糖衣炮弹，对无产阶级有害无益。他们认为，福利政策的实施本身就是社会主义者所取得的一项成就。② 这一政策体现了社会的进步，是社会主义运动的阶段性成果，为共产主义社会的最终实现奠定了必要的基础，提供了有利的条件。马克思坚持认为，共产主义不是理想的社会目标，而是现实的社会运动。在这一点上，汤普森与马克思的观点基本相洽。

但是，这种方式的政治实践并不是每每都能奏效。"1959年以后，很多原来怀疑工党的人都开始致力于将工党改造为一个左派政党的斗争；1960年以后，新左派开始向工党的陈词滥调发动新的猛烈进攻，

---

① E. P. Thompson, "Revolution Again", in *New Left Review*, Vol. 6, 1960, p. 35.
② S. Hatch and D. Thompson, "Discussion", in *New Reasoner*, Vol. 4, 1958, pp. 125-130.

从而增强了这种趋势。"①但是，失败还是不可避免地发生了。1961年工党的斯卡伯勒年会上，左派关于单方面核裁军的议案遭到工会官僚们的否决。威廉斯对此事件进行了总结："1961年在核裁军问题上的票决失利是一场令人震惊的风暴。在那里，我们对工党领袖们的力量一无所知，对右派资以利用从而获得胜利的政治技巧也是一无所知。"②这次失利给了新左派沉重的打击，对工党进行革命改造以借船出海方式抵达社会主义彼岸的理想和希望暂时化为泡影。

1963年，工党领袖哈罗德·威尔逊在大选中获胜，汤普森、多萝西夫妇与安德森、布莱克本等人一起进行了热烈庆祝。而这一举动也遭到了一些来自新左派内部的批评。例如，阿拉斯戴尔·麦金太尔在1963年年底的《国际社会主义》中写道："不管在做什么其他的专业的社会主义，至少在现在这个时刻，接受了威尔逊，就意味着向右转。"③

1970年，汤普森亲自参与了华威大学生对自由和权利遭受侵害的抗议活动。他虽然支持学生运动，却对学生们在运动中的暴力冲突策略所导致的伤害深感不安。他主张选择多种手段来推进革命运动，而暴力革命不是社会主义运动的唯一选项。他更倾向于采用温和的、理性的、道德的斗争方式。"马克思和恩格斯尽管把人道主义价值观作为革命的骄傲，却很少等量齐观地赞美暴力。如果我们（就像我这样）认为对于被

---

① ［英］保罗·布莱克里奇：《佩里·安德森的早期新左派政治学》，见张亮编：《英国新左派思想家》，295页，南京，江苏人民出版社，2010。
② Raymond Williams, *Politics and Letters: Interview With New Left Review*, London: New Left Books, 1979, p. 365.
③ ［英］保罗·布莱克里奇：《佩里·安德森的早期新左派政治学》，见张亮编：《英国新左派思想家》，301页，南京，江苏人民出版社，2010。

奴役的人而言，反叛能够使人性变得更为丰富，那么我们肯定不会对手持钢枪的反叛是实现人性的唯一方式的观点信以为真。"[1]汤普森对萨特和法侬等人的暴力革命论极不赞同，主张建立一种顺应历史发展要求的革命伦理观，它不仅仅应该是未来社会所要达成的目标，在实现理想社会的过程中就应该逐步地树立、培养和完善。

四、理论与现实相结合的政治实践

还在读中学时，汤普森就已经在为英国共产党四处进行宣传活动。因此，他的政治生涯从19世纪30年代后期就已经开始了。当英共党内绝大多数人的政治理想还只是停留在思想或口头上时，汤普森就跳出了大学校园，从象牙塔中走出来在"二战"前线为自己的政治信仰浴血奋战了。20世纪40年代，汤普森参加了反法西斯主义的人民阵线运动。20世纪50年代早期，汤普森已经是约克郡和平运动的领军人物，他呼吁抵制美国价值观对英国社会的入侵。1956年，他因对英共拒绝对匈牙利事件加以谴责以及拒绝对自身加以民主化表示强烈不满而退党。随着1956年一系列历史大事件的接连上演，汤普森彻底看清了世界政治的真实面目，"冷战"铁幕背后实际上是两大军事集团的政治博弈。政客们已经习惯了编造政治谎言，操弄政治把戏，攫取政治资本。汤普森虽然

---

[1] [英]迈克尔·肯尼：《第一代英国新左派》，李永新、陈剑译，84—85页，南京，江苏人民出版社，2010。

已经脱离了英国共产党,但并没有远离政治,始终没有放弃马克思主义理论和社会主义的政治实践。虽然是历史学家,主业是研究 18、19 世纪英国的历史,但汤普森还是时刻关注政治动态,频繁参加学术研讨,不断发表政治见解,对斯大林主义和英美的政治观念进行激烈批判。1956 年后,英国新左派逐渐形成,汤普森则成为第一代新左派中的标志性人物。20 世纪 60 年代,他因安德森和奈恩主导的《新左派评论》的理论转向而大加批判;20 世纪七八十年代,他对阿尔都塞的结构主义的马克思主义及其在英国的代表安德森进行了猛烈攻击从而引发一系列论战;进入 20 世纪 80 年代,汤普森把更多的精力从学术转向了社会活动,他时常参加和平集会,频繁在媒体上抛头露面,借各种场合宣传反核理念,因此成为和英国女王齐名的公众人物。他反对撒切尔的"冷战"思维,号召打破"冷战"壁垒,倡导并积极参与欧洲核裁军运动。正因为笔锋锐利,勇于批判,才使汤普森成为"英国马克思主义历史学家当中最广为人知,但又是最有争议的人物"[1]。

身为历史学家的汤普森并没有两耳不闻窗外事,并没把自己尘封在历史的故纸堆中,而是时刻关注政治时局的发展。"汤普森在他的研究中,使理论和具体的历史现实和当代的现实相结合,从而使他的关于理论、现实及其进程的相互影响的观点深化了。"[2]在他看来,历史只是镜鉴的工具,研究它是为了更好地批判现实,改变不合理的存在,追求更

---

[1] Harvey J. Kaye, *The British Marxist Historians: An Introductory Analysis*, Cambridge: Polity Press, 1984, p. 167.
[2] [美]哈罗德·T. 帕克:《英国》,见[美]伊格尔斯主编:《历史研究国际手册》,陈海宏等译,263 页,北京,华夏出版社,1989。

光明的未来。批判一直是汤普森学术及政治活动的主基调。肯尼这样评价汤普森:"对当代社会的思考使他与一批政治新生代及一系列广泛的政治斗争关系密切,也成为曾产生过重要影响的一系列学术与政治思考的重要起点。他的观点在某种程度上为过去的社会主义理论与新的强调重心——例如文化和道德的重要性——架起了一座桥梁。"①

(一)批判斯大林主义

1956年2月,赫鲁晓夫做了《关于个人崇拜及其后果》的秘密报告,批评斯大林滥用权力、破坏法制、鼓励个人崇拜、违背集体领导原则等错误;英法为取得苏伊士运河的控制权,与以色列勾结,10月,英法联军对埃及发动了突然袭击;同月,匈牙利首都布达佩斯发生革命,11月,苏军进入布达佩斯进行军事干预。这一系列事件在西方学界,尤其在西方各国共产党内部引起了巨大震动。人们对帝国主义贪婪本性的认识进一步深化,资本主义列强的霸权主义和强权政治并没有丝毫改变,这一点也不会十分令人意外。然而,一向被奉为绝对权威的斯大林主义以及苏联社会主义的美好形象却在人们心中轰然坍塌。英国共产党内部同样发生了激烈争论并导致分裂。许多在党内的英国马克思主义史学家的思想发生了重大转变,开始进行独立思考,并决心与苏联教条式的马克思主义决裂。这必然遭到继续奉行苏联教条式的马克思主义的英共领导的压制。

---

① [英]迈克尔·肯尼:《第一代英国新左派》,李永新、陈剑译,82页,南京,江苏人民出版社,2010。

苏联曾经作为一个社会主义美好生活的样板一直是大多数西方社会主义理论家的希望之地和革命圣地。在1956年赫鲁晓夫的秘密报告被公开之前，苏联社会主义在每一位共产主义者的心目中，其神圣地位无与伦比。同时，西方共产主义运动的政治实践者普遍把列宁主义和斯大林主义当作指导行动的理论指南，因为它们将马克思和恩格斯的革命思想和理论变为了革命实践，是已经被苏联的政治实践证明了的成功理论，是科学社会主义由理想变为现实的成功范例。尤其在"二战"后，虽然"冷战"铁幕森严壁垒，但还是在苏联社会主义取得了巨大成功的示范作用下，再加上共产国际的积极运作与帮助，一大批社会主义国家集体突破了资本主义世界的严密封锁，如雨后春笋般地冒了出来。革命形势犹如燎原之火，社会主义从一国到多国的胜利发展，呈现出共产主义运动在全球范围内不可阻挡的发展态势。

在1956年之前，汤普森"仍然是虔诚的斯大林主义的囚徒"[①]。在1955年出版的《威廉·莫里斯：从浪漫主义到革命》一书中，我们可以清晰地看到，在斯大林的盖子还未被揭开之时，汤普森还在畅想着像英国这样的发达资本主义国家也能够按照苏式社会主义蓝图实现向社会主义的伟大转变。"二十年前，即便是在社会主义者和共产主义者中间，许多人也一定认为莫里斯所描绘的工厂模样是不切实际的诗人梦想。今天，从苏联归来的游客带回了诗人梦想已经实现的故事。昨天，在苏联，共产党人正与一切困难做斗争，以便把他们的工业发展到发达资本

[①] E. P. Thompson, "Interview With Thompson", in Henry Abelove, Besty Blackmar, et al., eds., *Visions of History*, New York: Pantheon Books, 1976, p.20.

主义列强的水平；而今天，他们面前有斯大林提出的迈向共产主义的蓝图。"①谁能料到，话音刚落，言犹在耳，短短几个月时间内，苏联社会主义的美丽泡影在一瞬间破碎，斯大林主义也从圣坛上跌落。1977年，当《威廉·莫里斯》一书再版时，汤普森已经对之前的版本进行了修改，删除了对苏联社会主义和斯大林主义的赞颂之词。也不能完全说，汤普森此前对斯大林主义就绝对心无疑虑。同样是在1955年版的《威廉·莫里斯》这本书中，汤普森在对斯大林主义赞佩之余，同时也指出它似乎"缺乏人性"。直到1956年，随着几桩政治大事件的接连发生，真相一一浮出水面，现实世界政治风云的诡谲变幻与精彩演绎为汤普森的这一存疑加上了注脚，使之得到了切实印证。

在赫鲁晓夫的秘密报告出炉后，汤普森与萨维尔等党内知识分子首先做出了反应。他们对此事件开展了热烈讨论，同时对英共内部所存在的一系列问题展开批判。汤普森等一大批党员并不想与党组织彻底决裂，他们更希望英共能够改正错误，进行改革。1956年7月，汤普森夫妇和萨维尔创办了刊物《理性者》作为讨论和发表不同意见的平台。出版了一期后就收到了组织的停刊要求。他们没有理会这一要求，接着又出版了两期。在11月出版的第三期中，刊载了汤普森对英共领导人进行猛烈批判的文章《透过布达佩斯的迷雾》。②汤普森等人很快就被勒令停职。于是，汤普森多萝西夫妇、希尔、希尔顿、萨维尔和塞缪尔等人

---

① 参见 Marnie Hughes-Warrington, *Fifty Key Thinkers on History*, London and New York: Routledge, 2008, p. 347.

② [英]迈克尔·肯尼：《第一代英国新左派》，李永新、陈剑译，23页，南京，江苏人民出版社，2010。

愤然声明退党。多布和霍布斯鲍姆虽没有退党，但其思想也同样发生了巨变，他们只是想以共产党员的身份对党的政策和实践施加必要的影响。

1957年5月，汤普森等人退党后不久，《理性者》更名为《新理性者》，以示与过去决裂，将以新面貌出现在世人面前。这时它"坚持从伦理与政治角度对官僚社会主义进行批判"①。但这只是与教条主义的马克思主义划清了界限，他们仍然没有放弃对马克思主义和共产主义的信仰，只是觉得马克思主义应该重新界定，共产主义运动应该重新组织。从1956年10月萨维尔的一封信中的叙述，我们大概可以看出他们当时的态度："无论发生什么，党的事业都要继续下去，如果人们并不认为真的毫无希望了，人们就应该积极接受现在所出现的失败，并且以一种哪怕有些低调的方式继续战斗。"②1957年10月，霍尔、皮尔森、塞缪尔、泰勒等人也创办了《大学与左派评论》杂志。它与《新理性者》集中反映了牛津、剑桥等地左翼青年知识分子的心声。

1959年12月，《新理性者》与《大学与左派评论》两刊合并而成《新左派评论》，霍尔任主编。1960年1月，新刊物第一期与读者见面。在这一期社论中我们可以依稀看到英国新马克思主义未来发展的基本方向。社论强调应该拓展政治观念，除了关注经济和政治，文化和社会也应该受到同等重视。"我们相信非常狭隘的政治观念也已经成为导致本世纪

---

① ［英］迈克尔·肯尼：《第一代英国新左派》，李永新、陈剑译，26页，南京，江苏人民出版社，2010。

② J. Saville, "The Twentieth Congress and the British Communist Party", in *Socialist Register*, 1976, p. 12.

社会主义衰落的一个主要原因，同时也是导致有些年轻人对社会主义思想不满的原因之一。人文社会主义者的力量——真正的社会主义运动的基础——在文化和社会以及经济和政治方面都必须得到发展。"①

苏联和东欧社会主义与其说是被西方资本主义打败的，不如说是被自己打败的。苏东的失败是苏东式的马克思主义的失败而非马克思主义本身的失败。形势的剧变筛除了许多不纯甚至虚假的马克思主义者。非常难得的是，终其一生，汤普森始终是一个坚定的马克思主义者。虽然他中途退出了英国共产党，但并没有改变自己的政治信仰。他始终坚信马克思主义理论是正确的政治理论，始终认为资本主义社会必然被更加自由和人道的社会主义社会所代替。更为难得的是，汤普森并没有教条地机械地套用马克思主义，他始终把马克思主义同英国的社会历史结合起来进行考察，把理论置于社会实践的检验之下，在社会实践中坚持和发展理论。

(二)参加学生运动

20世纪六七十年代，革命形势在世界范围内发生了急剧变化，遍布资本主义世界的社会运动此起彼伏，出现了学生罢课、工人罢工、反战游行、种族解放、女权运动、反体制运动。与此同时，各种反主流文化、反正统价值观的思潮也相互激荡，后现代主义、存在主义等思潮悉数登场亮相。

---

① [美]埃伦·凯·蒂姆博格：《E.P.汤普森：理解历史的进程》，见[美]西达·斯考切波编：《历史社会学的视野与方法》，封积文等译，224页，上海，上海人民出版社，2007。

伴随着社会运动的风起云涌，资本主义世界各国中，左翼政党中的激进主义也开始复兴，马克思主义的影响不断增长。世界范围内以"新左派"相号召的新马克思主义运动开展得轰轰烈烈，针对资本主义社会的种种弊端、围绕美国的越战政策展开猛烈炮轰。安德森主导的《新左派评论》、美国的《左派研究》等激进刊物在运动中引领潮流，一时声名鹊起。西方马克思主义在激进的学生和知识分子中迅猛增长，马尔库塞、萨特等理论家可谓是风靡一时。

在1960年所写的《革命》一文中，我们可以看到汤普森对革命形势的乐观判断。他认为，英国已经处于资本主义社会结构的失衡状态，革命会随时到来。正如他所预想的，此后革命浪潮一浪高过一浪，席卷了大半个世界。据威廉斯回忆说："爱德华·汤普森在早些时候的一次会议上发表演讲时，曾表示一场新的群众运动就能够完全改变或取代现在的工党。"①1968年，法国出现了以学生运动为先导的五月风暴。威廉斯、汤普森、霍尔三人合作完成了《1968五一宣言》初稿。

1970年，汤普森所在的华威大学发生了学生抗议自由和权利遭受侵害的活动。当得知校方监视他们的政治活动后，学生们占领了学校的大楼。汤普森作为学校教师毫不犹豫第一个站了出来，支持学生的抗议活动。为了使公众对学生的抗议活动有所了解，以取得他们的理解和支持，汤普森还编写了一本《华威大学有限公司：工业、管理和大学》(*Warwick University Ltd.: Industry, Management, and the Universi-*

---

① Raymond Williams, *Politics and Letters: Interviews With New Left Review*, London: Verso, 2015, p. 365.

ties)的书籍。但随着事态的进一步发展，当得知学生们准备与警察进行武装冲突时，汤普森对事件的态度却发生了微妙的变化。在《华威大学有限公司》这本册子中，我们已经能够发现这一变化。"我一直都在感叹，这些年轻人没有在一个纪律严明的组织里受过训练，比如军官训练营或者英国共产党。如果放任他们的话，年轻人更愿意蓄着长发，在被窝里躺到午饭时间，逃掉研讨课，更多地去关心行动的风格而非后果。他们还会犯下在其他书中详细列举过的各种各样的罪过，如自以为是的政治上的纯粹主义和知识分子的傲慢。"[1]汤普森希望校方能够改变错误的做法，却担心事态进一步扩大和升级，出现暴力流血事件。在《华威大学有限公司》中，汤普森还表达了对校方办学理念的质疑，他认为教育不能够过度商业化，人类社会的进步，不仅要依靠生产技术，还要依靠文化和思想的力量。汤普森最终再也无法忍受在自己不喜欢的体制内为了求得生存而丧失尊严，在对华威校方的办学理念和管理行为提出尖锐的批评后，汤普森提交了辞呈。离开华威大学后，汤普森便以独立作家和社会活动家的身份开始了新的职业生涯。

60年代末，安德森领导的《新左派评论》集体以及以霍尔为核心的伯明翰当代文化研究中心团体都热情参与到这场激进的政治运动中来，并对革命前途充满了无限憧憬。当大家都在为世界革命运动形势高涨而欢欣鼓舞的时候，汤普森却很快冷静下来。他的乐观情绪已经变为谨慎乐观。随后，汤普森发现现实的革命情形与他心中的理想状态并不一

---

[1] E. P. Thompson, *Warwick University Ltd : Industry, Management, and the Universities*, Penguin, Harmondsworth: 1970, p.155.

致，强烈的落差感让他难以平静。最后，谨慎乐观被失望和悲观所代替。在这场声势浩大的社会运动中，有几个方面并不是汤普森当初所设想的情形：(1)革命运动的主体不是工人而是学生和知识分子；(2)革命运动的指导原则和行动战略偏离了正确的方向；(3)资本主义制度不但没有达到崩溃的边缘而且生命力顽强。具体如下：

第一，汤普森一直以来把工人阶级当作革命运动的主力军。但在60年代这场现实社会运动过程中，工人阶级已经被新兴阶层学生和知识分子代替而站到了运动的前台。并且与以往资本主义社会中所发生的革命运动不同的是，这次运动的主题不再是工资和温饱，而是一些新型社会问题，诸如人权、环境等。可以说这次运动是资本主义合法性危机的集中体现，标志着资本主义由现代性向后现代性的过渡。在急剧变化的社会条件下，社会力量重新分配，人们重新寻找自我认同。新的后现代性价值观刚刚确立，旧的现代性价值观逐渐被瓦解。

汤普森属于"二战"后成长起来的思想家，知识体系仍然属于现代性思想范围，再加上他对西方马克思主义理论的排斥，使其对急剧变化的社会现实明显感到不能适应。他仍然坚持工人阶级在革命运动中的主体性地位这一观点与他的思想成长经历密不可分。从青年时代开始，汤普森与工人之间就结下了不解之缘。20世纪40年代末，他曾经作为一名义工在南斯拉夫和保加利亚参加战后重建。劳动期间与工友们朝夕相处，建立了深厚感情。这时他已经抛弃了"我"之狭隘观念，而代之以"我们"来指称集体或阶级。他后来回忆说："在特定体制和文化背景中的人，能够根据'我们的'体制和文化，而不是'我的'或'他们的'体制和文化来进行思考。"①1948年至1965年十多年间，汤普森一直作为利兹大学校外部资深讲师从事成人教育。在教育过程中，通过与工人群众的直接接触，加深了他对英国工业现状和工人的认识。在教学活动中，他把教育目的定位于启发工人阶级"创造革命"。这些经历都使汤普森从一开始就确立了工人阶级在他心目中的位置。他一生的学术研究基本都是围绕工人阶级展开的，是为了证明工人阶级是革命的中坚力量，并且具有革命的能动性，这种力量一直蕴藏在他们身上，知识分子的责任就是要让他们相信自身所具有的力量并把它激发出来。因此，他并不相信"以大学校园为基础的革命能够绕过工人阶级"②。

第二，汤普森认为这次社会运动的战略方向和指导原则发生了问题。新左派知识分子在本次运动中担当了重要角色，他们左右了整个运动的方向。他们没有组织和团结更广泛的革命阵线，尤其是把工人阶级排除在外是原则性和战略性的错误。这源于汤普森与新左派知识分子关于民众能动性观点的分歧。新左派知识分子认为民众是被动的受众，是社会关系的支撑，他们没有主动的革命意识，需要从外部灌输；而汤普森在一系列历史研究中，都在强调民众的创造性和能动性，认为他们具有自我解放的能力，只需要进行引导和激发。

在运动中，汤普森虽然对学生们所进行的民主斗争以及各地的反战运动表示赞同，却对运动中的反主流和反传统文化等做法极为不满。学

---

① E. P. Thompson, *The Poverty of Theory and Other Essays*, London: Merlin Press, 1978, p. 160.
② ［美］迈克·贝斯:《爱德华·汤普森：作为行动主义者的历史学家》，张亮译，见张亮编:《英国新左派思想家》，77页，南京，江苏人民出版社，2010。

生和知识分子在运动中的表现也难以令人满意。青年们所表现出来的政治的不坚定性和无政府混乱状态都加剧了汤普森的担忧。"青年，尽管由他们自己的意志所决定，但是他们倾向于留长头发，直到中午才起床，错过研讨会，更关心风格而不是行为的结果，并且犯下各种自以为是的政治纯粹主义和思想傲慢的错误。"①

此外，汤普森极不赞同学生们在运动中的暴力冲突策略，对由此造成的伤害也深感不安。他认为暴力革命不是社会主义运动的唯一选项，他更倾向于采用温和的、理性的、道德的斗争方式。

第三，汤普森逐渐意识到资本主义制度具有强大的自我保护和修复能力，想要在短时间内颠覆这一制度并非易事。在《英国工人阶级的形成》中，汤普森对工匠们的能动性和创造性热情讴歌，而在随后的关于18世纪英国社会的分析中，汤普森开始关注民众的历史创造活动所遭受的社会结构的有力制约。虽然大众文化和意识形态仍然具有其独立性，但同时受到处于霸权地位的统治阶级文化的强大压力。由于大众文化本身所包含的传统因素和保守特征，在文化道德底线不被突破的前提下，常常处于维持现存基本秩序和自我保护的防卫状态。大众文化与统治阶级文化的斗争将是长期的。对于"二战"后资本主义世界不容乐观的革命运动形势，汤普森认为应当归因于以下几个方面：首先是"冷战"格局对民主力量的压制，其次是当代资本主义强大的消费文化和价值观念对工人阶级造成的不良影响，消磨了他们的反抗精神与革命斗志。最后

---

① E. P. Thompson, *Wanvick University Ltd: Industry, Management and the Universities*, Harmondsworth: Penguin Books, 1970, p.155.

是执政当局政治战略的转向所带来的严峻形势对革命的不利影响。这些因素都决定了与资产阶级的抗争是长期的，社会主义革命不可能一蹴而就。

(三)领导和平运动

汤普森积极投身于和平运动长达 30 年，参加了"欧洲核裁军运动"及"全球核裁军运动"组织并担任领导职务，他曾与英国皇太后、英国女王伊丽莎白二世、撒切尔夫人被评选为最受尊敬和最知名的英国公众人物。

1979 年冬，北约决定在西欧和南欧布置巡航导弹，引发了大规模的抗议活动。接下来的几年时间里，汤普森几乎把所有时间都投入到和平运动中。1981 年，汤普森受邀在美国斯坦福大学演讲，他对自己当时的工作状态进行了描述："在过去的 18 个月里，我一直全神贯注于作为一名公民所关心的问题——随时有可能在欧洲爆发的核战争。我不得不把我作为一名历史学家的工作搁置一段时间，我被迫离开图书馆，花时间去参加公众集会，用笔来写小册子和公函……我发现我自己站在这里，既不能向你们展示新的历史研究成果，也不能向你们展示足以应付这一场合的理论构想。"①

和平运动在 20 世纪 80 年代得到迅猛发展，在 1980 年只有几百人

---

① E. P. Thompson, *Beyond the Frontier: The Politics of a Failed Mission*, *Bulgaria 1944*, London: Merlin Press, 1997, pp. 7-8.

参加，到1983年参加人数则达到了400万。① 里根政府推出的"零一零建议"很大程度上是受到了和平运动的影响。在和平运动中，汤普森频频现身于电视访谈节目中；他还四处奔走，到英国各大城市及海外发表巡回演讲，足迹遍布美国、匈牙利、冰岛、希腊等14个国家；他经常组织集会，其中在1980年至1982年，平均每个月出席公共集会达到10次。② 1984年，他在牛津大学与美国国防部长卡斯帕·魏伯格（Caspar Weinberger）展开激烈交锋。从1980年到1985年，汤普森为了和平运动一直处于超负荷工作状态。汤普森对此有过一段描述："在五年时间里，我参加了五百多次会议，参加了无数的委员会，作为和平运动的使者访问了19或20个不同的国家。我家里收到了一大堆信件，国际主义正在以一种非常奇怪的方式重现，但并非通过政党或官方机构。部分出于偶然因素，我在几年前成为广为人知的公众人物之一。人们找到了地址，把这些信就寄给了我。有些信件必须紧急处理，它们可能来自匈牙利独立分子，或受迫害的苏联和平主义者，也可能来自美国、加拿大、澳大利亚或其他地方的和平运动者。这意味着我真的已经退出作为历史学家这一职业很长一段时间了。"③ 汤普森认为，在核战争阴云笼罩下，所有关于历史和文化的讨论都变得空洞，要求历史学家再去提供历史已经失去了意义。在这样的观点支配下，汤普森毅然放下了历史学家的所有工

---

① ［美］迈克·贝斯：《爱德华·汤普森：作为行动主义者的历史学家》，张亮译，见张亮编：《英国新左派思想家》，89页，南京，江苏人民出版社，2010。

② 同上书，89页。

③ E. P. Thompson, *Making History: Writings on History and Culture*, New York: The New Press, 1994, p. 358.

作，进行了角色转换，变成一位活跃在和平运动政治舞台上的社会活动家。在这方舞台上，汤普森仍然做到了全力以赴，做到了和作为历史学家时一样卓越。汤普森觉得，如果自己能够为和平事业贡献得多一点，人类与核战争的距离就会远一点。从历史发展来看，人类从来没有像今天这样处于高度的危机之中，护佑人类的生命安全，维护世界的和平是这个时代急需解决的最大课题。无论是历史学家还是社会活动家，角色虽有不同，目标却无差异，都是为了人类能够拥有一个更加美好的未来。

"冷战"双方互相敌对和高度紧张的准战备状态是世界和平的最大威胁。在汤普森看来，"冷战的本质表明，必然有对立的双方：一个动，另一个跟着动；一个发动竞赛，另一个必然随着竞赛。这就是冷战的内在机制，它决定了冷战的军事和安全机制是自我生产的"[①]。控制与反控制是"灭绝主义"产生的动力源，但随着这种力量不断增长，它会逐渐超出美苏两个超级大国对它的控制能力。"冷战"结构的存在很大程度上由西方和美国主宰世界，主要让步来自苏联和东欧。要缓和美苏两大集团之间的紧张关系，首先应撤除欧洲的全部核武器。

汤普森认为，和平运动的步骤和原则应该是：（1）在西方国家和苏联东欧国家之间建立非官方渠道，以便进行对话；（2）把这种对话扩展到亚洲、中国和第三世界；（3）和平运动的目的不只是让西方国家保全好自己，还要保证全世界的和平；（4）和平运动的参与者不应该仅仅是中产阶级，还应该包括工人阶级。

---

① [美]迈克·贝斯：《爱德华·汤普森：作为行动主义者的历史学家》，张亮译，见张亮编：《英国新左派思想家》，91页，南京，江苏人民出版社，2010。

汤普森参加和平运动的动力来源于一种信念：人的主体能动性能够改变不合理的现状，能够改变历史发展的轨迹，使之能够朝着人们所期望的方向前进。而推动和平运动发展的方式则是从下到上，凭借下层民众的力量以劝谕方式改变上层决策。从这里我们可以看到：汤普森在现实的政治实践活动中所遵循的依然是他在历史研究中信守的法则；作为一个历史学家兼社会活动家，虽然活动领域有别，但行动原则却是一致的；历史研究成果的理想归宿就是能够应用于现实的政治实践，真正实现理论与实践的统一。

在核裁军运动中，"汤普森的重要贡献无疑就在于，他努力把原本只是停留在技术层面的争论政治化了，从而推动公共舆论超越核弹的增减这种普遍困惑，将辩论推进到了事关战后基本政治问题的更广阔层面"①。在汤普森看来，"冷战"已经不是单纯的军事问题，它已经跨越了政治、经济、文化、军事等多个层面。② 而军备竞赛的真正根源是西方国家的军事工业的经济利益，而非安全利益。他认为，要打破"冷战"僵局，缓解紧张局势，解决问题的方法也不能只限于军事，而要从多个层面进行全方位努力。同时在东西欧以及两大集团内部发动民众，组成最广泛的统一战线，给两大超级霸权施加压力。因此，"冷战"的出路在于发挥人的主观能动性，尤其要发动民众的力量。

在去世前两年，汤普森目睹了苏联解体和东欧剧变，社会主义运动遇到了前所未有的挫折。"冷战"虽然结束了，但以这样的方式结束多少

---

① ［美］迈克·贝斯：《爱德华·汤普森：作为行动主义者的历史学家》，张亮译，见张亮编：《英国新左派思想家》，89页，南京，江苏人民出版社，2010。

② 同上书，92页。

令人感到意外。从 20 世纪 50 年代开始，汤普森就投身于核裁军运动，前后长达三十年之久。在汤普森原来的观念中，正是由于美苏对峙阻碍了西方发达资本主义国家的社会主义进程，"冷战"僵局的结束必然会解放世界各地的民主和进步力量，左派运动必然会得到复兴。但当"冷战"真的结束时，汤普森才发现原来的想法很浪漫也很天真。在"冷战"的近半个世纪里，西方资本主义世界在经济领域获得了巨大发展，工人阶级的生活水平获得了极大提高，以美国为代表的资本主义文化、大众传媒以及资本主义的消费观念席卷了地球的几乎每个角落。到"冷战"结束时，人们的世界观和价值观在时代发展的洪流中得以重塑，与数十年前相比已经有了翻天覆地的变化。虽然对现实充满了忧虑，但汤普森否认马克思主义理论已经过时，也不承认左派运动已经失败。他心中依然有着美好的愿景，相信马克思所指明的社会发展道路：社会一定会朝着更加注重公平和正义的方向发展，人的自由和全面发展也一定会在未来社会得以实现。

汤普森作品列表

著作、论文集

1. *William Morris: Romantic to Revolutionary*, London: Lawrence & Wishart, 1955; rev. edn, New York: Pantheon, 1977

2. *The Making of the English Working Class*, London: Victor Gollancz, 1963; 2nd edn with a new postscript, Harmondsworth: Penguin, 1968; 3rd edn with a new preface, 1980

3. *Whigs and Hunters: The Origins of the Black Act*, London: Allen Lane, 1975; reprinted with a new postscript, Harmondsworth: Penguin, 1977

4. *The Poverty of Theory and Other Essays*, London: Merlin and New York: Monthly Review Press, 1978

5. *Writing by Candlelight*, London: Merlin, 1980

6. *Zero Option*, London: Merlin, 1982; in USA: *Beyond the Cold War*, New York: Pantheon, 1982

7. *Double Exposure*, London: Merlin, 1985

8. *The Heavy Dancers*, London: Merlin, 1985; in USA: *The Heavy Dancers*, New York: Pantheon, 1985 (This edition incorporates Double Exposure but excludes selected essays of the British edition)
9. *The Sykaos Papers*, London: Bloomsbury and New York: Pantheon, 1988

编著

1. *There is a Spirit in Europe : A Memoir of Frank Thompson*, with T. J. Thompson, London: Victor Gollancz, 1947
2. *The Railway : An Adventure in Construction*, London: The British-Yugoslav association, 1948
3. *Out of Apathy*, London: Stevens & Sons/New Left Books, 1960
4. *The May Day Manifesto*, with Raymond Williams and Stuart Hall, rev. edn, ed. Raymond Williams, Harmondsworth: Penguin, 1968
5. *Warwick University Ltd.*, Harmondsworth: Penguin, 1970
6. *The Unknown Mayhew : Selections From the Morning Chronicle 1849-1850*, with Eilcen Yeo, London: Merlin, 1971
7. *Albion's Fatal Tree : Crime and Society in 18th-century England*, with Douglas Hay et al., London: Allen Lane, and New York: Pantheon, 1975
8. *Family and Inheritance : Rural Society in Western Europe, 1200-1800*, with Jack Goody and Joan Thirsk, Cambridge: Cambridge University Press, 1976

9. *Protest and Survive*, with Dan Smith, Harmondsworth: Penguin, 1980, rev. edn in USA, New York: Monthly Review Press, 1981

10. *Star Wars*, Harmondsworth: Penguin, 1985

11. *Prospectus for a Habitable Planet*, with Dan Smith, Harmondsworth: Penguin, 1987

小册子

1. *The Fascist Threat to Britain*, 1947

2. *The Struggle for a Free Press*, London: People's Press Printing Society, 1952

3. *The Communism of William Morris*, a lecture by Edward Thompson given on 4 May 1959 in the Hall of the Art Workers' Guild, London, *The William Morris Society*, 1965

4. *Education and Experience*, Fifth Mansbridge Memorial Lecture, 1968

5. Homage to Salvador Allende [a poem], Spokesman Broadsheet, 30 September 1973

6. *Protest and Survive*, CND/Bertrand Russell Peace Foundation, 1980

7. *Infant and Emperor: Poems for Christmas*, London: Merlin, 1983

8. *Star Wars: Self-destruct Incorporated*, with Ben Thompson, London: Merlin, 1985

论文

注：所列论文中包括了几篇书评，已用 * 进行标注，不包括已收集在

《秉烛而书》和《沉重的舞者》两本论文集中的论文。

1. Poetry's Not So Easy. in *Our Time*, June 1947
2. Comments on a People's Culture. in *Our Time*, October 1947
3. Omladinska Pruga. in E. P. Thompson (ed.), *The Railway*, 1948
4. A New Poet. in *Our Time*, June 1949
5. On the Liberation of Seoul[Poem]. in *Arena*, 2 (6), 1951
6. The Murder of William Morris. in *Arena*, 2 (7), 1951
7. William Morris and the Moral Issues of Today. in *Arena*, 2 (8), 1951
8. Winter Wheat in Omsk. in *World News*, 30 June 1956
9. Reply to George Matthews. in *The Reasoner*, 1, July 1956
10. Through the Smoke of Budapest. in *The Reasoner*, 3, November 1956
11. Socialism and the Intellectuals: A Reply. in *Universities & Left Review*, 2, 1957
12. Socialist Humanism. in *The New Reasoner*, 1, 1957
13. God and King and Law. * in *The New Reasoner*, 3, 1957-1958
14. Agency and Choice. in *The New Reasoner*, 5, 1958
15. Nato, Neutralism and Survival. in *Universities & Left Review*, 4, 1958
16. Commitment in Politics. in *Universities & Left Review*, 6, 1959
17. The New Left, in *The New Reason*, 9, 1959
18. A Psessay in Ephology. in *The New Reason*, 10, 1959
19. Homage to Tom Maguire. in *Essays in Labour History*, ed. Asa

Briggs and John Saville, London: Macmillan, 1960

20. "At the Point of Decay" and "Revolution". both in *Out of Apathy*, ed. E. P. Thompson (1960) ("Revolution" also appeared in *New Left Review*, 3, 1960)

21. Outside the Whale. in *Out of Apathy*, ed. E. P. Thompson (1960); repr. in E. P. Thompson, *The Poverty of Theory and Other Essays*

22. At the Point of Production. in *New Left Review*, 1, 1960

23. Countermarching to Armageddon. in *New Left Review*, 4, 1960

24. Revolution Again! Or Shut Your Ears and Run. in *New Left Review*, 6, 1960

25. The Long Revolution. in *New Left Review*, 9-11, 1961

26. The Peculiarities of the English. in *Socialist Register* 1965; repr. in E. P. Thompson, *The Poverty of Theory and Other Essays*

27. The Book of Numbers. * in *The Times Literary Supplement*, 9 December 1965 (Anon.: Review of Peter Laslett, *The World We Have Lost*)

28. Preface to Staughton Lynd. in *Class Conflict, Slavery, and the United States Constitution*, 1967

29. Glandular Aggression. in *New Society*, 19 January 1967

30. Time, Work-discipline and Industrial Capitalism. in *Past & Present*, 38, 1967

31. The Political Education of Henry Mayhew. in *Victorian Studies*,

11, 1967

32. "Introduction" to Frank Peel. in *The Risings of the Luddites, Chartists and Plug-Drawers*, London: Frank Cass, 1968

33. Disenchantment or Default? A Lay Sermon. in Conor Cruise O'Brien and W. D. Vanech (eds), *Power and Consciousness*, New York: New York University Press, 1969, pp. 149-181

34. Mayhew and the Morning Chronicle. in E. P. Thompson and E. Yeo (eds), *The Unknown Mayhew* 1971

35. Organizing the Left. in *The Times Literary Supplement*, 19 February 1971

36. The Moral Economy of the English Crowd in the 18th Century. in *Past & Present*, 50, 1971

37. Rough Music: Le Charivari Anglais. in *Annales ESC*, 27, 1972

38. Anthropology and the Discipline of Historical Context. * in *Midland History*, 1 (1972) (Review of Keith Thomas, Religion and the Decline of Magic and A. Macfarlane, in *The Family Life of Ralph Josselin*)

39. An Open Letter to Leszek Kolakowski. in *Socialist Register* 1973; repr. in E. P. Thompson, *The Poverty of Theory and Other Essays*

40. Under the Same Roof-tree. in *The Times Literary Supplement*, 4 May 1973 (Anon., review of P. Laslett (ed.), in *Household and Family in Past Time*)

41. Alexander Pope and the Windsor Blacks. in *The Times Literary Supplement*, 7 September 1973
42. Testing Class Struggle. * in *Times Higher Education Supplement*, 8 March 1974 (Review of John Foster, in *Class Struggle and the Industrial Revolution*)
43. In Citizens' Bad Books. in *New Society*, 28 March 1974
44. Patrician Society, Plebeian Culture', in *Journal of Social History*, 7, 1974
45. A Question of Manners. in *New Society*, 11 July 1974
46. A Nice place to Visit. * in *New York Review of Books*, 6 February 1975 (Review of Raymond Williams, in *The Country and the City*)
47. The Crime of Anonymity. in *Albion's Fatal Tree* (1975)
48. Détente and Dissent. in *Détente and Socialist Democracy: A discussion with RoyMedvedev*, ed. Ken Coates, Nottingham: Spokesman, 1975
49. The Grid of Inheritance: A Comment. in *Family and Inheritance*, ed. Goody, Thirsk and Thompson, 1976
50. On History, Sociology, and Historical Relevance. * in *British Journal of Sociology*, 27 (2), 1976 (Review of Robert Moore, Pitmen, Preachers and Politics)
51. Modes de domination et révolutions en Angleterre. in *Actes de la Recherche en Sciences Sociales*, 2, 1976

52. Interview With E. P. Thompson. in *Radical History Review*, 3, 1976. (Repr. in *Visions of History. Interviews With E. P. Thompson et al.*. New York: Pantheon, 1984)

53. Romanticism, Utopianism and Moralism: the Case of William Morris. in *New Left Review*, 99, 1976

54. Caudwell. in *Socialist Register* 1977, ed. R. Miliband and J. Saville, London: Merlin, 1977

55. Response to Tony Benn. in *The Just Society*, ed. Ken Coates and Fred Singleton, Nottingham: Spokesman, 1977

56. Folklore, Anthropology, and Social History. in *Indian Historical Review*, Vol. 2, No. 2, 1978 (Repr. in England as "A Studies in Labour History Pamphlet", John L. Noyce: Brighton, 1979)

57. Happy Families. * in *New Society*, 8 September 1977 (Review of L. Stone, The Family, Sex and Marriage in England 1500-1800)

58. London. in *Interpreting Blake*, ed. M. Phillips, Cambridge: Cambridge University Press, 1978

59. Eighteenth-century English Society: Class Struggle Without Class?. in *Social History*, 3(2), 1978

60. The Poverty of Theory or an Orrery of Errors. in E. P. Thompson, *The Poverty of Theory and Other Essays*

61. Sold Like a Sheep for £1. in *New Society*, 14 December 1978 (Review of George Rudé, *Protest and Punishment*)

62. Recovering the Libertarian Tradition. in *The Leveller*, 22, January

1979. (Interview)

63. Comment on "Common Values? An Argument". in *Stand*, 20 (2), 1979

64. The Common People and the Law. in *New Society*, 24 July 1980

65. Danger of Being Too Clever by Half. in *The Guardian*, 10 August 1980

66. Notes on Exterminism, the Last Stage of Civilization. in *New Left Review*, 121, 1980 (Repr. in *Exterminism and Cold War*, ed. New Left Review, London: Verso, 1982. This volume also contains "Europe, the Weak Link in the Cold war")

67. "Rough music" et charivari. Quelques réflexions complémentaires. in *LeCharivari*, ed. J. Le Goff and Jean-Claude Schmitt (Ecole des Hautes Etudes en Sciences Sociales Centre de Recherches Historiques. Civilisations et Sociétés, 67; Paris, Mouton, 1981)

68. A Letter to America. in *The Nation*, 24 January 1981

69. European Reborn. An Interview With E. P. Thompson. in *Peace News*, 15 May 1981

70. "European Nuclear Disarmament: An Interview With E. P. Thompson" (by Michael Kazin). in *The Socialist Review*, 58, 1981

71. E. P. Thompson Replies to Sabata. in *New Statesman*, 4 May 1984

72. East and West Europe belong to the Same Culture (a conversation between Thompson and George Konrad). in *The Listener*, 13 June 1985

73. "Why Is Star Wars?" and "Folly's Comet". in *Star Wars*, ed. E P. Thompson, 1985
74. "Letter to Americans" and "The View From Oxford Street". in Mary Kaldor and Paul Anderson (eds), *Mad Dogs: The U. S. Raids on Libya*, London: Pluto Press with END, 1986
75. E. J. Hobsbawm, Christopher Hill, Perry Anderson and E. P. Thompson, Agendas for Radical History. in *Radical History Review*, 36, 1986
76. The Reasons of the Yahoo. in *Yale Review*, Summer 1986
77. The Rituals of Enmity. in *Prospectus for a Habitable Planet*, ed. E P. Thompson and Dan Smith 1987
78. Eighteenth-century Ranters: Did They Exist?. in *Reviving the English Revolution*, ed. Geoff Eley and William Hunt, London: Verso, 1988
79. Wordsworth's Crisis. in *London Review of Books*, * 10 (22), 8 December 1988 pp. 3-6. (Review of Nicholas Roe, Wordsworth and Coleridge: The Radical Years)

图书在版编目（CIP）数据

汤普森历史哲学思想研究/师文兵著. —北京：北京师范大学出版社，2023.2

（英国新马克思主义哲学研究丛书）

ISBN 978-7-303-28202-9

Ⅰ.①汤… Ⅱ.①师… Ⅲ.①E.P.汤普森－历史哲学－哲学思想－研究 Ⅳ.①B561.59

中国版本图书馆CIP数据核字（2022）第195619号

营 销 中 心 电 话 010-58805385
北 京 师 范 大 学 出 版 社
主题出版与重大项目策划部

TANGPUSEN LISHI ZHEXUE SIXIANG YANJIU

出版发行：	北京师范大学出版社 www.bnupg.com
	北京市西城区新街口外大街12-3号
	邮政编码：100088
印 刷：	北京盛通印刷股份有限公司
经 销：	全国新华书店
开 本：	787 mm×1092 mm 1/16
印 张：	25.25
字 数：	301千字
版 次：	2023年2月第1版
印 次：	2023年2月第1次印刷
定 价：	106.00元

策划编辑：祁传华 郭 珍	责任编辑：李春生
美术编辑：王齐云	装帧设计：王齐云
责任校对：包冀萌 段立超	责任印制：赵 龙

版权所有 侵权必究

反盗版、侵权举报电话：010-58800697
北京读者服务部电话：010-58808104
外埠邮购电话：010-58808083
本书如有印装质量问题，请与印制管理部联系调换。
印制管理部电话：010-58808284